그리스도교 신론 연구

삼위일체론, 신론, 무신론을 중심으로

조한규

천주교 서울대교구 사제이고, 가톨릭대학교 신학과에서 신학 학사와 석사 과정을 마친 후, 2015년에 독일 본(Bonn) 대학교(Rheinische Friedrich-Wilhelms-Universität Bonn) 신학부에서 『Universale Concretum – Die Bestimmung des unterscheidend Christlichen in den Gesammelten Werken von Joseph Ratzinger』(EOS-Verlag Theologische Reihe Band 99, St. Otilien 2015)라는 논문으로 신학박사(Th. D) 학위를 취득하였다. 2015년 가을부터 서울 혜화동 가톨릭대학교 신학과에서 조직신학 교수로 재직 중이고, 현재 주교회의 신앙교리위원회 위원, 서울대교구 출판검열위원으로 활동 중이다.

서강학술총서
119

그리스도교 신론 연구

삼위일체론, 신론, 무신론을 중심으로

조한규 지음

서강대학교출판부

서강학술총서 119

그리스도교 신론 연구

삼위일체론, 신론, 무신론을 중심으로

초판 1쇄 발행 | 2019년 11월 20일

지 은 이 | 조한규
발 행 인 | 박종구
편 집 인 | 전종호
발 행 처 | 서강대학교출판부
등록 번호 | 제2002-000170호

주 소 | 서울특별시 마포구 백범로 35(신수동)
전 화 | (02) 705-8212
팩 스 | (02) 705-8612

ISBN 978-89-7273-358-4 (94080)
ISBN 978-89-7273-139-9 (세트)

값 26,000원

* 잘못된 책은 구입하신 곳에서 바꿔드립니다.

* '서강학술총서'는 SK SUPEX 기금의 후원으로 제작됩니다.

들어가는 말

1. 니케아-콘스탄티노폴리스 신경

한 분이신 하느님을
저는 믿나이다.
전능하신 아버지,
하늘과 땅과 유형무형한 만물의 창조주를 믿나이다.

또한 한 분이신 주 예수 그리스도, 하느님의 외아들
영원으로부터 성부에게서 나신 분을 믿나이다.
하느님에게서 나신 하느님, 빛에서 나신 빛
참 하느님에게서 나신 참 하느님으로서,
창조되지 않고 나시어
성부와 한 본체로서 만물을 창조하셨음을 믿나이다.
성자께서는 저희 인간을 위하여, 저희 구원을 위하여
하늘에서 내려오셨음을 믿나이다.
또한 성령으로 인하여 동정 마리아에게서 육신을 취하시어 사람이 되셨음을
믿나이다.
본시오 빌라도 통치 아래서 저희를 위하여
십자가에 못 박혀 수난하고 묻히셨으며
성서 말씀대로 사흗날에 부활하시어
하늘에 올라 성부 오른편에 앉아계심을 믿나이다.
그분께서는 산 이와 죽은 이를 심판하러

영광 속에 다시 오시리니
그분의 나라는 끝이 없으리이다.

또한 주님이시며 생명을 주시는 성령을 믿나이다.
성령께서는 성부와 성자에게서 발하시고
성부와 성자와 더불어 영광과 흠숭을 받으시며
예언자들을 통하여 말씀하셨나이다.
하나이고 거룩하고 보편되며
사도로부터 이어오는 교회를 믿나이다.
죄를 씻는 유일한 세례를 믿으며
죽은 이들의 부활과 내세의 삶을 기다리나이다.
아멘.

신경(信經 Credo)이란 그리스도교의 믿을 교리를 기도문화한 것이다. 신경의 내용은 그리스도교 신앙의 중심이자 핵심인 성부, 성자, 성령 삼위일체 하느님에 대한 믿음과 교의(dogma)와 교리(doctrina)를 담고 있다.

'니케아-콘스탄티노폴리스 신경'(Symbolum Nicaeno-Constatinopolitanum)은 '사도신경'과 마찬가지로 그리스도교의 정통교리가 담긴 신앙 기도문이다. 이 신경은 325년 제1차 니케아 공의회와 381년 제1차 콘스탄티노폴리스 공의회에서 정리되고 의결된 그리스도교 신앙 고백문이다. 이 신경이 역사적으로 처음 등장한 것은 칼케돈 공의회의 제3회기 회의록이다.[1]

니케아 신경은 니케아 공의회에서 아리우스주의(Arianismus)를 배

1 J. N. D. Kelly, *Early Christian Creeds*, London, 1950, pp. 296~297.

격하고 정통 신앙을 수호하기 위하여 채택한 신앙 고백문이다. 아리우스는 하느님이 창조주이고 예수 그리스도는 피조물이기에 예수 그리스도가 참된 하느님일 수 없다고 주장하였고, 공의회는 하느님 아버지와 아들이신 예수 그리스도는 실체적으로 동일하다고 표현하였다. 이 신경은 성삼위에 대한 믿음을 간결하게 표현하고 있는데 성자의 동일실체(同一實體, ὁμοούσιον τῷ Πατρί, Consubstantiálem Patri)와 강생, 죽음, 부활을 강조하고 있다.

콘스탄티노폴리스 신경(혹은 '콘스탄티노플 신경')은 니케아 신경과 기본적인 강조점이 동일하다. 대신 그리스도의 육화에서 성령과 마리아의 역할 강조, 예수 그리스도의 수난과 죽음의 사실성과 역사성에 대한 좀 더 자세한 언급, 종말 때 그리스도의 통치자와 재판관으로서의 역할, 성령의 위치와 존재에 대한 좀 더 자세한 설명, 교회와 성사, 육신의 부활, 영생 등에 대한 믿음 등을 강조하고 있다. 그리고 성령 역시 성부와 성자와 동일한 하느님이심을 분명하게 고백하고 있다.

사실 니케아 공의회에 대한 회의록은 전해지지 않는다. 단지 해당 신경과 파문문이 담긴 부록은 카이사리아의 에우세비우스와 알렉산드리아의 아타나시우스와 그 밖의 다른 목격자들의 제자인 안키라의 마르켈루스 등의 증인들에게서 전체 본문이 인용되고, 칼케돈 공의회 제5회기와 제6회기의 회의록에서 그리스어본과 라틴어본이 나타난다.[2]

2 I. O. de Urbina, 『니케아/콘스탄티노폴리스 공의회』, 황치헌 역, 수원가톨릭대학교출판부, 2018, 464~465쪽. 그리고 리츠만은 예루살렘 교회의 신앙고백이 니케아 신경의 근간을 이룬다고 주장한다(cf. H. Lietzmann, "Symbolstudien ⅩⅢ", *Zeitschrift fuer die neutestamentliche Wissenschaft und die Kunde der aelteren Kirche*, 24(1925), pp.193~202).

고유한 콘스탄티노폴리스 공의회의 회의록 역시 남아 있지 않고, 사료들도 많지 않다. 단지 콘스탄티노폴리스 신경과 규정들만이 전해져 내려오고 있다.[3]

2. 사도신경

전능하신 천주 성부
천지의 창조주를 저는 믿나이다.
그 외아들 우리 주 예수 그리스도님
성령으로 인하여 동정 마리아께 잉태되어 나시고
본시오 빌라도 통치 아래서 고난을 받으시고
십자가에 못 박혀 돌아가시고 묻히셨으며
저승에 가시어 사흗날에 죽은 이들 가운데서 부활하시고
하늘에 올라 전능하신 천주 성부 오른편에 앉으시며
그리로부터 산 이와 죽은 이를 심판하러 오시리라 믿나이다.
성령을 믿으며
거룩하고 보편된 교회와 모든 성인의 통공을 믿으며
죄의 용서와 육신의 부활을 믿으며
영원한 삶을 믿나이다.
아멘.

---

3 I. O. de Urbina, 앞의 책, 470~471쪽. 그런데, H. R. 드롭너 같은 신학자는 콘스탄티노폴리스 공의회가 니케아 공의회 신경을 넘겨받고 보완하였다는 가정에 동의하지 않는다. 드롭너가 근거로 드는 것은 공의회 문서들이 남아있지 않다는 점, 공의회 신경은 공식적인 형태로 칼케돈 공의회 문서에서 처음 전해졌다는 점, 그리고 그 이전에 이미 콘스탄티아의 에피파니우스가 자신의 작품 '정박자'(374년)에서 이 문제와 관련해 언급한다는 점 등이다. 따라서 콘스탄티노폴리스 공의회는 신경을 공식적으로 결정하지 않았지만, 칼케돈 공의회를 통해 우리에게 전해진 본문을 협의하거나 작성하였다는 것이다(H. R. Drobner, 『교부학』, 하성수 역, 분도출판사, 407쪽 참조).

사도 신경(使徒信經, Symbolum Apostolicum)의 기본 형태는 2~3 세기에 걸쳐 세례식과 관련되어 로마에서 형성되었다고 전해진다.[4] 신경의 기원은 초기 교회의 세례식과 직접적인 관련이 있다. 마태오 복음서 28장 19절에 "그러므로 너희는 가서 모든 민족들을 제자로 삼아, 아버지와 아들과 성령의 이름으로 세례를 주"라는 예수님 말씀에 따라서 초기 그리스도교에서 세례 받고자 하는 사람들에게 삼위일체 하느님에 대한 믿음을 요구하였다. 그래서 세례 받는 사람은 세례 직전에 성부를 믿느냐는 물음에, 이후 성자를 믿느냐는 물음에, 그리고 성령을 믿느냐는 물음에 각각 '나는 믿습니다'(Credo)라고 응답한 후에 세례를 받았다고 한다.

성부, 성자, 성령 세 위격 하느님에 대한 단순한 신앙 고백이 차츰 구체적인 설명을 필요로 하게 되고, 이런 저런 변화와 발전을 겪게 된다. 그래서 처음 간단했던 신앙고백의 형태가 점차 발전하게 되어서, 4세기를 거치며 '사도신경'이라는 이름으로 불리게 되었고, 5세기를 거치면서 오늘날의 형태와 유사하게 되었다. 로마에서는 9세기에 이르러 이 신경이 오늘날과 같은 온전한 형태로 교회에 수용되었다. 그리고 10세기에 오늘날과 같은 완결된 형태로 자리매김하였고, 오토 대제에 의해서 니케아-콘스탄티노폴리스 신경과 함께 서방교회에서 공식 사용되기 시작했다.[5] 그리고 사도신경의 유래에 대해서는 12개 조항으로 나

4 J. Ratzinger, 『그리스도 신앙 어제와 오늘』, 장익 역, 분도출판사, 2000, 84~85쪽; W. Pannenberg, 『판넨베르크, 사도신경 해설』, 정용섭 역, 한들출판사, 2009, 11쪽.

5 H. Küng, 『믿나이다: 현대인을 위한 사도신경 해설』, 이종한 역, 분도출판사, 1999, 17쪽.

뉘게 된 신경의 신앙 개조가 열 두 사도들로부터 비롯되었다는 전설이 나돌기도 했다.[6]

'사도신경'의 구조와 내용은 '니케아-콘스탄티노폴리스 신경'과 약간의 차이점이 있다. 우선 사도신경이 보다 더 구세사적이고 더 그리스도론적인 특징을 지니고 있다. 게다가 사도신경은 하느님이 우리의 구원으로서 사람이 되셨다는 사실을 그대로 받아들일 뿐, 이 역사 뒤에 숨은 원인이나 역사와 존재 전체와의 관계에 대해서는 묻거나 설명하지 않는다. 또한 니케아-콘스탄티노폴리스 신경의 시작을 "한 분이신 '하느님'을(Deum)" 믿는다고 고백하는 반면, 사도신경은 "전능하신 천주 '성부'(Patrem)"를 믿는다고 고백하고 있다.

3. 신경의 모든 형태는 삼위일체적 특성을 가지는데, 이는 동시에 그리스도 중심적 특성, 즉 역사적 예수에 대한 신앙고백으로 귀결된다. 세상을 창조하신 성부 하느님과 세상을 구원하신 성자 예수 그리스도, 그리고 인간과 세상을 성화시키는 성령 하느님의 존재와 의의를 증언하고 되새기는 것이 바로 신경의 중심 주제이자 내용이다. 한 없이 자신을 내어주시는 사랑의 원천이신 성부, 무한히 사랑을 받아들이시고 무한히 그 자신을 되돌려 선사하는 사랑이신 성자, 그리고 무한히 성부와 성자 사이의 일치를 이루어 주고, 무한한 사랑의 주고받음을 결합시키는 사랑이신 성령의 움직임이 바로 창조이고 구원이며 세상 완성의 방향이다.[7] 삼위일체의 사랑과 일치 안에서 인간에게 주어진 구원의 역

6 J. Ratzinger, 앞의 책, 86쪽.

7 H. U. v. Balthasar, 『신앙고백 - '사도신경' 묵상』, 장홍훈 역, 대전가톨릭대학교출

사를 해석하고 받아들이는 것이 바로 그리스도교 신앙이다.

사실 신약성경에서 '하느님'을 언급할 때는 거의 항상 성부를 지칭한다는 사실이 삼위일체론을 이해하는데 있어서 중요한 개념이다.[8] 그런데 삼위일체 하느님의 본질과 내적 일치성은 예수 그리스도를 통해서 뚜렷하게 계시되고 있다.

"나를 본 사람은 곧 아버지를 뵌 것이다"(요한 14,9), "내가 아버지에게서 너희에게로 보낼 보호자, 곧 아버지에게서 나오시는 진리의 영"(요한 15,26).

성부 하느님에 대한 분명한 계시와 성령의 존재 근거와 목적에 대한 구원경륜적 삼위일체 신비 안에서 예수 그리스도가 바로 계시의 중심이다. 따라서 그리스도 중심적(Christozentrik)인 하느님 이해와 삼위일체에 대한 이해가 바로 그리스도교 신학과 신앙의 가장 중심적인 특징 중의 하나이다. 역사적으로 실존했던 나자렛 예수가 바로 하느님의 제2위격이시고, 하느님의 말씀이시며, 하느님의 아들이고 하느님 진리의 육화(肉化 Incarnatio)임을 믿고 고백하는 것이 그리스도 중심적인 신학의 특성이다. 신경에 분명히 드러나고 있는 그리스도 중심성은 그리스도교 신학의 기본이고 근본이다. 그리스도교 신학이 지닌 삼위일체적이며 동시에 그리스도 중심적인 특성은 제2차 바티칸 공의회를 통해서 더욱 분명하게 드러났다.

판부, 7쪽.

8 K. Rahner, "Theos im Neuen Testament", in: *Schrift zur Theologie* 1, Einsiedeln, 1954, pp.91~167.

4. 이 책의 주요 내용은 그리스도교의 신론, 즉 그리스도교가 믿는 하느님에 대한 신학적 설명이다. 그리스도교가 믿는 하느님에 대해서 제1부에서는 삼위일체론을 통해서, 제2부는 그리스도교의 신론과 무신론을 통해서 설명하고자 한다.

먼저 제1부(제1–6장)에서는 그리스도교의 삼위일체론을 중심으로 다루는데, 제1장은 삼위일체론 전반에 관한 일반적인 사항을 다루고, 제2장은 초기 그리스도교 교부들이 이해한 초기 형태의 삼위일체론을 다루고자 한다. 그리고 제3장은 초기 그리스도교 신학의 중심지였던 동방교회의 알렉산드리아 학파와 안티오키아 학파의 신학을 연구, 비교하고자 한다. 제4장과 제5장에서는 서방교회 삼위일체론은 물론 서방교회 신학의 가장 중요한 대표자인 아우구스티누스의 삼위일체론에 대해서 소개하고, 그가 해석한 삼위일체론에 대해서 설명하고자 한다. 그리고 제6장에서는 현대 가톨릭 신학자들 중에서 삼위일체론에 대해 다룬 대표적 신학자로 한스 우르스 폰 발타살(Hans Urs von Balthasar)과 칼 라너(Karl Rahner) 두 사람을 다루고자 한다. 삼위일체론 관련해서 두 사람 이외에도 중요한 현대 신학자들이 많이 있고, 개신교에도 눈여겨볼 만한 신학자들, 예를 들어 파울 틸리히(Paul Tillich)나 칼 바르트(Karl Barth) 등이 있지만, 이번에 다 다룰 수 없는 것이 안타까울 뿐이다.

그리고 제2부(제7–10장)에서는 그리스도교의 신론을 먼저 살펴보고, 그리스도의 신론에 위협이 되는 이단들과 무신론에 대해 살펴보고자 한다.

제7장에서는 그리스도교 신론의 특징에 대해서 특히 유대교와 그

리스 철학의 영향에 대해 살펴볼 것이고, 그리스도교 신론의 가장 중요한 특성을 육화된 진리인 예수 그리스도를 통해서 설명하고자 한다. 그리고 제8장에서는 초기 그리스도교 이단들에 대해 다루고자 하는데, 각 시대 이단들의 공통적인 특징이 다름 아니라 초기 그리스도교 이단들이 주장한 내용들의 변형일 뿐이기에 초세기 이단들을 중심으로 다룬다. 제9장은 근대 이후의 무신론을 다루고자 하는데, 과학과 기술 중심의 세계관, 그리고 인간 자율성이 중심이 된 오늘날 세계에서 무신론은 무엇을 주장하는지 살펴보고, 제10장에서는 무신론에 대해서 그리스도교는 어떻게 응답하고 있는지에 대해서 논하고자 한다.

이 책은 그리스도교 신학을 공부하는 사람들에게 도움이 되는 것이 우선적인 목적이지만, 동시에 아직 신학을 잘 모르지만 그리스도교 신학에 관심 있는 사람들도 읽을 수 있도록 가능하면 쉬운 표현으로 내용을 설명하고자 하였다. 하지만 신학 용어나 개념 자체가 쉽지 않고, 게다가 삼위일체론에 대한 해석과 해설은 여전히 신학의 대표적 난제 중 하나이다. 그래서 이 책이 신학을 공부하는 사람들은 물론 모든 그리스도인들을 위한 책이 되기를 바랐지만, 결국 어느 누구를 위한 책도 아닌 것이 될 수도 있겠다는 걱정이 앞선다. '그럼에도 불구하고', 이 책이 최종 목적지가 아니라, 이 책이 단지 신학 전체를 위한 작은 마중물이 되어서 우리 사회에 조만간 더 좋은 신학 책들이 더 깊고 더 넓게 그리고 더 많이 출간되기를 희망한다.

2019년 10월
혜화동 가톨릭대학교에서
조 한 규

목　차

제1부
그리스도교 삼위일체 신학

제1장

삼위일체론 입문

1. '삼위일체' 신학

'삼위일체'(三位一體, 고대 그리스어: Τριάδος, 라틴어: Trinitas)란 하느님이 본질적으로 한 분이시지만, 위격(位格, Persona)으로는 삼위라는 그리스도교의 계시이다. 그리스도교가 다른 모든 종교와 차별되는 가장 큰 특징 중 하나가 바로 성부, 성자, 성령 삼위일체 하느님에 대한 신앙 고백인데, 이는 그리스도교만의 독특함과 특별함이 가장 잘 드러나는 신앙의 핵심 교의(敎義, Dogma)이다.[1] 이 신앙의 내용은 인간이 탐구와 사유의 결과가 아니라, 하느님의 계시에 근거한 것이나(마태 28,19; 2코린 13,13 등). 그리스도교의 하느님은 말씀을 통해서 세

1 W. Kasper, 『예수 그리스도의 하느님』, 김관희 역, 수원가톨릭대학교출판부, 2015, 37~38쪽.

상을 창조하신 후에(창세 1장; 요한 1장), 당신이 창조하신 세상의 역사 안에서 이스라엘 백성에게 자신을 드러내시며 인간들과 소통하고 인간을 구원으로 이끄신다. 교회의 시작과 함께한 삼위일체 하느님에 대한 신앙 고백은 그리스도교의 하느님을 이해하는 결정적이고 본질적인 교의이자 가르침이다.

'삼위일체' 신학은 성부, 성자, 성령이라는 세 위격으로 구성된 하느님에 관한 신비이자, 한 분 하느님에 관한 신비이며, 세 위격으로 형상화되는 신비이다. 삼위일체 신학의 목적은 왜 하느님이 삼위일체이신가를 규명하는 것이 아니다. 단지 계시를 통해 알려진 삼위일체이신 하느님의 신비에 대해 설명하는 것이 최선일 뿐이다. 따라서 삼위일체에 관한 가장 중요한 핵심 쟁점은 완벽하게 구분되는 세 위격이 어떻게 본질적으로 동일할 수 있는가에 대한 물음과 대답이다.

즉, '삼위일체'라는 주제와 관련된 가장 직접적인 출발점이자, 신학적 주제로는 아래와 같은 것들이 있다.

⇒ 본질이 동일한데 어떻게 세 위격(Persona), 즉 독립되고 개별적인 실체가 가능한가?

⇒ 실체의 단일성과 위격의 삼중성의 관계는 무엇인가?

⇒ 위격의 삼중성 안에 실체의 단일성은 무엇을 의미하는가?

2. 삼위일체론

사실 '삼위일체'라는 단어는 성경에 없다. 성경에는 하느님 아버지, 아들이신 예수 그리스도, 성령에 대한 언급이 있을 뿐이다.

"그러므로 너희는 가서 모든 민족들을 제자로 삼아,
아버지와 아들과 성령의 이름으로 세례를 주고" (마태 28,19)

"보호자, 곧 아버지께서 내 이름으로 보내실 성령께서 너희에게 모든 것을
가르치시고 내가 너희에게 말한 모든 것을 기억하게 해 주실 것이다" (요한 14,26)

"내가 아버지에게서 너희에게로 보낼 보호자, 곧 아버지에게서 나오시는
진리의 영이 오시면, 그분께서 나를 증언하실 것이다" (요한 15,26)

"주 예수 그리스도의 은총과 하느님의 사랑과 성령의 친교가
여러분 모두와 함께하기를 빕니다" (2코린 13,13)

삼위일체라는 단어는 없지만, 성경은 분명히 삼위의 하느님에 대해 언급하고 있다. 따라서 삼위일체에 관한 신학은 하느님의 계시를 토대로, 인간이 하느님의 신비에 접근해 가는 것이다. 삼위일체론은 하나의 실체(實體) 안에 세 위격(位格)으로서 존재하는 하느님의 신비에 대한 신학이다. 본서에서는 삼위일체론에 대한 교의사적이고, 교의신학적인 논점에 따라서, 그리고 가톨릭교회의 전통적인 가르침에 따라서, 즉 계시의 두 원천인 성경과 성전(聖傳, Traditio)에 따라서, 그리고 교회의 중요 문헌들과 여러 신학자들의 견해를 통해서 삼위일체 신비를 학문적으로 이해하고자 한다.

삼위일체론은 타종교에서 발견하기 어려운 그리스도교만의 고유성과 특징을 지닌다.

1) 삼위일체론의 중심이자 출발점은 예수 그리스도이다. 그리스도교의 핵심이자 신앙과 신학의 핵심은 바로 '예수 그리스도, 즉 예수는 그리스도이시고, 하느님의 아들이며, 성자이고, 하느님의 말씀이다'라는 명제이다. 하느님의 말씀, 즉 '인격화된 진리'인 예수 그리스도를 통해서 삼위일체 하느님의 신비가 계시되고, 명확해진다.

2) 삼위일체론은 성령의 활동을 통해 예수 그리스도 안에서 드러나는 성부 하느님의 종말론적 계시를 객관적이고 합리적으로 해석하려는 신앙의 진리이다. '종말론'(終末論, Eschatologie)이란 세상의 끝, 종말에 관한 이야기이지만, 이는 세상이 끝나는 것 자체에 중점이 있는 것이 아니라, 결국 인간이 어떻게 구원될 것인가에 대한 하느님의 의지와 뜻과 깊은 관련이 있다. 즉, 그리스도교 종말론의 내용적 결말은 '예수 그리스도의 재림을 통한 인간구원'이다. 이러한 점에서 볼 때 종말론과 구원론이 동일한 것은 아니지만, 내용적으로 지향하는 바는 동일하다고 볼 수 있다.

3) 삼위일체론은 그리스도교 구원에 대한 모든 신비의 요약이자 총체이다. 삼위일체 신학은 한 분 하느님이 계시해 주시는 진리를 밝히고, 구원의 역사 안에서 성부, 성자, 성령이 어떤 역할을 하는지, 그리고 하느님이 인간과 어떤 관계를 맺고 있는지를 규명하는 학문이다.

3. '삼위일체'는 신비이다

삼위일체론이 다루는 내용은 성부, 성자, 성령이라는 세 위격 하느님의 동일성이라는 신비이다. 한 분 하느님에 관한 신비인데, 동시에 세 위격이라는 신비이다.

'신비'(神秘, mysterium)라는 단어 자체의 의미는 감춰진 것, 비밀스러운 것을 지칭한다. 즉, 인간이 이해할 수 없는 것, 이해하기 어려운 것이 바로 신비이다. 신학적으로 '신비'란 단어는 인간 이성으로 도달할 수 없는 초자연적 진리, 이성의 능력을 뛰어넘는 진리를 의미한다.[2] 신약성경의 저자들, 특히 바오로는 '신비'라는 개념을 통해 하느님의 구원 업적, 그 중에서도 예수 그리스도를 통해서 드러난 하느님의 구원 계획을 표현한다. "과거의 모든 시대에 만물을 창조하신 하느님 안에 감추어져 있던 그 신비의 계획이 어떠한 것인지 모든 사람에게 밝혀 주게 하셨습니다"(에페 3,9).

신비를 인식하기 위해서는 하느님의 특별한 계시가 필요하다.[3] '계시'(啓示 revelatio)란 하느님께서, 하느님에 관해서 인간에게 알려주는

2 B. Mondin, 『하느님은 사랑이십니다-삼위일체 신비에 관한 고찰』, 김관희 역, 인천가톨릭대학교출판부, 2013, 21쪽.

3 "하느님의 신비는 그 특성상 피조물의 지성을 종종 뛰어넘는다. 그것이 비록 신앙 안에 계시되었다 할지라도 마치 암흑과도 같은 신앙의 장막 안에 여전히 감추어진 상태로 남는다"(DS 1796). "우리는 하느님께서 세계와 역사의 주인이시라는 것을 굳게 믿는다. 그러나 종종 우리는 그 섭리의 길을 알 수가 없다. 종말에, 우리의 부분적인 인식이 끝나고 하느님의 "얼굴과 얼굴을 마주"(1코린 13,12) 보게 될 때, 비로소 이러한 길을 완전히 깨닫게 될 것이다. 이러한 길을 통해서, 심지어 악과 죄의 비극을 통해서까지도, 하느님께서는 당신의 피조물을 결정적인 안식(Sabbath)으로 이끄신다. 이 결정적인 안식을 위하여 하느님께서는 하늘과 땅을 창조하셨다"(가톨릭교회교리서, 314항).

신비인데, 하느님을 통해 주어지는 계시는 크게 두 가지로 나뉜다. 인간 이성으로 접근 가능한 자연 계시(혹은 일반계시)와 자연 세계를 초월하기에 인간 이성으로 접근하기 어려운 초자연적 계시(혹은 특별계시) 등이다. 성경과 성전을 통한 계시가 바로 특별계시이다. 특별계시, 즉 성경과 성전보다 더 중요한 것은 성경과 성전이 궁극적으로 증언하고 지향하는 하느님의 진리 자체, 즉 '예수 그리스도'이시다. 예수 그리스도는 성경과 성전의 최종점으로 계시의 총합이기 때문이다.

제2차 바티칸 공의회는 하느님의 계시에 관한 교의 헌장『하느님의 말씀』(Dei Verbum)에서, 하느님 계시 전체의 은밀한 진리는 "중개자이시며 동시에 모든 계시의 충만이신 그리스도 안에서"(2항) 우리에게 밝혀진다고 말한다. 계시는 하느님이 직접 당신 자신에 대해 알려주신 것으로서, 예수 그리스도를 통해 하느님이 온전히 드러나셨기에, 예수 그리스도가 계시의 완성이다. 그래서, 사도 바오로는 신비에 관해서 이야기할 때 예수 그리스도를 통해 드러난 하느님의 구원 계획(참조; 에페 3,9)과 직접적으로 연관시키고 있다. "신적 진리의 완전한 계시는 '길이요 진리요 생명'(요한 14,6)이신 강생하신 하느님의 아들, 예수 그리스도의 신비 안에서 실현되었음을 굳게 믿어야 한다."[4] 삼위일체 하느님에 대한 신비가 예수 그리스도를 통해 충만해지고 완성되었다.

4 「주님이신 예수님(DOMINUS IESUS): 예수 그리스도와 교회의 유일성과 구원의 보편성에 관한 선언」, 교황청 신앙교리성(2000. 8. 6), 5항.

4. 삼위일체론의 전제와 방향

4.1. 삼위일체론은 성서적이다

삼위일체론을 비롯한 그리스도교의 모든 신학은 계시에 근거해야 한다. 삼위일체론과 관련해서 구약성경에는 삼위일체 하느님에 대한 근거가 비교적 함축적으로 제시되었고, 신약성경에는 비교적 명시적으로 제시되고 있다. 그러나 삼위일체론, 특히 내재적 삼위일체론(內在的 三位一體, Trinitas immanens)은 성경만으로는 알 수 없다. 성경은 주로 구원경륜적 삼위일체(救援經綸的 三位一體, Trinitas oeconomica)를 설명하고 있기 때문이다.[5] 구약성경은 하느님에 대한 역사적이고 인격적인 체험을 기록한 이스라엘의 역사로서 구원경륜적 삼위일체의 특징이 드러난다. 그리고 신약성경 역시 성자와 성령을 통해 계시되는 성부에 관해서 구원경륜적으로 증언하고 있다.

4.2. 삼위일체론은 그리스도론적이다

초기 그리스도교에서는 세 위격 하느님이 지니신 동일한 본성에

---

5 '구원경륜적 삼위일체'란 구원 역사 안에서 체험한 삼위일체 하느님(Desus pro nobis)에 관한 신비이다. 즉 구약에는 성부 하느님만이 유일한 하느님이었으나, 신약에 이르러 예수 역시 하느님이시고, 이후 성령 역시 하느님이시라는 것을 구원 역사(=경륜)를 통해 알게 된 신비이다. 그리고 '내재적 삼위일체'는 창조 이전부터 함께하셨던 삼위일체 하느님 자체(Deus in se), 영원에서 이뤄지는 삼위일체 하느님의 내적인 생명의 신비 자체, 인간이 체험하거나 미처 체험하지 못한 하느님 존재 전체를 포괄하는 삼위일체 하느님에 관한 신비이다.

강조점을 두고 삼위일체 하느님을 이해하는지, 아니면 삼위일체의 근본이며 원천인 성부에 우선적 강조점을 두고 삼위일체 하느님을 이해하는지에 따라서 삼위일체론의 교의사적 흐름에 중대한 영향을 주었다.

삼위일체 하느님에 대한 접근과 이해는 예수 그리스도를 통해 비로소 알게 된 것이다. 따라서 예수 그리스도를 삼위일체 하느님에 대한 계시자라고 할 수 있다. 사실 삼위일체적 특징만 보았을 때는 성부가 중심이다. 그래서 초세기에 동방교회의 삼위일체론은 성부 중심적 특성을 강하게 지닌다. 눈으로 보고 체험할 수 없는 성부의 구원 계획은 성자와 성령을 통해 구체적으로 실현되었다는 것이다. 이러한 성부 중심적인 동방교회의 관점은, 마치 성부에 비해 성자와 성령의 역할이 축소되는 듯한 인상을 줄 수도 있다. 동시에 이러한 해석은 성부의 역할이 한때는 성자에 의해서, 그리고 그 이후에는 성령에 의해서 이루어진다고 결론 내릴 수도 있다. 초기 그리스도교는 물론 오늘날에도 수많은 이단들의 주장이 여기서 출발하는데, 이단들은 물론이고, 최근에 유행했던 다양한 새로운 신학들, 특히 '해방신학'(解放神學, Liberation theology)이 주장하는 신학과 신앙 역시 성령 중심적 신학과 신앙 역시 성부 중심적 하느님 이해에 기인한 결과라고 볼 수 있다.

동방교회 신학이 발달한 이후에 비교적 늦게 전개되었던 서방교회의 신학에서는 성부와 성자와 성령은 같은 하느님이라는 점이 강조된다. 서방교회 신학에서 특징적인 점은 성부와 성자를 통하여 성령이 나온다고 설명하는 점이다. 동방교회의 신학과는 달리 서방의 관점에서는 성자의 역할이 강조된다. 즉, 성자를 통해서 성부를 올바르게 이해할 수 있고, 성령 역시 성자를 통해서 보다 분명하고 올바르게 이해할 수 있다고 가르치고 있다. 삼위일체 하느님의 존재와 본질에 관해서 동방과 서방 두 교회의 가르침이 궁극적으로는 일치하지만, 이해의 초점이나 강조점에 따라서는 전혀 상이한 결과로 향할 수도 있다.

가톨릭교회에서 강조하는 삼위일체 신학의 방향은 우선적으로 삼위일체적 특징을 이해하는 것, 그리고 그리스도 중심적 특징을 이해하는 것이다. 이는 제2차 바티칸 공의회를 통해 강조된 그리스도교의 신학과 신앙의 특징이기도 하다.

4.3. 삼위일체론은 교회적이다

제2차 바티칸 공의회 「교회헌장」은 교회의 기원을 삼위일체적 전망 안에서 이야기하고 있다(참조 2, 3, 4 항). 인간들과 친교를 나누고자 했던 삼위일체 하느님의 인격적 친교 의지가 교회를 통해서 현현하는데, 교회는 성부의 사랑으로 탄생했고(2항 '성부의 보편적인 구원 계획'), 성자를 통해 세상에 설립되었으며(3항 '성자의 파견과 활동'), 성령을 통해 생명력을 유지한다고(4항 '교회를 거룩하게 하시는 성령') 공의회는 선포하고 있다. 즉 '삼위일체로부터의 교회' (Ecclesia de Trinitate)는 삼위일체의 친교에서 교회의 기원을 발견하는 것으로, 성부의 의지와, 성자와 성령의 파견을 통해 교회의 신비가 구현된다는 것이다. 가톨릭교회는 교회가 삼위일체의 신비에 참여하는 것은 물론, 하느님 현존의 현재화에 직접 관여한다고 이야기한다. "제2차 바티칸 공의회는 … 교회를 성삼위로부터 나오고 성삼위를 지향하는 친교의 신비로, 즉 그리스도를 받아들여 그분의 첫 번째 오심의 '이미'(성취)와 그분 재림의 '아직 아니'(완성) 사이의 여정을 계속하는 하느님 백성으로 묘사한다."[6] 교회는 역사적이고 가시적인 성삼위의 모상이기에, 삼위일체 하느님의 신비는 교회와 밀접한 연관을 갖는다.

그리고 삼위일체의 신비를 간직하고 있는 교회의 본질과 관련해서 중요한 부분 중에 하나가 교회와 마리아의 관계이다. 삼위일체의 신비가 교회를 통해 구체적으로 실현되기 이전에 이미 마리아를 통해서 하느님 구원의 역사가 성자의 강생을 통해서 실현되었다. 마리아 안에서 삼위일체 하느님 신비가 교회를 통해 실현되기 전에 이미 선취되었다. 가톨릭교회에서 교회에 대해서 가장 분명하게 가르치고 있는 곳은 제2차 바티칸 공의회 '교회헌장'이고, 그중에서 교회와 마리아의 관계에 대해서 언급한 부분은 제8장이다. 교회의 형성과 기원에 마리아가 직접적인 연관성이 있다는 것이 가톨릭교회의 기본적인 입장이다. 교회헌장을 통해서 가톨릭교회는 마리아를 교회 안에서 이해하고, 교회를 마리아 안에서 이해하고 있다는 점을 분명히 밝히고 있다. 마리아와 관련된 신학, 즉 마리아론은 초기 교회의 자기 정체성 형성에 중요한 토대가 되었다.[7] 구원 역사의 관점에서 마리아는 하느님이 구원계획을 알려

6 B. Forte, 『삼위일체의 모상인 교회』, 최영철 역, 성바오로출판사, 1998, 19쪽.

7 예를 들어, 교회를 가리키는 중요한 개념 중에 하나가 '시온의 딸'이다. '시온'(ציון Zion/Sion)은 천상 예루살렘을 의미하는데, 다윗이 예루살렘 재건할 때 한 귀퉁이를 시온이라고 한데서 유래한다(참조 1열왕 8.1). 다윗 성, 곧 시온은 말씀의 성궤를 보관하는 곳으로 하느님의 구원의지가 현존하는 곳으로 상징된다. 이는 결국 하느님 구원의 도구인 이스라엘이 자기를 부르는 명칭이었다. 이를 근거로 초기 교회는 하느님의 선택을 받고, 구원의 도구로 쓰여진 성모님을 시온의 딸이라 칭하였다. 초기 교부들은 성모님에게서 하느님의 구원의지가 강력히 드러났다고 이해하였다. 하느님 구원의 방법이자 내용 자체를 '성사'(Sacramentum)라고 할 수 있다. 구원과 연관된 성모님의 신앙적 삶 역시 성사라고 할 수 있고, 성모님께 영향을 받고, 하느님 은총의 표지이자 도구인 교회 역

주셨을 때부터 순명으로 응답하시고, 적극적으로 협력하였다. 이러한 마리아의 모습은 사도들의 후계자들이 교회의 정체성과 사명에 대해 고찰할 때 중요한 기준이 되었다. 초세기 교부들이 교회를 이해할 때 역시 주요한 기준 중의 하나가 마리아론이었다. 따라서 교회론의 관점에서 '교회 시작의 중요한 모티브가 마리아'라고 이야기할 수 있다. 물론 교회론과 마리아론은 밀접한 관계를 지니지만 교회론 전체가 마리아론이라고 하지는 않는다. 삼위일체 하느님의 신비를 간직하고 있는 교회의 본질과 사명을 깊이 있게 이해하기 위해서, 마리아의 삶과 소명에 대한 이해가 교회 이해에 중요한 기준이 될 수 있다는 것이다.

5. 구약성경에 나타난 하느님 이해

구약성경의 신신앙은 무엇보다 유일신 사상이다. 고대 종교에서는 찾아보기 힘든 유일신을 섬기는 이스라엘 종교의 독특한 특징이다. 하느님은 이스라엘 백성을 지켜주고, 이스라엘 백성들은 오직 하느님만을 섬겨야 했다. "너에게는 나 말고 다른 신이 있어서는 안 된다"(탈출 20,3), "이스라엘아, 들어라! 주 우리 하느님은 한 분이신 주님이시다"(신명 6,4). 구약의 이스라엘 백성은 선택과 계약을 통해서, 그리고 역사적 체험을 통해서 '하느님의 백성'이 되어갔다.

선택된 하느님 백성에게 신 개념은 엘로힘(Elohim)과 야훼

시 성사라고 할 수 있다. 이와 관련해서는 다음을 참조. 조한규, 「가톨릭교회 마리아론의 성사론적 구조 연구」, 『가톨릭신학』(34호), 2019, 83~111쪽.

(JHWH)라는 두 이름으로 표현되었는데, 이 두 호칭은 이스라엘이 자신들의 역사 안에서 하느님 백성이 되어 가는 과정과 연관이 있다. 구약의 하느님 이해와 하느님에 대한 신앙고백 발언의 핵심은 탈출기 3장에 나오는 불타는 가시덤불 이야기이다.[8]

> 모세가 하느님께 아뢰었다. "제가 이스라엘 자손들에게 가서, '너희 조상들의 하느님께서 나를 너희에게 보내셨다' 하고 말하면, 그들이 저에게 '그분 이름이 무엇이오?' 하고 물을 터인데, 제가 그들에게 무엇이라고 대답해야 하겠습니까?" 하느님께서 모세에게 "나는 있는 나다" 하고 대답하시고, 이어서 말씀하셨다. "너는 이스라엘 자손들에게 있는 나'께서 나를 너희에게 보내셨다.' 하여라." 하느님께서 다시 모세에게 말씀하셨다. "너는 이스라엘 자손들에게, '너희 조상들의 하느님, 곧 아브라함의 하느님, 이사악의 하느님, 야곱의 하느님이신 야훼께서 나를 너희에게 보내셨다' 하여라. 이것이 영원히 불릴 나의 이름이며, 이것이 대대로 기릴 나의 칭호이다"(탈출 3,13-15).

이 이야기 안에 모세에게 주어진 하느님의 명칭 계시와 그 하느님이 어떤 분이신가에 대한 결정적인 기초가 정립되었다. '야훼'라는 이름이 모세 이전에는, 이스라엘 밖에서는 확실한 고증이 없다는 점도 특이하다. '야'(jah), '요'(jo), 야ㅎㅂ(jahw) 등의 부분적 어간도 그 이전에는 찾아볼 수 없다.[9] 따라서 '야훼'라는 이름의 형성과 전달은 모세의 업적과 또 이에 따른 이스라엘의 신앙과 직접적인 연결로 볼 수밖에 없다. '야훼'라는 이름이 결정적인 하느님의 이름으로 이스라엘을 통해 계시

---

8 J. Ratzinger, 앞의 책, 118~124쪽.

9 J. Ratzinger, 앞의 책, 123쪽.

되었다.

이스라엘의 선조들은 그들이 믿던 하느님을 '엘'(El) 혹은 '엘로힘'(Elohim)으로 지칭했었는데, 그들의 신 개념과 '야훼' 하느님 개념은 근본적으로 같은 분으로 전제되었다.

그리고 하느님의 이름으로 계시된 '야훼'(JHWH), '있는 나'라는 개념이 명증한 의미 해석이 쉽지 않은 부분이고, 오늘날까지도 연구되고 있는 부분이다. 히브리어 성경을 그리스어로 옮긴 역자들은 그리스 문화와 철학의 영향하에 탈출기 3장 14절에 있는 '나는 있는 나'라는 구절을 '나는 존재자'라고 옮겼다.[10] 이는 성서의 하느님 이름이 철학적 신 개념과 동일화된 것이다. 신앙의 하느님과 철학의 신 개념을 동일시하는 태도 혹은 절대적 존재 자체가 이름을 갖는다는 것에 대해서 부정적인 입장을 취하는 신학자들도 있지만(예를 들어, 에밀 브룬너),[11] 인간이 신의 이름을 부를 수 있다는 것, 즉 인격적인 하느님 개념이 분명해진 점, 그리고 그 신의 존재를 존재론적 사유를 통해 개념화할 수 있었다는 것은 이스라엘 신신앙의 독특하고 특별한 성격으로 평가될 수 있다. 하느님을 친근하고 접촉 가능한 분으로, 즉 인격적 하느님, 위격적 하느님으로 이해한 것, 그리고 동시에 하느님이 시공간을 초월하는 권능을 지닌 분으로 이해한 것이 이스라엘 신신앙의 특징이다. 구약의 하느님은 존재가 인격으로 드러나고, 인격으로 드러난 존재가 믿음의 대상이 되었다.

삼위일체론과 관련해서 구약에는 특히 초반에는 삼위일체에 관한

10 J. Ratzinger, 앞의 책, 121쪽.

11 E. Brunner, *Die christliche Lehre von Gott. Dogmatik* I, Zürich, 1960, pp.124~135.

아무런 계시도 없었지만, 하느님 백성으로서 이스라엘의 신신앙이 발전해 가는 과정 안에는 삼위일체 하느님에 관한 그리스도교적 증언을 예표 하는 내용들이 담겨 있다.

5.1. 구약성경에 나타난 하느님의 속성들

1) 유일성

하느님의 유일성에 대한 확고부동한 자세는 이스라엘 종교의 근본적인 특징이다(탈출 20,2-5; 신명 6,4-7; 13-15).

이스라엘의 신앙 안에서 하느님은 한 분(unus)이시고, 유일무이(unicus 단일함)하시다. 이스라엘은 그 당시 수많은 종교들과는 달리 유일신 신앙을 가지는데, 이는 종교적 체험과 실제 역사 안에서 체험한 하느님을 통해서 이루어졌다. 이스라엘 신앙의 가장 큰 특징이자 핵심이 바로 '한 분, 유일한 하느님'에 대한 신앙이다. 오직 하느님만을 하느님으로 믿는 것이 이스라엘의 신앙이었고, 하느님이 아닌 것을 마치 하느님처럼 여기는 우상숭배가 이스라엘에게는 가장 큰 죄였다.

"이스라엘아, 들어라! 주 우리 하느님은 한 분이신 주님이시다.
너희는 마음을 다하고 목숨을 다하고 힘을 다하여
주 너희 하느님을 사랑해야 한다"(신명 6,4-5)

마르코 복음에서도 예수님께서 가장 큰 계명에 관해 이야기하시면서 신명기에서 언급하는 한 분 하느님에 대한 믿음의 태도를 강조한다(참조 마르 12, 28-34).

하느님의 유일성이라는 명제와 삼위일체 하느님이라는 명제는 서로 모순되는 것이 아닌가라는 질문이 있다. 하지만, 하느님의 유일성이 삼위일체를 부정하는 것은 아니다. 이 문제와 관련해서는 뒤에서 자세히 다루도록 하겠다.

2) 전능함

이스라엘의 신앙과 성경에 따르면 하느님께서는 무에서 창조(창세 1,2 creatio ex nihilo)하신 분이다. 하느님에 의한 세상 창조와 완성은 하느님의 전능하심과 지혜와 선함과 위대함 등을 가리키는 것이다.

3) 거룩함

구약성경에서 하느님과 관련해서 가장 빈번하게 사용되는 단어 중의 하나는 '거룩함'이다. 구약성경에서 하느님의 거룩함이란 그분 홀로 모든 권능을 가진 분이라는 의미이다.[12] '거룩한'(קדש, qados)이라는 형용사는 원래 '분리된', '구별된'이라는 의미이다. 즉, 성경에서 말하는 거룩함이란, 하느님께 흠 없는 것을 바치는 것, 세상과 분리되는 것, 세속적 용도와 구별되는 것을 의미한다. 예를 들어, 교회에서 성직자, 수도자의 거룩함을 이야기할 때 가장 중요한 점은 구별된 선택, 선별된 삶, 세속적인 삶과는 구분된 삶을 살아간다는 점이다.[13]

12 B. Mondin, 『하느님은 사랑이십니다–삼위일체 신비에 관한 고찰』, 김관희 역, 인천가톨릭대학교출판부, 2013, 72쪽.

13 가톨릭교회는 모든 그리스도인들이 세례성사를 통해서 3중 직무, 즉 왕직(봉사), 예언직(선포와 가르침), 사제직(기도와 예배)에 참여한다고 가르치고 있다. '교회헌장' 10항에서는 '보편사제직'과 '직무사제직'에 대해서 언급하고 있는데, 전자는 모든 그리스도인들이 세례를 통해 얻게 되는 것이고, 후자는 교계사제직

이스라엘은 하느님의 백성이기 때문에 하느님의 거룩함은 이스라엘 백성에게도 적용된다. 그러므로 그들은 속된 것을 멀리하고, 정화되고 성화되어야 하며, 거룩한 백성으로 살도록 불리움 받았다. "나, 주 너희 하느님이 거룩하니 너희도 거룩한 사람이 되어야 한다"(레위 19,2).

5.2. 구약에 드러난 삼위일체의 흔적

삼위일체론의 시작은 신에 대한 사색, 즉 모든 존재의 근원에 대한 철학적 사변을 통해 발생한 것이 아니라, 인간이 구원 역사 안에서 체험과 반성을 통해 얻게 되고 알게 된 것이다. 구약에서 드러난 하느님의 특성은 이스라엘의 하느님, 세상의 창조주 및 구세주로 나타났는데, 이는 신약의 하느님과 직접적으로 연결된다. 사실 구약성경에는 하느님의 삼위일체적인 특징에 대해서 구체적이고 명시적인 언급은 찾아볼 수 없다. 단지 이에 대한 근거를 추측할 수 있는 암시 정도가 발견되며, 신약에서 분명하게 이해할 수 있는 발판이 마련되었다고 볼 수 있다.

구약성경에서 삼위일체 하느님을 암시한다고 여겨지는 표현들은 다음과 같다.

혹은 특수사제직이라고도 불리운다. 이 두 사제직의 공통점은 모든 하느님 백성이 하느님께 함께 기도한다는 점이다. 하지만, 차이점도 언급하고 있는데, '교회헌장' 10항에서는 두 사제직이 '정도에서만이 아니라 본질적으로도' 차이가 있다고 언급하고 있다. 다만 두 사제직의 구별에서 '정도'(gradu)의 차이라는 것은 기능적인 차원의 차이, 즉 성사 집행 능력에 대한 가능성의 차이로 이해할 수 있지만, 두 사제직 간 '본질'(essentia)의 차이, 즉 존재론적 차이에 대해서 공의회의 문헌은 명확하게 언급하고 있지 않다.

① 창세 1,26 "우리와 비슷하게 인간을…"

여기서는 하느님을 복수의 형태로 표현하고 있는데, 사실 이 복수의 표현은 삼위의 하느님을 암시한다기보다는 복수적인 표현을 통해서 무한하고 강력한 권력을 표현한다고 보는 것이 더 적절할 것이다.

② 창세기 18장의 '마므레의 상수리 나무 아래 세 천사 이야기'

그림 1. 14세기 러시아의 수도자이자 화가인 안드레이 루블료프의 삼위일체 이콘 (동방교회 삼위일체 신학 표현)

주님께서는 마므레의 참나무들 곁에서 아브라함에게 나타나셨다. 아브라함은 한창 더운 대낮에 천막 어귀에 앉아 있었다. 그가 눈을 들어 보니 자기 앞에 세 사람이 서 있었다. 그는 그들을 보자 천막 어귀에서 달려 나가 그들을 맞으면서 땅에 엎드려 말하였다. "나리, 제가 나리

눈에 든다면, 부디 이 종을 그냥 지나치지 마십시오. 물을 조금 가져오게 하시어 발을 씻으시고, 이 나무 아래에서 쉬십시오. 제가 빵도 조금 가져오겠습니다. 이렇게 이 종의 곁을 지나게 되셨으니, 원기를 돋우신 다음에 길을 떠나십시오." 그들이 "말씀하신 대로 그렇게 해 주십시오." 하고 대답하였다(창세 18, 1-5).

③ 이사야서 6장에 나오는 '세 얼굴 가진 천사 혹은 하느님의 옥좌 앞에 있는 두 천사'

여기서는 1-3절에서 하느님과 관련해서 천사와 같이 묘사하였고, 의인화와 비유를 사용하고 있다.

> "우찌야 임금이 죽던 해에, 나는 높이 솟아오른 어좌에 앉아 계시는
> 주님을 뵈었는데, 그분의 옷자락이 성전을 가득 채우고 있었다.
> 그분 위로는 사람들이 있는데, 저마다 날개를 여섯씩 가지고서,
> 둘로는 얼굴을 가리고 둘로는 발을 가리고 둘로는 날아다녔다.
> 그리고 그들은 서로 주고받으며 외쳤다. '거룩하시다, 거룩하시다,
> 거룩하시다, 만군의 주님! 온 땅에 그분의 영광이 가득하다.'"(이사 6,1-3)

④ 구약에 나타난 야훼의 천사 표상

천사의 의미와 역할은 이스라엘 백성과 동반하는 모습(탈출 14,19), 억압된 이를 도와 주는 모습(창세 16,7;1열왕 19,5; 2열왕 1,3), 신심 깊은 이를 보호해 주고(시편 34,8), 하느님의 권능을 표현하기도 하며(즈카 12,8), 하느님의 지혜를 드러내는(2사무 14,20) 경우가 대부분이다. 하지만, 드물게 천사와 하느님을 동일시하는 경우(창세 31,11. 13; 탈출 3,2.4 등)도 있다.

⑤ **하느님의 지혜를 통한 묘사**

구약성경에서는 '지혜'를 기본적으로는 하느님과 구분하지만, 하느님처럼 이해하기도 한다(예, 잠언8장). 구약성경에는 야훼 하느님께서 단 한 번도 직접적으로 자신을 드러내지 않고 오로지 말씀과 영의 활동을 통해 계시하는 분으로 표현되고 있다. 따라서 구약에는 하느님의 말씀(시편 119,89. 147,15 이하; 지혜 16,2)과 하느님의 영(하까 2,5; 느헤 9,30; 이사 63,10; 지혜1,7)을 인격화해서 표현하는 부분은 발견할 수 있다.

⑥ **하느님의 말씀**

하느님의 말씀은 무엇보다 창조하는 힘을 의미한다. 즉 창조는 말씀을 통해 이루어졌다(참조 창세 1,3이하). 말씀을 통한 세상 창조는 하느님의 첫 계시이자 하느님 구원 역사의 시작이다. 이 시작점에 하느님의 말씀이 함께 하셨고, 이 말씀은 하느님의 자유로운 의지와 사랑으로 표출된다.

그리고 시나이 산에서 모세는 하느님의 모습이 아닌, 음성을 통해서 "열 가지 말씀"을 받았다(참조-탈출 20,1; 24,3-8;34,38). 그리고 하느님을 처음 만났을 때 모세는 하느님의 이름을 묻는 장면이 나온다. 이름을 묻는 것은 곧 관계를 의미한다. 구약의 예언자들은 하느님 말씀을 듣거나 본다(참조-이사 5,9; 에제1,11; 즈카1,8). 예언자들의 가장 중요한 역할은 하느님의 말씀을 듣고 해석해서 백성들에게 전하는 것이다. 말씀을 통해서 하느님의 현존이 드러나기 때문이다. 구약에서 하느님의 말씀은 무엇보다 창조하는 힘을 가진 말씀, 즉 말씀을 통한 세상 창조이다(참조-창세 1,3이하; 이사 48,13). 그리고 하느님의 말씀은 하느님의 '자유로운 의지'와 밀접하게 연결된다. 또한 말씀의 '인격화'도 중요한 특징 중에 하나인데, 특히 지혜서 계통의 문헌에 잘 드러난다. 말씀의 인격화의 완성이 바로 하느님 말씀의 '육화'(肉化, Incarnatio)이다.

⑦ 하느님의 영

구약성경에서는 야훼 하느님께서 단 한 번도 직접적으로 자신을 드러내지 않으시고 오로지 말씀과 영을 통해서 계시하고 계심을 볼 수 있다. 구약성경에서 '영'은 하느님의 속성이나 업적 등으로 표현되고 있다.[14] 하느님은 영으로 활동하시기에 감각적인 접촉, 즉 보거나 만지거나 할 수 없지만, 영이기 때문에 자유롭고 역동적이며 형언할 수 없는 분이시기도 하다. 구약성경에서는 창조, 계시, 구원, 예언 등의 하느님의 업적들이 마치 영의 활동으로 묘사되고 있다. 인간 역시 흙에다가 하느님의 숨, 즉 영을 불어 넣으셔서 창조하셨고, 인간은 하느님의 영을 통해 내적 정화와 성화를 이루게 된다. 영을 통해 인간의 영혼은 정화되고 하느님의 계명이 완성되는 날 사람들은 하느님의 영이 사람들 안에 머무는 것을 체험하게 될 것이라고 증언한다(참조 이사 32,15-20. 44,3. 59,21; 예레 31,31-34; 에제 36,24-28; 요엘 3,1 이하 등). 하느님의 '말씀'이 인격화되어 묘사되는 경향이 있는 것처럼, 하느님의 '영'도 인격화되는 경향이 있다(2사무 23,2; 이사 63,10 이하; 지혜 1,5 이하).

14 B. Mondin, 『하느님은 사랑이십니다-삼위일체 신비에 관한 고찰』, 김관희 역, 인천가톨릭대학교출판부, 2013, 83~84쪽.

6. 신약성경의 삼위일체 신학 - 계시 사건의 삼위일체적 구조

신약성경에 드러난 하느님 자기계시의 결정적 문장은 바로 "하느님은 사랑이십니다"(1요한 4,8.16)라고 할 수 있다. 하느님이 사랑이시라는 것은 하느님 스스로 사랑을 줄 수도 있고 받을 수도 있다는 것이다. 하느님이 사랑이시기에 하느님은 인간과 자유롭게 친교를 나누시고, 인간을 창조와 구원역사로 이끄신다.

그리고 하느님은 사랑이시기에 삼위일체 신비가 밝혀진다.[15] 삼위일체의 신비는 어떻게 하나가 셋이고, 동시에 셋이 어떻게 하나가 될 수 있는가라는 논리적 문제의 해결이 목적이 아니다. 삼위일체는 사랑의 관계와 밀접하다.

> "사랑은 하나가 된다는 것을 의미하기도 하지만, 반면에 각자의 정체성이 고스란히 유지되기를 바라면서 둘 다 독자적으로 실현되기를 바란다. 그러니까 사랑이란 타자의 다름을 인식하는 가운데 하나가 되는 것이다 … 사랑은 자신을 잊고 흘러넘치는 기쁨으로 상대와 통교하고 서로를 나누며 세 번째 대상에서 완성되기를 바란다."[16]

아우구스티누스는 이러한 사랑의 역학관계에 대해서 다음과 같이 말했다. "여기 사랑을 주는 이와 사랑을 받는 이, 그리고 사랑 자체, 이렇게 셋이 존재한다"(삼위일체론, 8장, 10,14).

즉 하느님은 사랑이시라는 신약성경의 계시는 삼위일체 하느님에

---

15 W. Kasper , 『예수 그리스도의 하느님』, 김관희 역, 수원가톨릭대학교출판부, 40~47쪽.

16 W. Kasper, 앞의 책, 41쪽.

대한 신학이 본질적으로 관계적이고 인격적인 존재론이어야 한다는 것을 알려준다.[17]

신약성경의 삼위일체 신앙은 예수 그리스도 안에서 계시된 사건 전체를 위의 한 문장으로 요약이 가능하다. '하느님은 사랑이시다'라는 문장은 예수 그리스도를 통해 드러난 하느님의 가장 깊은 모습, 하느님 이해의 핵심이며, 삼위일체 신학, 신앙의 절정이자 결론이자, 모든 복음서의 핵심이자, 그리스도 신앙의 결론이다. 삼위일체 신비를 온전히 드러내는 분은 오직 예수 그리스도 뿐이시다. '복음'(福音, εὐαγγέλιον, evangelium)이란 다름 아니라 예수 그리스도의 말씀과 그분의 행적 전체를 일컫는 말이다. 그 복음의 가장 핵심적인 메시지, 즉 케리그마(κῆρυγμα Kerygma)는 하느님 나라에 관한 내용이다.[18]

그리스도 계시 사건은 삼위일체적인 구조를 지니고 있다.

신약성경에서 가장 중심적인 계시사건은 바로 예수 그리스도가 말씀과 행적 전체를 통해서 하느님을 당신 아버지로 계시하시고, 당신이 하느님의 외아들임을 알려주신 것이다. 예수 그리스도에 따르면, 복음의 내용은 모두 성부로부터 기인하고, 성자에게서 전해지며, 성령을 통해 열매 맺게 된다. 성부는 성자를 파견하셨고, 성부와 성자는 성령을 파견하셨으며, 삼위일체 하느님께서는 우리를 파견하신다.

예수는 성부 하느님과 자신의 관계를 아빠(Abba), 아버지라고 정의하셨다. 하느님을 아빠, 아버지라 부르는 것은 예수의 자기정체성에

---

17 J. Ratzinger, 『그리스도 신앙 어제와 오늘』, 장익 역, 분도출판사, 2000, 164~193쪽.; G. Greshake, *Der dreieine Gott,* Freiburg, 1997, pp. 457~460.

18 조규만, 「예수 그리스도와 '하느님 나라'」, 『가톨릭신학과사상』 (18), 1996, 78쪽 이하.

서 기인한 것이고, 예수의 고유한 표현이기도 하다. '아빠'라는 호칭은 기도를 드릴 때 사용하던 매우 특징적인 호칭이다. 그리고 예수는 '나의 아버지'(마르 14,36. 마태 11,25)라는 호칭과 '너희들의 아버지'(루카 6,36; 12,30.32) 내지 '하늘에 계신 너희 아버지'(마르 11,25. 마태 23,9)를 구분했다는 점도 특이하다. 이 구분은 예수가 자신이 하느님의 아들이라는 자의식을 갖고 있다는 사실을 분명하게 드러낸다.[19] 모든 사람들이 하느님의 자녀이지만(참조 마태 5,9. 45), 예수는 자신이 독특하고 유일한 관계에서 하느님의 아들이라는 점을 분명하게 강조하고 있다. 하느님의 아들로서 예수는 다른 모든 인간들과 거의 같은 존재였지만, 한 가지 차이점이 있는데 바로 죄가 없다는 것이다. 동시에, 언제나 성부 하느님과 자신을 구분하면서 성부를 아버지로, 자신을 아들로 구분하였다.

예수와 성부가 갖는 관계는 성부가 아들과 갖는 관계, 즉 하느님의 자기전달(Selbstmitteilung Gottes)을 함축하고 있다.[20] 예수의 존재는 그의 사명과 직무와 직접적으로 결합되는데, 이는 아들로서의 순종과 희생에서 기인한다. 예수가 선포한 하느님 나라는 하느님이 예수 안에서 본격적으로 역사 안으로 들어오시는 것이다. 예수는 하느님 나라를 인격적으로 보여주게 되고, 예수를 통해서 하느님과 인간의 참 본질이 드러난다.

신약성경의 계시사건 중에서 삼위일체적인 사건으로 설명되는 부

19 W. Kasper, 『예수 그리스도의 하느님』, 김관희 역, 수원가톨릭대학교출판부, 2015, 401~403쪽.

20 W. Kasper, 앞의 책, 402~403쪽.

분은 다음과 같다.

① 예수의 세례(마르1,9–11;마태 3,13–17;루카3,21) – 삼위일체적인 구성으로 이루어졌다(성부 – 음성, 성령 – 비둘기 모양).

② 예수는 "성령 안에서 즐거워하며" 하느님을 "하늘과 땅의 주님"으로 찬양하였다(루카 10,21;마태 11,25–27).

③ 사도들의 설교도 삼위일체적 구도를 유지하고 있다(사도 2,32 이하. 7,55이하).

④ 예수의 세례명령 – "너희는 … 아버지와 아들과 성령의 이름으로 세례를 주고"(마태 28,19). 이러한 세례 기본 양식은 초대교회의 세례기도문이 되었고, 이후 '신경'으로 받아들여졌으며, 신경 안에는 그리스도교의 핵심인 삼위일체 하느님에 대한 신앙 고백이 담겨 있다.

⑤ 요한복음: 복음 전반부(1–12장)에서 성자와 성부와의 관계에 집중하고 있고, 후반부의 고별 담화(14–17장)에서는 성령에 집중(14,16. 14,26. 15,26. 16,13)하고 있다. 예수의 기도(17장)는 삼위일체에 대한 강한 암시를 드러내고 있다. 즉 아버지와 아들의 영광, 아들을 통한 아버지의 영광, 그리고 보호자, 즉 성령청원기도가 드러난다.

⑥ 요한의 첫째 편지 중 4,8.16 등에 하느님의 핵심 본질이 예수 그리스도를 통해 드러난다고 증언하고 있다. 예수 그리스도를 통해 사랑의 하느님이 뚜렷해진다.

예수 그리스도는 삼위일체 하느님을 가장 분명하게 드러내 주고 있다. 예수 그리스도의 말씀과 행적은 구약성서의 언어와 내용을 간직하고, 삼위 하느님을 드러내 주고 있다. 하느님의 아들로서 예수는 언제나 성부와 성령과 함께 활동했고, 예수 안에서 성부와 성령도 함께하셨다. 예수의 업적이 바로 삼위 하느님의 업적이다. 예수는 하느님이 누구신지 알려주셨다. 따라서 예수 그리스도는 삼위일체 신비의 계시자이자, 신비 자체이다. 결론적으로 신약성경 전체의 구조와 내용은 그리스도 중심적이고 삼위일체 중심적인 신앙과 신학을 지향하고 있다. 그리스도론적 신앙고백이 삼위일체적 신앙고백 안에서 자주 표현되고 있다.

제2장
교부들의 삼위일체론

1. 사도교부들의 삼위일체론

교부란 일반적으로 2세기 전후의 그리스도 교회 지도자들이나 신학자들을 일컫는다.[21] 교부들의 권위와 중요성은 교회 안에서 늘 강조되었다. 제2차 바티칸 공의회「계시헌장」7-10항에서 밝히고 있듯이, 하느님의 계시는 신구약 성경과 성전을 통해 우리에게 전달되는데, 이 두 가지는 하느님의 똑같은 원천에서 흘러나오므로 서로 밀접히 연결되어 있다. "거룩한 교부들은 이 성전이 살아 있음을 증언하고, 믿고 기도하는 교회의 관습과 생활 안으로 이 성전의 풍요로움이 흘러들어온

21 교회는 보통 다음 4가지를 겸비한 사람을 교부라 부른다. 1. 고대성(Antiquitas), 2. 정통 교리(Doctrina Orthodoxa), 3. 거룩한 생활(Sactitas Vitae), 4. 교회의 승인(Approrvatio Ecclesiastica) (『가톨릭대사전』 제1권, 한국가톨릭대사전편찬위원회(편), 한국교회사연구소, 1994, 606~611쪽 참조.)

다고 가르친다"(8항). 교부들의 가르침은 성전의 주축을 이루고 있으므로 교부들에 대한 연구는 하느님 계시 이해에 필연적이다.

삼위일체론은 물론이고 그리스도교의 신학과 신앙에서 다루는 가장 핵심적인 내용은 '예수는 누구이신가'에 대한 질문과 대답이다. 초세기 이래 교회는 특별히 이단들과의 투쟁을 통해 그리스도교의 신앙과 신학이 정립되었다. 이미 초기 교회 때부터 교회 안팎에서는 예수가 그리스도이신가에 대해서, 그리고 어떻게 한 인간이 하느님일 수 있는가, 그리고 성부와 성자의 관계를 어떻게 설명할 수 있을까 등등의 문제 제기가 많았다. 그렇다면 당시의 교부들은 이 문제를 어떻게 이해했는가?

'사도교부들'(Patres Apostolici)은 사도들의 제자들이나 사도들로부터 직접 가르침을 전수받은 주교들 혹은 간접으로 영향을 받은 2세기 중엽까지의 교부들을 지칭한다. 사도교부란 신약성경 이후부터 호교교부 시대 이전의 초대교회에 속한 이들을 가리킨다.[22]

살아있는 하느님의 말씀이자 진리 자체인 예수 그리스도의 말씀과 행적, 즉 복음을 직접 목격한 증인들, 즉 오직 사도들과 사도들의 후계자들만이 복음의 텍스트(text)와 맥락(context)을 정확하게 이해할 수 있다.

하느님에 관해서 알려주는 계시의 두 원천인 성경과 성전은 각각의 장단점이 있다. 성전의 장점은 계시가 생동감 있게 살아있다는 점이지만, 전달된 것 중에 어디까지가 계시의 구체적인 경계인지가 모호하

22 한국교부학연구회, 『내가 사랑한 교부들』, 분도출판사, 2005, 45~47쪽.

다는 단점이 있다. 이에 반해 성경의 장점은 글로 쓰여서 명확하고 확고부동하다는 점인데 비해서, 단점은 고정된 활자이기 때문에 정확하고 권위 있는 해석을 필요로 한다는 것이다. 살아 있는 복음에 대한 직접적이고 적확한 해석은 오직 복음을 직접 목격한 사도들만이 해석할 수 있다. 따라서 이들의 증언을 기초로 해서 그리스도교 초기에 성경의 정경화(正經化, Canonization) 작업이 교회를 통해서 이루어질 수 있었다. 그러므로 사도들, 사도 후계자들, 그리고 그들을 계승하는 사람들의 권위를 통해서 초기 교회는 하느님의 진리를 이해했다.

대표적인 사도교부로는 베드로에게 직접 안수를 받았다고 전해지는 로마의 클레멘스(Clemens Romanus 재위 88–99년), 안티오키아교회의 제2대 주교로서 로마에서 순교한 안티오키아의 이냐시우스(Ignatius Antiochenus), 이냐시우스 주교의 사랑을 받던 스미르나의 폴리카르포 주교(Polycarpus), 파피아스 주교(Papias) 등이 있다. 이들은 신학 형성의 초기 단계에 활동했기에 신학적 깊이는 약하였고, 신약성경의 설화적 설명 정도만 가능했다.

시리아의 안티오키아에서는 그리스도를 믿는 이들을 가리켜 처음으로 '그리스도인'이라고(참조 사도 11,26) 불렀다. 안티오키아의 이냐시오는 '가톨릭'이라는 말을 처음 사용했다고 전해지고 있다.[23] 삼위일

23 '가톨릭'이라는 단어를 최초로 교회를 지칭하는 데 사용한 안티오키아의 이냐시우스는 107년에 「스미르나인들에게 보낸 편지」에서 다음과 같이 말했다. "예수님께서 계신 곳이면 어디에나 가톨릭교회가 있는 것처럼, 주교가 있는 곳이면 어디든지 신앙인 공동체가 있게 될 것이다." 여기서 이냐시우스는 '가톨릭교회'(ecclesia catholica)라는 표현을 교회의 사명과 권한이 '보편적'이라는 것, 곧 온 세상, 모든 사람, 모든 시대에 유효하다는 것을 의미한 것이다. '가톨릭교회'라는 표현은 이후 폴리카르푸스에 의해 '참된 교회'라는 뜻으로 발전해 갔다(한국교부학연구회, 앞의 책, 55쪽 참조).

체 하느님을 설명하는데 있어서 이냐시오는 성부를 성전(교회)안에서 벽돌(신자들)을 다듬는 '석공'으로, 성자를 벽돌을 들어 올리는 '장치'로, 성령을 '밧줄'로 비유했는데, 이는 가장 초기 형태의 삼위일체에 관한 비유이다.

사도시대와 사도 교부시대에는 아직 명확하고 정확한 삼위일체 정식은 없었으나, 세례성사 안에서 삼위일체 교리가 신앙고백의 형태를 띠고 존재하였다. 신경은 예비 신자들의 신앙고백의 표현이고, 세례식이라는 형식 위에 굳어진 전례 양식으로 발전하였다.

2. 호교교부들

호교교부들이란 2세기경 반(反)교회적이고 적대적인 이방인들에게 교회에 대한 방어 및 옹호, 그리고 호교적(護教的, Apologetics)인 변론을 폄으로써 그리스도교 신앙을 옹호하고 권하는 일을 한 일련의 교부들을 말한다. 이들은 지체가 높은 식자층에서 새로운 입교자가 나타나기 시작하고, 그리스도교의 존속을 위해 로마제국과 투쟁하고 있을 당시에 활동하였다. 이들은 대개 그리스철학과 언어풍토에서 성장하였는데 변증론, 대화론, 수사학 등 전통적인 이교 철학의 방식을 통해 이성과 신앙의 조화를 꾀하였으며 그리스의 사상과 철학의 그리스도교화를 시도하였다.

호교교부들은 비록 크게 세련되지는 못했지만 이론적 설명으로 신학의 기틀을 마련하였다. 그들은 첫째 그리스도교를 국가나 사회에 위협적인 종교로 파악하고 있는 황제나 치자들에게 그리스도교에 대한 올바른 이해를 갖도록 노력 연구하였으며, 둘째 이교사상과 그들의 우상과 미신, 신화의 모순과 부도덕성을 제시하였고, 셋째 철학의 이론적 방법, 즉 인간 이성만으로는 절대 진리에 도달할 수 없음을 일깨우면서 인간의 한계성을 지적하였다. 이들은 이교도의 철학과 그 영향 하에 있는 전반적인 사고방식 외에도 특히 유대사상과 이단사상에 거스르는 이론을 세우는 적극성을 발휘해야 했는데 이들은 한결같이 신·구약의 일치와 조화를 말하고 그리스도의 기적, 신성(神性), 구약의 고고성(考古性)을 강조함으로써 교회의 근거를 논증하였다.

최초의 호교교부로는 콰드라토(Quadratus)를 들 수 있으며 이들 중 가장 유명한 이는 순교자 유스티노(Justinus +165)이다. 그 외에 아리스티데스(Aristides), 아리스톤(Ariston), 아테나고라스(Athenagoras), 안티오키아의 테오필로(Theophilus), 그리고 이레네오(Irenaeus) 등이 있다.

'호교'는 교회를 보호하고 변호하기 위한 것으로, 특히 신학적, 이성적, 합리적인 방법을 통해 계시를 올바로 해석함으로써 이단에 맞서 그리스도 신앙을 옹호, 변호, 설명하는 것이다. 그러나 신앙의 신비적 내용을 합리적으로 설명하려다 보니, 오히려 비합리적이라는 한계를 지니게 되었다. 그래서 18세기 이후에는 오히려 부정적인 이미지를 띠기도 했다. 신학적인 것과 이성적인 것이 일치할 수 있는가에 대해서 교회의 전통적인 입장에서도 비판이 있었고, 동시에 근대의 자연과학적 입장에서도 비판하였다.

하지만, 가톨릭교회는 신앙 안에 이성적인 측면이 있고, 신앙을 올바르게 이해하기 위해서 이성의 도움이 반드시 필요하다는 이유와 근거를 로고스, 즉 하느님의 말씀이신 예수 그리스도에게서 찾았다. 이성과 신앙의 관계 안에서 신앙은 반이성적인 것이 아니라, 오히려 이성을 필요로 하는 초이성적인 것이라는 것이다.

근세에는 변신론(辯神論, Theodizee) 혹은 신정론(神正論), 신의론(神義論), 호신론(護神論, 하느님을 변호하는 것)이 호교론을 대신하였는데, 이들의 관심 갖던 주요 주제는 바로 '악'의 문제였다. 이 이론은 하느님이 전능하면서도 선하다고 한다면 어째서 이 세상에 고통이 존재하는가를 묻는 물음에 대한 다양한 대답이라고 할 수 있다. 즉, 신에게 고통을 막을 수 있는 능력(전능)과 의지(선함)가 있음에도 불구하고, 그럼에도 왜 하느님이 고통을 허용하는가에 대한 물음과 대답이다. 호교론과 변신론 등의 자리를 오늘날에는 기초신학(基礎神學, Fundamentaltheologie)이 대신하고 있다. 기초신학은 계시 자체의 존재와 가능성 및 성격을 연구하는 것으로, 즉 계시란 무엇이며 그것이 어떻게 시간과 공간 안에 일어날 수 있고 인간에게 전달되며 이해되는가를 탐구하는 것이다. 계시에 대한 탐구의 가장 중요한 근거는 교부들의 신학과 이성적, 철학적 논증이다.

삼위일체 신비에 대한 성찰은 호교교부 시대(2–3세기)에 이르러 성숙하기 시작했다.

아테나고라스, 이레네오, 테르툴리아누스 등의 신학자들이 활약했는데, 그리스도교가 공동체적, 사회적, 문화적으로 그 당시에 자리 잡으며 비로소 활발해진 것이다. 신학적으로 활기를 띠게 된 주요 요인으로는 ① 그리스 철학과 문화의 영향으로 종교를 합리적, 철학적으로 해석하려는 경향 ② 이단들과의 격렬한 논쟁 ③ 영지주의(靈知主義,

Gnosis)의 도전 등이다. 초기 교회에는 특히 영지주의의 영향과 비판이 거셌고, 이를 극복해 가는 과정을 통해서 그리스도교는 자신의 정체성을 유지해 갔다. 영지주의는 일종의 혼합주의 종교운동이라고 할 수 있다. 이론이 매우 다양하고 복잡하며, 이원론적 세계관을 주장한다. '영지'(靈知)는 영적 지혜 혹은 신비적 지혜를 뜻하는데, 그들의 주장에 따르면 제1의 신인 프네우마(Pneuma)가 제2의 신이자 불완전한 신인 데미우르고스(Demiurgos)를 통해 세상을 창조했기에, 이 세상은 아직 완전하지 않고, 그래서 영적 지혜를 통해 구원되어야 한다는 것이다. 영지주의가 지닌 논리 중에는 플라톤 철학적인 요소, 즉 영적인 대상에 대한 우선성이 있기에 그리스도교와 공감할 수 있는 부분도 있다. 그리스도교와 비교할 때, 인간을 하느님의 모상을 지닌 '영적인 존재'로 여긴다는 점에서 부분적으로는 그리스도교와 유사하다. 하지만, 영지주의 이론에서 가장 문제가 되는 내용은 정신과 물질의 지나친 이원론, 즉 물질적인 것을 격하시키고, 영적인 것만 중요시하는 것이다. 하지만 그리스도교에서는 물질적인 것도 중요하다. 하느님이 창조하신 이 세상 자체도 긍정적인 것이고, 무엇보다도 인간의 몸이라는 물질을 취하신 그리스도의 '육화' 사건이 영지주의를 통해서 훼손되어서는 안 된다. 영지주의 하에서 물질을 취한 예수는 완전한 신이 아니고 그저 하급의 신이 될 뿐이다. 하지만, 그리스도교에서는 예수 그리스도는 완전한 하느님이시고, 오직 성자 예수 그리스도를 통해서 성부 하느님을 온전히 알 수 있다고 믿고 있다. 영지주의는 영적인 것에만 중요한 가치를 두기 때문에, 이후에 육과 물질로 이해되는 세상을 창조한 구약의 하느님은 옳지 않다는 마르키온주의(Markionismus) 생성에 영향을 미쳤다.

2018년 2월 22일 발표된 신앙교리성 서한 「하느님 마음에 드시는」(Placuit Deo)에서는 신영지주의(Neo-Gnoticismus)와 신펠라기우스주의(Neo-Pelagianismus)를 언급하며, 근대 이후 신영지주의가 그리스도인들에게 적잖게 침투해 있고, 이런 태도는 오늘날 매우 위험한 수준에 이르렀다고 지적하고 있다.

2.1. 유스티누스(Justinus, +165)

유스티노는 '로고스'에 대한 연구와 관상에 중점을 두었는데, 이성을 가진 모든 인간은 이성의 보편적 원리인 영원한 로고스에 다양한 방식으로 참여한다고 주장하였다. 유스티누스에 따르면, 사람은 누구나 하느님 '말씀의 씨앗'(Semina Verbi)을 지니고 있으며, 하느님께서 손수 뿌려주신 이 말씀의 씨앗은 모든 사람 안에서 자라고 있다는 것이다. 하느님의 구원 계획은 하느님의 영원한 말씀이신 그리스도 안에서 충만히 실현되었고, 이 말씀을 통해 말씀의 씨앗은 결실을 맺게 된다. 그의 '로고스 그리스도론'이 주장하는 바는 로고스가 바로 인간과 세상을 이해하기 위한 핵심이라는 것이다. 그는 하느님의 아들인 그리스도가 바로 로고스이고, 위격을 가진 로고스이며, 육화한 로고스라고 주장했다. "만물이 그분으로 말미암아 생겨났고 그분 없이 생겨난 것은 하나도 없다"(요한 1,3)는 성경 말씀에 근거해서 역사적 예수를 영원한 말씀이신 로고스라 하고, 예수를 하느님의 아들이라고 고백하는 것이다.

2.2. 리옹의 이레네우스(Irenaeus von Lyon, 130경~202)

리옹의 이레네우스는 그리스도교를 종합적으로 논술한 첫 번째 신학자이다. 그는 영지주의를 반대하였고, 그리스도교의 정통 교리를 수호하였으며, 기본적인 사상은 신플라톤주의(Neo-Platonismus)의 영향을 많이 받았다. 신플라톤주의의 일자(一者) 개념, 유출 개념 등을 통해 성자의 위치와 역할을 어느 정도 설명할 수 있었으나, '성부와 성자의 일체(동일성)'을 설명할 수 없다는 결정적인 한계도 지니고 있다.

이레네우스는 영지주의의 오류를 비판하였는데, 신약성경 하느님의 선함과 구약성경 하느님의 엄격함을 대립시키는 마르키온적 오류에 대해서 지적했다. 또한 세상의 육신과 물질을 거부하는 오류는 치명적인 것으로서, 하느님께서는 육화된 로고스인 예수 그리스도 안에서 완벽한 방법으로 자신의 계획을 실현, 완성하셨다는 그리스도교의 교의와는 분명히 어긋난다는 점을 지적했다. 육화된 로고스, 인격화된 진리는 하느님의 말씀이 사람이 됨을 통해서 세상 모든 것을 완성시킨 분이시다. 이레네우스는 그리스도 중심의 '수렴사상'(Recapitulatio)을 펼치면서 역사를 신학적으로 해석한 최초의 그리스도교 저술가였다.[24] 하늘과 땅의 모든 존재가 그리스도를 중심으로 수렴되고 그분을 머리로 하여 완성된다는 이레네우스의 '수렴사상'은 20세기에 떼이야르 드 샤르

24 한국교부학연구회, 『내가 사랑한 교부들』, 분도출판사, 2005, 110~111쪽. 요한 복음의 말씀의 그리스도론은 그리스도교 전승 전체에 퍼진 중요한 사상이었고, 이레네우스는 물론, 안티오키아의 이냐시우스, 유스티누스, 그 밖에도 다른 호교 교부들과 그 이후의 교부들의 여러 저서에도 인용되었다(W. Kasper, 『예수 그리스도의 하느님』, 김관희 역, 수원가톨릭대학교출판부, 2015, 431쪽 참조).

댕의 사상에서 다시금 확인되었다.

삼위일체론과 관련해서 이레네우스는 삼위일체 하느님을 개념화하면서, '하느님의 두 손'이라는 개념을 통해서 성부에 의한 성자와 성령의 역할을 강조했다.

그리고 또한 삼위일체론에서 이레네우스 신학의 독특함은 하느님의 모상(imago)과 하느님과의 유사성(similitudo)을 구별했다는 점이다.[25] 물론 그는 아직 모상 개념과 유사성 개념을 정확하게 구분하지는 못했으나, 인간의 가장 깊은 본질에 대해 가장 잘 설명해 주는 이론을 정립하였고, 이를 통해 인간이 된 예수 그리스도의 본질을 이해할 수

25 이레네우스에게 있어서 '하느님의 모상'에 대해서는 Antonio Orbe, *Antropologia de San Ireneo,* Madrid, 1997, pp.89~117; '하느님의 유사함'에 대해서는 같은 책, pp.118~148; 또한 그에게 있어서 '모상'과 '유사함' 사이의 구별에 대해서는 Sante Raponi, "Il tema dell'immagine-somiglianza nell'antropologia dei Padri", *Temi di Antropologia Teologica*, Roma, 1981, pp.304~308.
전통적으로 많은 교부들과 신학자들은 70인역과 불가타 성경에 근거해서 '모상'과 '유사함'을 구별하는데, 그것을 신학적으로 해석하고 이를 바탕으로 구원 역사 안에서 바라본 인간 존재의 기원과 소명 그리고 최종 목적에 대해 설명했다. 토마스 아퀴나스에 따르면 '모상'(imago)은 인간이 하느님으로부터 받은 선물의 차원을 의미했다. 인간은 여타 피조물과는 근본적으로 다른 방식으로 하느님을 닮은 존재이다. 이는 하느님을 본질적으로 닮았다는 말이다. 물론 어떤 면에서 하느님을 닮았는가 하는 점은 역사적으로 학자들마다 의견이 다르다. 그러나 분명한 것은, 인간이 하느님을 닮았으며 이는 하느님과 인간 사이의 인격적인 관계성을 표현한다는 점이다. 그러므로 모상은 여타 피조물과는 근본적으로 구별되는 인간의 초자연적인 품위를 가리킨다. 모상이라 함은 원형과 그 원형을 닮은 복사본 사이의 차이를 드러내기도 한다. 왜냐하면 복사본이 원형을 완전히 닮을 수는 없기 때문이다. 다시 말해, 모상은 복사본이 원형을 닮지 못한 부분을 드러내고 있다. 한편, '유사함'(similitudo)은 인간이 자신의 삶을 통해 이루어가야 하는 소명을 담고 있다. 그것은 모상이 완전히 실현된 상태를 가리키는 것이다. 인간은 하느님을 닮은 존재이되 완전히 닮지 않았으므로 더욱 더 닮아가야 하는 과제를 안고 있다. 유사함은 인간이 도달해야 할 완전한 상태를 의미한다(윤주현, 「영성의 바탕으로서의 신학적 인간학」, 『신학전망』 (187), 광주가톨릭대학교, 2014, 258~261쪽).

있는 근거를 마련하였다. 이레네우스는 '모상'이란 영혼과 육신 등 인간의 본성적 특질로서, 훼손되지 않는 것이라고 규정했고, '유사성'이라는 개념 역시 아담에게 주어진 초자연적 선물로서 아담의 범죄로 인해 훼손되었지만, 예수 그리스도에 의해 은총으로 회복되었고, 성령을 통해 인간이 창조 때의 모습으로 돌아가게 되는 것이라고 규정했다. 이후 아우구스티누스는 이 개념을 더 분명하게 규정하게 되었고, 보나벤투라 역시 이를 발전 시켜 나갔다.

이레네우스는 모상과 유사성 개념을 통해 하느님과 인간에 대한 이해를 발전시켰고, 삼위일체적 하느님 이해에 대해서는 주로 구원경륜적 삼위일체의 신비에 집중했다. 즉 인간 구원의 역사 안에 계시된 삼위일체의 모습에 집중하면서, 성부는 창조와 구원 등 모든 구원 계획의 주도성 측면에서, 성자는 구원 위업과 관련해서, 성령은 성화 임무와 관련해서 이해했다.

다양한 신학적 문제를 다룬 이레네우스의 신학 안에서 삼위일체와 관련된 문제점이 지적되는데, 이레네우스의 삼위일체 신학은 지나치게 구원경륜적 차원에서 삼위를 이해하다 보니 종속주의에 빠질 위험이 있다는 것이다. 예를 들어, '하느님의 두 손'같은 개념은 마치 성부의 일을 대신해서 성자와 성령이 나누어서 하는 듯 보여서, 성부 중심적인 특징이 지나치게 나타날 수도 있다. 삼위가 본질이 동일한 하느님이라는 설명이 부족하다 보니, 자칫 성자와 성령의 고유함(자율성)이 약화될 수 있다는 한계를 지닌다.

2.3. 테르툴리아누스(Quintus Septimius Florens Tertullianus, 약 155년~240년)

테르툴리아누스의 가장 큰 업적은 서방 교회의 신학용어 중 substantia(실체), natura(자연), persona(위격) 등의 개념을 정립한 것이다. 그리고 그는 주요 교리들, 예컨대 신론, 그리스도론, 삼위일체론, 교회론, 인간학 등을 심화시키고, 집대성하였다. 그는 세 가지 공통된 성질을 의미하는 단어인 'Trinitas'(삼위일체 혹은 삼중성)라는 용어를 최초로 사용한 신학자였다.

그리고 테르툴리아누스의 중요한 업적 중의 하나가 바로 이단 배척이다. '이단'(異端, Heresie)이란 원래는 그리스도교였으나, 거기서 떨어져 나가서 교리와 교의를 자의적으로 혹은 잘못 해석하는 것을 의미한다. 그래서 이단들은 많은 부분 그리스도교에 근거를 두고 있지만, 일부 내용만을 마음대로 해석했기에, 그리스도교의 변형된 형태이다. 양태론(樣態論, Modalismus)이라는 이단은 성부, 성자, 성령은 서로 구별되는 세 위격이 아니라, 하나의 신이 세 가지 '방식으로'(modus) 또는 세 가지 '얼굴로' 나타나는 현상에 불과한 것이라주장하는 이단이다. 이는 지극히 성부 중심적 특성을 지닌 것으로, 근원이 하나, 즉 성부가 유일한 근원이라는 일원론적 경향이 뚜렷하다. 비슷한 유형으로는 원천과 근거가 하나라는 단원론(單元論, Monarchiasmus)이나 모든 것을 성부 중심적인 기본 질서 아래로 편입시키려는 종속론(從屬論, Subordinatianismus) 등이 있다.

테르툴리아누스는 하느님 세 위격의 구별과 일치를 연구하였는데,

이를 물리학적 유지를 통해서, 예를 들어서 뿌리/나무/열매, 혹은 샘/시냇물/강물, 혹은 태양/빛/열 등으로 각 위격의 구분과 일치를 설명하고자 하였다. 이 세 비유 중에서도 가장 설득력이 있는 것이 태양/빛/열의 비유로서, 이후로도 많은 교부들과 스콜라 신학자들, 특히 보나벤투라와 토마스 아퀴나스 등에 의해서 자주 인용되었다.[26]

그는 인간의 이성으로 혹은 감각으로 설명할 수 없는 삼위일체 하느님의 신비를 인간이 이해할 수 있는 개념, 즉 유비적으로 설명하고자 하였다. 그러나 그의 유비적인 설명들은 동일본질을 온전히 설명하지 못하고 비유로만 가능하다는 한계가 있다. 그래서 오늘날 신학에서는 삼위일체에 관해서 물리학적 유비가 아니라 관계 중심이나 사랑을 통해서 설명하고자 한다.

테르툴리아누스는 성자가 성부와 같은 본체를 갖고 있고, 성령은 성부로부터 성자를 통해 존재하고, 따라서 일치된 성삼 안에 유일한 본체가 있다고 확신하였다. 그래서 성삼의 각 존재를 규정하기 위해서 독립된 혹은 개별적인 혹은 완전히 서로 다른 실체라는 의미로 '위격'(persona)이라는 단어를 최초로 사용하였다. 그는 그리스도의 위격 안에 신성과 인성 두 본성이 있음을 확언하였다. 칼케돈 공의회에서는 두 본성이 완전한 결합과 일치 안에서 갈라지거나 섞이지 않는다고 선언하였다.

하지만, 테르툴리아누스의 삼위일체론도 다른 교부들처럼 내재적 삼위일체보다는 구원경륜적 관점에 초점을 맞추었기에, 성부에 대한

26 B. Mondin, 『하느님은 사랑이십니다-삼위일체 신비에 관한 고찰』, 김관희 역, 인천가톨릭대학교출판부, 2013, 136쪽.

종속 경향이 강하다. 종속주의 특징은 로고스가 성부와 동등하며 같은 본질을 향유하는 성자라고 고백하면서도 그리스도는 여전히 성부보다 하위 존재라고 여기는 것이다.[27] 이들은 성자의 시작을 영원으로부터가 아니라, 창조와 함께 라고 생각했기 때문이다. 창조 때에 비로소 성부에 의해서 발설되고 창조되었다는 것이다.

그럴 수밖에 없는 것이 그 당시에는 내재적 삼위일체론에 대한 이해가 거의 없었다. 바로 이 점이 초기 그리스도교의 신학, 특히 초기 삼위일체론의 주요 내용이자 한계이다. 사실, 종속주의의 위험을 피할 길은 삼위일체 신비에 대한 형이상학적 성찰의 방법밖에 없는데, 아직 이 시기에 이 방법을 생각하기엔 일렀다.

유대교와 그리스의 철학과 문화에서 영향을 받은 초기 그리스도교의 신학이 성부에 대한 종속적인 경향을 강조하게 된 것은 당연한 결과였다. 성부와 성자의 관계, 그리고 성령의 관계를 제대로 설명하기 위해서는 신앙적인 유비와 신학적 상상력을 통해 형이상학적인 성찰로 이어져야만 한다. 그래서 내재적 삼위일체, 즉 하느님 자체에 대해 접근하고 연구해야 했다.

3. 삼위일체 이단들

초기 그리스도교 형성 과정에 그리스도교 신앙의 정체성을 더 강

27 B. Mondin, 앞의 책, 138~139쪽.

하게 만들어 준 이단들은 처음엔 대부분 성부와 성자의 관계, 즉 성자의 신성과 인성에 대한 문제였고, 차츰 성령의 신성에도 의문을 갖게 되었다. 삼위일체 교의 형성에 영향을 끼친 대표적인 이단들은 다음과 같다.

3.1. 사벨리우스(Sabellius)

사벨리우스의 삼위일체론에 따르면, 하느님 세 위격은 서로 구분되며 고유한 실체를 갖는 것이 아니라, 오로지 존재의 양태에 따라서 나타날 뿐, 하느님은 오로지 하나의 신적 위격만을 갖는다는 것이다. 그는 처음에 양태론을 주장하다가, 이후 단원론, 그리고 성부수난설(Patripassianismus), 성부독점설(Monarchismus)로 발전하게 되었다. 이것은 수난 받은 것은 성자가 아니라, 성부가 잠시 인간의 모습을 하고 수난을 받았다는 주장이다. 사벨리우스는 각 위격이 고유한 실재를 갖는 것이 아니라 오로지 존재의 양태에 따라 나타나기에, 성부라고 부를 때는 그의 창조 활동, 성자 또는 구세주라 부를 때는 그의 육화와 구원 활동, 성령은 성화하는 활동이라고 보았다. 이 이론은 삼위일체 교의를 지극히 유다이즘적인 유일신론으로 해석한 것이다. 결국, 교부들의 반박을 통해서 사벨리우스는 파문당했다.

3.2. 아리우스(Arius, 256~336)

3세기 중엽 알렉산드리아 신학은 2세기 인물인 영지주의자 발렌티누스(Valentinus)의 영향을 많이 받았다.[28] 이 사유 체계의 특징은 최고 존재인 영 자체인 하느님과 세상을 창조하는 존재를 제2의 신으로 이해하는 것이다. 발렌티누스의 영지주의적 사유체계는 아리우스에게도 깊은 영향을 준 것으로 보인다. 아리우스는 알렉산드리아에서 학업을 마친 후 310년 경 사제로 서품되었다. 아리우스는 지극히 철학적, 학문적으로 하느님을 이해하려 하였다. 오로지 성부만이 낳음을 받지 않았다는 근거에서 출발해서 성자는 무에서 창조되었다고 주장하였는데, 창조되었다는 것은 그 자체로 신이 아니라는 것을 의미한다고 주장하였다. 종속주의적인 관점에서 성자를 피조물이자 '작은 하느님'이라 규정하고, 참된 하느님은 오직 성부뿐이라 주장하였다. 하지만 교회의 가르침은 오직 성부만이 낳음을 받지 않으셨고, 성자는 창조된 것이 아니라, 낳음을 받으셨으며, 성령은 성부와 성자를 통해서 발하셨다는 것이 교의의 정식이다.

아리우스는 이른바 '오리게네스 좌파'로서, 오리게네스(+254)의 사상에 내포된 종속설, 즉 신성에 있어서 성자는 성부보다 하위에 종속되어 있다는 이단적 견해를 급진적으로 전개해 나갔다.[29] 성자는 탁월하기는 하지만 결코 성부 하느님과 같지는 않다는 것이다. 구세주는 하느님이 아니라 피조물이라는 견해이다. 아리우스주의자들은 '성자가 존재하지 않았던 때가 있었다'라고 주장한다. 성부 이외의 두 위격은 오로지 상징적인 의미에서만 하느님이라는 것이다.

아리우스의 이단적 경향은 니케아 신경에 영향을 주었다. 니케아

28 K. Rudolph, *Gnosis*, T&T Clark, 1983, pp.318~322.

29 한국교부학연구회, 『내가 사랑한 교부들』, 분도출판사, 2005, 157~161쪽.

공의회는 성자는 '성부로부터, 곧 성부의 본질로부터 나신 외아들'로서, '하느님에게서 나신 하느님, 빛에서 나신 빛, 참 하느님에게서 나신 참 하느님'이시며, '창조되지 않고 나시어 성부와 같은 본질'이시라고 고백했다. 그러나 이때는 아직 이후에 '본질'이라는 뜻으로 굳어진 '우시아'(ousia)란 단어와 '위격'을 뜻하는 '휘포스타시스'(hypostasis)란 단어가 혼용되던 시절이라, '같은 본질'(homoousia)라는 단어가 '같은 위격'으로 오용될 수 있었다.[30]

아타나시우스(Athanasius, 295~373)는 아리우스 이단에 반대한 내용을 신경으로 구성하기도 하였다. 아타나시우스는 그리스도교 참 신앙을 해설하고 방어한 알렉산드리아 교부이자 성인이다. 그는 니케아 공의회(325년)에서 아리우스의 이단설(異端說)을 논파하고 그리스도의 신성에 관한 교회의 가르침을 보존함으로 역사적인 주목을 받게 된다.[31]

---

30 한국교부학연구회, 앞의 책, 158~159쪽.

31 아타나시우스의 신학사상에 대해서는 다음의 책을 참고하였다. 배승록, 『교부와 교회』, 대전가톨릭대학교출판부, 2005.
1. 신론: 아타나시우스는 독창적인 신학자는 아니지만 신학역사와 교회사에서 차지하는 그의 비중은 대단히 크다. 아타나시우스는 알렉산드리아학파의 전통에 따라 하느님은 영원불변하고 전능하신 분, 어떤 물질적인 요소도 없는 단순하고 순수하신 분, 언제 어디에나 내재하며 만물을 초월하신 분이라고 말한다. 이러한 하느님은 '성삼'聖三으로 되어 있는데 그 성삼의 특성을 다음과 같이 묘사한다. … 아타나시우스는 성부께서 세상을 창조하기 위한 도구로 사용하기 위해 로고스(성자)를 창조하셨다는 아리우스의 주장을 비난한다. 왜냐하면 전능하신 하느님께서 세상 창조라는 막중한 일을 직접 하시지 않으시고 먼저 창조한 성자를 시켜 창조하게 한다는 것은 그분의 자비와 섭리에 모순되기 때문이라는 것이다. 그래서 아타나시우스는 성자께서 성부와 동체성을 지닌 분이라는 니케아 공의회의 결정을 강변한다. 또한 성자께서 성부와 같은 본성은 아니지만 비슷한 본성을 지녔다고 하는 후기 반(半)아리우스 이단의 주장도 배격한다.(481~483쪽 참조.)
2. 로고스와 구원론: 아타나시우스는 아리우스 이단에 대항하여 로고스의 천주성을 역설하면서 뜻 깊은 구원론을 피력한다. 이 구원론은 그리스도의 육화

결국, 아리우스는 니케아공의회(325)에서 파문당했다. 하지만 이후에도 아리우스 이단은 동-서방교회를 막론하고 넓게 퍼졌으며, 수많은 이단들을 형성하였으며, 격렬한 논쟁을 불러일으켰다. 이 이단들에 대항하기 위해 많은 교부들이 활약을 했고, 다양한 공의회가 열렸다(니케아 공의회, 콘스탄티노폴리스 공의회, 칼케돈 공의회 등).

3.3. 마체도니우스(Macedonius, +362년)

마체도니우스 이단은 아리우스 이단과 밀접하게 연결되었는데, 그는 아리우스의 그리스도론을 성령에게도 적용하여 성령의 신성을 거부하였다. 아리우스가 성자의 신성을 거부하듯이, 마체도니우스는 성령의 신성을 거부하고, 오직 성부만 하느님이시라는 것이다. 그는 '성령피조설'(聖靈被造說, Pneumatomachi)을 주장하였다. 마체도니우스는 20년 가까이 콘스탄티노플 주교로 재위하였는데, 이 이단에 맞선 바실리우스와 나지안즈의 그레고리우스의 활약으로 결국 그는 콘스탄티노플공의회(381)에서 파문되었다.

와 직결되어 있다. 아타나시우스는 그리스도의 강생과 죽음이 인류 구원을 위하여 필수적인 길이라는 점을 강조한다. 이는 성자의 천주성을 부인하는 아리우스 이단이 그리스도교의 구원 신비를 근본적으로 파괴하는 것임을 지적한 것이다 (483~484쪽 참조.)

3. 그리스도론: 아타나시우스는 강생 이후의 그리스도에게 제시되는 문제, 즉 그분의 신성과 인성 사이의 역학적인 관계를 언급하면서 이 둘의 위격적 일치를 강조한다.(484쪽 참조.)

4. 성령론: 아리우스 이단에 의하면 성령은 성부의 피조물인 로고스에 의해 창조된 첫 번째 피조물에 불과하기 때문에 성자보다 하위의 존재이다. 그러나 아타나시우스는 성령께서 성자와 똑같이 성부와 본질이 동일한(homoousios) 천주성을 지니고 계시며, 우리에게 성화의 은총을 주시는 분이라고 역설한다.(485쪽 참조.)

제3장
동방교회의 삼위일체론–알렉산드리아 학파와 안티오키아 학파

초기 교회 삼위일체론과 관련된 모든 주제, 논쟁, 해결방안, 결론 등은 예수 그리스도와 깊은 연관이 있다. 예수 그리스도에 대한 해석이 출발점이자 중심이고 결론이다. 초기 그리스도교가 처한 그 당시 상황은 다신론적이고 무신론적 경향이 뚜렷하였고, 그리스 고대 철학이 지향하는 물질적이고 신화적인 색채가 뚜렷했다. 이런 상황 하에서 교회는 먼저 구원경륜(구원 역사) 안에서 삼위일체 하느님을 알게 되었고, 이 신비를 이해하기 위해 노력했다. 삼위일체의 신비를 삼위일체 신학으로 이해하기 위해 노력한 일군의 학자들이 알렉산드리아와 안티오키아를 중심으로 연구를 시작하였다.

먼저 이집트 북부, 북아프리카 해변에 위치한 알렉산드리아는 기원 전 3세기경부터 상업과 문화의 중심지였고, 그 당시 이미 70만 권

정도의 장서를 소장한 고대의 대형 도서관으로 유명했고, 학문 발달의 중심지였다. 그리고 이곳에서 70인 역 성경이 정리되었으며, 초기 그리스도교의 핵심 지역 중 하나였다.

그리고 현재 터키 남동부 지역, 시리아 근처에 위치한 안티오키아는 신약성경에 따르면 이곳 사람들이 처음으로 '그리스도인'이라고 불린 곳이다(사도 11,26 참조).

【참고 – 공의회】

1. **공의회**(公議會, Concilium)는 신앙, 윤리, 규범 등 신앙의 문제를 다루는 주교들의 공식적인 회합이다.[32]

① **역사적 고찰**: 일반적으로 공의회라 부르는 종교회의는 교회를 사목할 책임을 받은 주교들이 신앙과 도덕에 관한 교리문제나 사목문제를 협의 결정하는 공식회의인 바 주교단 교도권의 단체적 표현이라 할 수 있다. 교회사에서 최초의 공식회의라고 볼 수 있는 회의는 기원후 49–50년에 예루살렘에서 개최된 사도회의이다(사도 15:1–29). 그 뒤 2세기, 3세기의 박해시대에도 지역별로 주교들이 모여서 사목문제를 협의하였는데 이런 회의를 지역 공의회(Concilium provinciale 혹은 Concilium regionale)라 하였고, 이러한 회의는 인근지역 교회 상호간의 유대를 강화하고 교리상의 일치를 보존하며 같은 신앙을 선포하는 통상적인 방법이었다. 콘스탄티누스 황제에 의하여 교회가 자유와 평화를 누리게 되고 차츰 로마제국 전역에 교회가 확장되고 신학(神學)이 성립 발전하는 과정에서 많은 이단설(異端說)이 생겨 교리논쟁이 심하게 되자 교회의 문제가 제국의 문제로 나타났고, 황제들은 국

32 『가톨릭대사전』 제1권, 481~486쪽.

가의 평화와 교회의 안정을 바라면서 여러 번 보편 공의회(Concilium oecumenicum)를 소집하였다.

② **신학적 고찰**: 예수그리스도는 당신의 교회를 사도 베드로를 단장으로 하는 사도단(使徒團) 위에 세우셨고 그들에게 교회를 사목할 권한과 책임을 맡기셨으며(마태 16:18, 28:16-20, 마르 16:15, 루가 6:13, 24:45-48, 요한 20:21-23, 사도 1:8), 그들이 신앙의 유산을(1디모 6:20, 2디모 1:14) 간직하고 해석하고 가르칠 때에 오류를 범하지 않도록 보장하셨는데(마태 16:18, 28:20, 요한 14:16-17, 갈라 1:8), 이 특은을 교도권(敎導權)의 무류성(infallibilitas)이라 한다. 사도단을 계승한 주교단도 신앙의 유산을 전하는 직무를 맡았으니 이 직무수행에 필요한 교도권도 계승하고 있으므로, 각 주교 개인은 그르칠 수 있지만 주교단 전체가 일치하여 신앙의 유산을 해석하고 선포할 때에는 무류하게 가르치는 것이다(교회헌장 25항 참조). 이러한 주교단의 통상 교도권(Magisterium ordinarium)도 무류하지만, 위에서 본 바와 같은 공의회에서는 주교단의 교도권이 특수하고 장엄하게 표현되고(Magisterium extraordinarium), 그 결의사항 중에서 신앙과 도덕에 관한 결정은 신앙의 순종으로 받아들여야 하는 무류한 결의이다(교회헌장 25항 참조). 공의회의 결의는 신앙의 유산에 관한 가장 권위있는 해석이요 교도권의 최고의 표현이며 세계 주교단의 가장 완벽한 표현이다. 그래서 공의회에 참석한 주교들과 기타 유권적 참석자들을 공의회의 교부들(Patres)이라고 부른다. 관구 대주교가 관구 내의 주교들을 소집하여 개회하는 공의회를 관구 공의회(Concilium provinciale)라 한다(교회법 432조 1항, 440조 참조). 한 국가의 모든 주교들이 교황의 허락을 받아서 개최하는 공의회를 전국 공의회(Concilium plenarium)라 한다(교회법 439조, 441조 참조). 관구 공의회와 전국 공의회는 세계 공의회에 대하여 지역 공의회라고 부르며, 여기서도 주교들만이 의결권이 있고 다른 참석자는 자문권만 가지고 있다(교회법 443조 참조).

2. 보편 공의회의 역사

2.1. 고대 교회의 4대 공의회

1) **니체아 공의회**(325년, 실베스테르 1세): 아리우스 관련된 논쟁과 부활절 파스카 날짜 문제가 주요 주제였다. 부활 대축일 날짜를 유대인의 과월절 날짜와 비교하여, 춘분 이후 첫 보름 지난 주일(3월 22일부터 4월 25일 사이)로 확정하였다.

2) **콘스탄티노플 공의회**(381년, 다마소 1세): 성령의 신성 문제가 중요 주제였다. 성령을 생명을 주시는 주님으로 정의하였다. 콘스탄티노플이 정치의 중심지였고, 알렉산드리아가 학문의 중심지였기에 갈등이 자주 발생했다.

3) **에페소 공의회**(431년, 첼레스티노 1세): 네스토리우스에 의해 제기된 Theotokos(천주의 모친) 문제가 주요 주제였다. 네스토리우스는 5세기경 콘스탄티노플의 대주교였는데, 그는 예수의 위격이 신격과 인격으로 나뉜다는 '이성설'을 주장하였다. 예수의 인성은 태어날 때 생겨나서, 죽을 때에 사라진다고 주장한다. 따라서 마리아에 관한 교리를 설명함에 있어서, 마리아는 예수가 지상 삶에서, 인격을 취했을 때만 그의 어머니이므로 '예수의 어머니'일 뿐, '하느님의 어머니'는 될 수 없다고 주장하였다. 하지만, 알렉산드리아의 시릴로가 주장하기를, 예수의 인성은 구분되지만 하나다. 육화는 마리아의 몸에서 시작되었지만, 인성은 원래부터 있었던 것이다. 따라서 예수가 하느님이기에, '하느님의 어머니'가 될 수 있다고 주장했다.

4) **칼체돈 공의회**(451년, 레오 1세): 신성과 인성 둘 중의 하나만 인정했던 단성론에 맞서 그리스도의 신성과 일치 강조하였다.

2.2. 이후의 공의회들

5) 2차 **콘스탄티노플 공의회**(553년, 비질리오): 네스토리우스 잔여 세력

과 테오도로 단죄.

6) **3차 콘스탄티노플 공의회**(680~681년, 아가토, 레오 2세): 그리스도의 단의설(單意說) 단죄. 호노리오 문제.

7) **2차 니케아 공의회**(787년, 하드리아노 1세): 성화상(聖畫像) 파괴주의 단죄.

8) **4차 콘스탄티노플 공의회**(869~879년, 하드리아노 2세): 포시우스 이교 단죄.

9) **1차 라테라노 공의회**(1123년, 칼리스토 2세): 보름스 정교 조약 승인.

10) **2차 라테라노 공의회**(1139년, 인노첸시오 2세): 아나클레토 이교의 종식.

11) **3차 라테라노 공의회**(1179년, 알렉산데르 3세): 알비파의 단죄, 교황 선거법(2/3의 다수 의결).

12) **4차 라테라노 공의회**(1215년, 인노첸시오 3세): 성체의 실체 변화, 판공성사 의무화, 발도파와 알비파 결정적 단죄.

13) **1차 리옹 공의회**(1245년, 인노첸시오 4세): 프리드리히 독일 황제 파문.

14) **2차 리옹 공의회**(1274년, 그레고리오 10세): 콘클라베 제도화, 동방 교회와의 재일치, 십자군 문제.

15) **비엔나 공의회**(1311~1312년, 클레멘스 5세): 성전 기사 수도회 해산, 교회 개혁령, 프란치스코회 청빈 논쟁.

16) **콘스탄츠 공의회**(1414~1418년, 그레고리오 12세, 마르티노 5세): 교황 폐위, 후스를 이단으로 단죄.

17) **바젤, 페라라, 플로렌스 공의회**(1438~1445년, 에우제니오 4세, 니콜라오 5세): 동방 교회, 아르메니아 교회 및 야곱파와의 일치.

18) **5차 라테라노 공의회**(1512~1517년, 율리오 2세, 레오 5세): 피사의 분리 공의회 단죄, 교회 개혁령.

19) **트리엔트 공의회**(1545~1563년, 바오로 3세, 율리오 3세, 비오 4세): 개신교 단죄, 성서와 성전, 원죄와 의화, 성사와 미사, 성인 공경 등에 관한 교의 발표, 교회 개혁령.

20) **1차 바티칸 공의회**(1869~1870년, 비오 9세): 신앙에 관한 교령, 교황의 수위권 및 무류성 교의 결정.

21) **2차 바티칸 공의회**(1962~1965년, 요한 23세, 바오로 6세): 전례/교회/계시/사목 등 헌장 발표(4대 헌장, 9개 교령, 3개 선언 발표), 교회 쇄신과 현재화 노력

1. 4~5세기의 신학 논쟁

이 당시엔 외부적으로 이단과의 투쟁이 활발하였고, 내부적으로 자발적인 신학적 논쟁이 이루어졌던 시기이다.

초세기 그리스도교에서 동방교회와 서방교회는 관심 분야가 약간 차이가 있었다.[33]

먼저 동방교회는 사변적이고 형이상학적 문제에 관심이 많았다(예를 들어, 삼위일체론, 그리스도론 등). 대표적으로 아리우스 논쟁, 아폴리나리우스 논쟁, 네스토리우스 논쟁, 단성론 논쟁 등이 있었다.

이와 비교해서 서방교회는 보다 실질적이고 실용적인 문제에 관심을 가졌다(예를 들어, 교회론, 성사론, 은총론 등). 그래서 도나투스(Donatus, 엄격주의자=얀세니즘) 논쟁이나 펠라기우스(Pelagius) 논쟁 등이 벌어 졌는데, 도나투스는 성사의 인효성(人效性, ex opere operantis), 즉 성사를 집전하는 이들의 성덕의 중요성을 수상했지만,

33 이 문제와 관련해서는 다음의 책을 참고. G. Greshake, 『은총 – 선사된 자유』, 심상태 역, 성바오로출판사, 1979, 45~73쪽.

가톨릭교회는 성사의 사효성(事效性, ex opere operato)을 주장한다.[34] 성사의 최종 집전자는 예수 그리스도이므로, 성사는 그 자체로 효력을 지닌다는 것이다. 도나투스파들은 박해 이후 배교자를 색출하고 그들의 세례를 인정하지 않았다. 배교자가 준 세례는 무효라고 여겼기 때문이다. 중세 시대에도 비슷한 유형으로 재세례파가 등장했었다. 이들은 16세기의 급진적 종교주의자들로서 본인의 자발적 동의가 결여되었다는 이유로 유아세례를 인정하지 않았다. 그리고 펠라기우스는 인간의 자유의지와 하느님의 은총을 조화시키려 하였다. 그래서 인간의 자유의지를 강조하고 원죄, 그리스도의 구원, 세례 등을 부정하는 펠라기우스 이론을 제창하였다. 때문에 아우구스티누스 등의 맹렬한 반박을 받았으며 교회로부터 이단으로 규정되었다.

2. 알렉산드리아 학파

이들은 그리스 철학, 즉 플라톤 철학 전반과 알렉산드리아의 유대인 철학자인 필론의 '로고스' 개념에 영향을 많이 받았다. 그래서 계시진리에 대한 형이상학적, 영적, 초자연적, 초월적인 연구가 주관심사였다. 이상적이고 이론적인 경향을 띠었으며, 계시의 이해, 성서 해석, 신

34 사효성은 성사가 규정대로 집행된다면 그 자체로 성사의 효력이 주어진다는 것이다. 성사 집전자의 도덕이나 태도 문제가 아니고, 주님께서 제정하신 성사 예식 그 자체로서 주님의 은총을 받는다는 것이다. 인효성은 사효성과는 달리 집전자의 준비와 정성에 따라 은총이 다르다는 것이다. 교회가 인효성이 아니라 사효성을 강조하는 까닭은 성사의 수혜를 받는 사람들을 보호하기 위함이다.

비주의적 주석방법과 알레고리적(=우의적) 주석방법론 등을 중요시했다. 이들은 구원경륜적 삼위일체에서 내재적 삼위일체로 심화되는 해석학적 도약을 위해 노력했다. 신앙의 형이상학화를 위해서 애를 썼고, 하느님에 대한 학문적 접근과 연구에 힘썼다.[35]

고대의 알렉산드리아는 성서 연구의 중심지였고, 성서 문자 안에 담긴 신적 지혜는 알레고리적 의미로 이해해야 한다고 주장하였다(Allegory = Allos(다른)+agreno(말하기)). 그래서 성서를 자구적 해석이 아닌, 비유적, 비교적, 의인화해서 이해했다. 기본적으로 성경의 많은 부분은 자구적으로 해석해야 하지만, 경우에 따라서 신비적, 우의적, 알레고리적으로 해석해야 한다는 주장이다. 알레고리적 해석은 오리게네스에 의해 발전하였다.

신중심적 혹은 플라톤적 관점, 위로부터의 그리스도론 알렉산드리아 학파는 학문에 있어서 신비적, 존재론적 요소를 중시하였다. 그래서 로고스의 신비 문제를 깊이 있게 연구하였다.

표 1. 위로부터의 그리스도론과 아래로부터의 그리스도론

위로부터의 그리스도론 (from above)	**아래로부터의 그리스도론** (from below)
⇓	⇑
계시가 중심 –로고스, 말씀–	육화, 공생활이 중심 –역사, 현실, 구체적 사실–
신앙의 그리스도 강조	역사적 예수 강조

35 노성기, 「알렉산드리아 학파와 안티오키아 학파」, 『신학전망』(147), 광주가톨릭대학교출판부, 2004, 164쪽; 배승록, 『교부와 교회』, 대전가톨릭대학교출판부, 2005, 340~341쪽.

3. 알렉산드리아 학파의 그리스도론

초대교회 시대에는 예수님 말씀에 대한 이해가 부정확하였다. 그리스의 철학과 학문이 발달된 알렉산드리아에서는 학문을 통해서 신앙을 신학화하기 위해 노력하였다. 그리스도교가 무엇인지에 대한 초기 연구 단계였으므로, 아직은 학문성이 미약하였다. 이들에게 그리스도론의 출발점은 요한복음의 서언 부분, 즉 말씀이 성부 안에 선재했다는 사상이다. 이들에게 로고스 찬가는 그리스도론의 시작이자 결론이다.

새로운 세상 창조, 새로운 세상이 '말씀', 즉 하느님의 뜻, 의지, 혹은 하느님 자체이신 예수 그리스도로부터 시작된다. 이는 위로부터의 그리스도론에서 중요한 핵심이다. 즉 예수 그리스도는 세상 모든 것에 앞서서 '선재'(先在, Prae−existenz, −에 앞서)하는 실존이다. (예수는 또한 '위타'(爲他, Pro−existenz, −을 위하여)하는 실존이다).

이들은 성자이신 로고스가 인간이 되셨다는 점을 강조하였다. 따라서 그리스도의 신성을 강조하였기에, 인성이 약화될 우려도 있었다. 이는 세상 만물의 '근거'를 중요시했던 그리스 철학의 영향 때문이다. 서양철학의 효시라고 할 수 있는 그리스 철학에서는 물질, 근거, 객관성 등이 출발점이었다. 즉 세상의 첫 번째 근거이자 원인에 대한 탐구가 서양 고대 철학의 주요 관심사였다. 그러다보니 세상의 기준이 되는 세상의 근거를 탐구하는 철학이 발달되었다. 그들은 예수 그리스도에 대한 탐구도 본질적인 근원과 관련을 시켰고, 그 근원을 신적 본성과 연결시켰다. 그러다 보니 상대적으로 예수 그리스도의 신성과 관련된 요소들은 강조되었고 인성과 관련된 요소들은 약화되었다.

알렉산드리아 학파는 그리스도 안에서 로고스(말씀)가 육이 되었다고 주장하였다. 이를 '로고스-육신(Logos-Sarx) 그리스도론' 혹은 '위로부터의 그리스도론', '하강 그리스도론'이라고 한다.

4. 대표학자

4.1. 오리게네스(Origens, 185~253)

185년 알렉산드리아의 아주 열심한 그리스도교 가정에서 태어난 오리게네스는 철저한 신앙 교육과 함께 세속의 교육도 받았는데, 플로티누스의 스승인 암모니우스 사카스 문하에서 철학적 소양을 쌓았다. '알렉산드리아 교리학교' 개설, 사제품, 이후 파문과 유배, 모진 고문, 엄청난 양의 연구와 저술 등 파란만장한 삶을 살았던 인물이다.[36]

오리게네스는 초기 그리스도교 역사에서 서방의 아우구스티노에 비견될 만한 동방의 사상가이다. 발타살(H. U. v. Balthasar)은 그리스도교 전체를 통틀어 3대 신학자를 아우구스티누스, 오리게네스, 토마스 아퀴나스라고 꼽았다. 오리게네스는 대(大)신학자이자 금욕주의자이고 성서주석가였다. 그는 그리스도교와 그리스 철학을 접목하려고 노력했는데, 그리스 철학을 신학의 도구로 사용함으로써 그리스도교의 종교화에 이바지하였다. 엄청난 저술을 남겼으나, 이른바 '오리게네스

36 오리게네스의 삶에 대해서는 다음의 책을 참조. 한국교부학연구회, 『내가 사랑한 교부들』, 분도출판사, 2005, 124쪽.

논쟁'[37]으로 인하여 대부분 파괴되고 일부만이 그리스어로 전해 오거나 라틴어 번역본으로 전해 온다.

오리게네스는 신학에 플라톤 사상을 적용해서 성서의 비유적 해석 방법을 도입하였다.[38] 오리게네스의 조직신학적 사상은 그의 저서인 『de principiis』를 살펴보면 그의 신학은 교리화를 목적으로 하기보다는 오리게네스가 살았던 당시의 이단들 즉, 마르키온주의자들과 가현설주의자들에 대항하여 창조주 하느님의 자비와 예수 그리스도의 인성과 신성을 증언한다. 그런데 그의 이론 중 '만물의 복귀'라는 개념은 자비하신 하느님께서 사람뿐만 아니라 사탄과 마귀까지 구원할 것이라는 입장이어서 교회사에서 문제가 되고 있다. 끝으로 그의 저서 『Contra Celsum』(첼수스 논박)에서 그의 변증적 그리스도교 사상을 살펴보면, 그는 그의 저작에서 하느님의 계시에 대해 구체적으로 성경의 해석에 큰 비중을 두고 있음을 알 수 있다.

오리게네스는 그리스 문학과 철학, 원어에 대한 학문적인 관찰로써 성경 해석을 시도함으로써 그리스도교의 첫 성경학자가 되었다. 그의 성경 해석 방법에는 신플라톤주의를 통한 필론의 알레고리 방법이 많이 사용되었다. 오리게네스는 그의 책 『de principiis』에서 70인 역 성경의 잠언 22,20.21의 본문을 자기의 해석 원리로 채택하여 성경을 세 가지 방법으로 해석할 것을 말하고 있다. 이 세 가지 방법이란 1테살 5,23절에 있는 인간의 세 가지 요소인 영과 혼과 몸을 각각 세 의미로

37 H. R. Drobner, 『교부학』, 하성수 역, 분도출판사, 2001, 231~232쪽.

38 오리게네스의 사상과 관련해서는 다음의 책을 참고하였다. H. R. Drobner, 앞의 책, 223~230쪽; B. Mondin, 『 하느님은 사랑이십니다-삼위일체 신비에 관한 고찰』, 김관희 역, 인천가톨릭대학교출판부, 2013, 144~148쪽.

바라보면서, 몸은 문자적 의미를, 혼은 도덕적 의미를, 영은 알레고리적인 의미를 가리킨다는 것이다. 성서는 하느님의 신비가 담겨져 있기 때문에, 영적인 내용들은 비유적으로 해석해야 한다는 것이 그의 주장이다. 그래서 오리게네스에 따르면 성서 해석은 3단계로 진행되어야 하는데, 1. 자구적 해석 2. 윤리적 해석 3. 영적 해석의 차원이다.

삼위일체론과 관련해서 오리게네스는 성삼위 사이의 구별을 부인하는 양태론자들의 주장을 줄기차게 반박하고 거부하였다. 오리게네스는 성자께서 성부께로부터 발하시는 것은 성부께로부터 분리되는 방식이 아니라, 의지가 정신에서부터 나오는 것과 같은 방식으로 발하신다고 분명하게 밝힌다.[39] 하느님 안에는 모든 것이 영원하기 때문에 성자의 낳으심도 '영원무궁한 낳으심'이 되어야 한다는 것이다. 같은 이유에서 성자에게는 시작이 없으며 '계시지 않았던 때가 없다'는 것이다. 오리게네스는 성자 입양설을 정면으로 반박하기 위해 성자는 성령의 입양으로 아들이 되신 것이 아니라 본성적으로 아드님이시라고 강변한다.

그의 삼위일체 신학에서는 성부 중심성이 특징인데, 성부는 '낳음을 받지 않은 분'임을 강조하였다. 이는 이후 삼위일체론의 근본적인 전제가 되었다. 그리고 성자의 발출을 설명하기 위해서는 '출생'(Generatio)이라는 단어를 선택하였다. 성부는 모든 근거들의 근거로서 낳음 받지 않으신 분, 성자는 낳음을 받은 분, 성령은 발출된 분이라고 설명한다.

39 배승록, 『교부와 교회』, 대전가톨릭대학교출판부, 2005, 414~416쪽.

"말씀과 지혜는 육신과는 상관없이 보이지 않는 방법으로
마치 의지가 지성에서 나오듯이 출생한다"(de principiis)

그는 또한 성부와 성자의 동일본질(homo-ousia)을 주장하였다. 성자는 성부로부터 낳음을 받으셨고, 따라서 성부와 성자는 동일본질이시라는 것이다. 창조된 것은 하느님일 수 없기 때문이다. 이는 동방교회 삼위일체론의 핵심 내용이 되었다.

"성부와 성자와 성령 이외에 창조되지 않은 것은 없다"
(de principiis)

따라서 성자는 성부와 동일한 본성을 지니고 계신다. 그는 성령도 창조된 것이 아니라 주장하였다.

"성령은 성부에게서 성자를 통하여 기원을 갖는
모든 만물 중에서 으뜸이다"(de principiis II, 10)

하지만 오리게네스의 삼위일체론에는 종속주의의 경향이 있다. 왜냐하면 모든 것을 성부로부터 이해하는 성부 중심적인 사상에 근거하기 때문이다. 그는 로고스의 신성을 역설하면서도, 다른 편에서는 '둘째 하느님'이라는 표현을 사용한다. 성부만이 '자존적 하느님'이며 '순수하게 선하신 분'이신 반면, 성자는 성부의 이러한 '선하심의 형상'이시다. 성자를 '둘째 하느님'이라고 하는 표현은 성자 하위론으로 오해할 소지가 있지만, 그가 주장한 바는 존재론적 하위론이 아니라 기능적

하위론을 알아들어야 한다.[40] 성자와 성령께서는 성부와 피조물 사이의 중재자 역할을 하신다는 것이다.

표 2. 성부에 의한 성자와 성령의 발출에 대한 동방교회와 서방교회의 이해 차이

【동방】	【서방】
성부 ⇓ 성자 ⇓ 성령	성부 ⇘ ⇓ ⇒ 성령 ⇗ 성자
⇒ **성부 중심적 경향** (혹은 **삼위일체중심적**)	⇒ **성자중심적 경향**
성부의 역할을 성자와 성령이 대신한다. 성자 승천 후에는 성령의 역할이 강조됨. 성령의 역할이 중요한 것은 맞지만, 지나치게 성령을 중심으로 이해하는 것은 유의해야 함. 동방 신학의 특성	성자가 중심이고, 성자를 통해서 성부와 성령을 이해. 그리스도 중심성 강조. 서방 신학의 특성

4.2. 아타나시우스(295~373)

아타나시우스는 교회의 심오한 진리를 가르치고 깨닫게 하기 위해서 철학과 이성의 방법을 응용하고 있다. 그러나 그는 이성의 한계점을 지적하며 이성을 통해서는 하느님의 본질을 다 파악할 수 없다고 못 박고 있고, 끊임없이 이성과 신앙의 갈등관계를 고찰하면서 조금도 늦추지 않고 계시의 진리를 연구했고, 복음에 반대되거나 거짓 허위 주장에 맞서 성부와 성자의 동일성(consubstantialitas)을 확고히 주장하며 자신

40 배승록, 앞의 책, 416쪽.

의 믿음을 고백하였다.

① 삼위의 동일본질[41]

아타나시우스는 「세라피온 주교에게 보낸 서간」 제1편에서 성삼위에 관한 자신의 생각을 다음과 같이 피력한다.

> "거룩하고 완전한 단 하나의 성삼, 곧 성부, 성자, 성령 안에 계신 하느님만이 존재하실 뿐이다. 성삼은 결코 어떤 외부적 요소를 지니지 않고 외부의 침입을 받지도 않는다. 성삼은 창조주와 피조물의 합일체가 아니다. 성삼은 다만 가장 완전한 창조능력이며 생산자이다. 성삼은 본질상 상호 상통성을 지니며 나누일 수 없고 성삼의 효력은 다만 하나일 뿐이다"(PG 26, 596A)

이처럼 아타나시우스는 성삼은 결코 창조주와 피조물의 합일체일 수 없음을 분명히 선언하고 있다. 성삼은 완전한 창조주일 뿐이다. 그는 창조과정에서 자연이 하느님의 능력과 힘을 수용할 수 없다는 아리우스의 주장을 강력히 배척한다. 아리우스는 말씀을 자연의 창조를 위한 전 단계 내지는 매개자로 이해한다. 아리우스가 로고스를 피조물로 간주하였다면, 아타나시우스는 하느님을 곧 신적존재로 생각했다. 그는 이를 반박하여 '아들이란 그 어떤 출생을 전제로 한다고 주장하고 출생이란 아버지의 본질을 이어받는 것이다'라고 역설한다. 성자는 성부와 똑같은 사상을 충만히 지닌 완전한 하느님이시다.

41 함세웅, 「아타나시우스〈Ⅳ〉」, 『사목』(110), 한국천주교중앙협의회, 1987, 50~54쪽.

"사실 이 둘은 하나이다. 두 쪽으로 갈라질 수 있는 의미의 하나가 아닌, 또는 같은 이 둘을 두 번 부르는 것도 아닌 그래서 한 번은 성부로, 또 한 번은 성자로 부르는 그런 것이 결코 아니다. … 낳으신 분은 낳음을 받은 분과 같은 성을 지니게 마련이다. 그러므로 성자는 하느님일 수밖에 없다. 왜냐하면 하느님께로부터 발하기 때문이다. …
광채가 빛인 것처럼 광채가 결코 태양 빛 밖에서 존재하지 않는 것처럼, 그 빛이 태양에서 연유되어 모든 것을 비추듯이, 성자도 성부께 연유되며 결코 나누일 수 없는 분이시다. 오로지 한 분의 하느님만 계신다. 그 외에 다른 하느님은 결코 없다. 따라서 명명(命名)만 다를 뿐 성자와 성부는 모든 면에 있어서 똑같은 분이시다" (아리우스 반박변론 3,4; PG 26, 328C)

"영원으로부터 낳음을 받았다는 성자는 성부와 똑같은 본체를 지니고 계신다. 성자는 참으로 성부와 동체적 존재이다. 이 두 표현은 바로 니체아 공의회에서 사용한 것으로 성삼론에 있어서 가장 중요한 본질적 내용이다. 따라서 '비슷한' 또는 유사한 뜻으로 사용되는 όμοίως라는 표현으로는 성삼의 관계를 묘사할 수 없다. '본체와 비슷한'이란 표현은 결코 '본체로서'를 가리키지 않는다. '본체로서'는 바로 성자와 성부 사이의 자연적, 불가분의 관계를 뜻한다.
주석은 은과, 늑대는 개와, 도금한 놋쇠는 순금과 비슷할 뿐이지, 주석이 은에서 나온다든지 늑대가 개에서 생기는 것은 결코 아니다. … 동일하다는 표현은 '본체와 비슷한', '본체로서' 등 두 가지 표현을 모두 내포하고 있다 그러므로 말씀이 피조물이라고 말하는 이들은 결코 성자의 권능을 인정하지 않는 것이다. … 그들은 모두 빛이 광채, 샘의 출생, 성부와 성자 등의 표현을 다 수락하면서도 오로지 동일성이라는 표현만은 거부하고 있다" (성서공관 41, PG26, 765A).

이와 같이 아타나시우스는 아리우스와 반아리우스파를 거슬러 동일본질(Homousios)을 옹호, 주장하였다.

② 삼위의 위격적 일치

아타나시우스는 강생 이후의 그리스도에게 제기되는 문제 곧 그의 신성과 인성에 대하여 언급하면서 이 둘의 위격적 일치를 새삼 강조한다. 그는 〈안티오키아인들에게 보낸 편지〉 7편에서, 구세주는 영혼, 감각, 지성이 결여된 육체를 지닌 분이 결코 아니라고 강조하면서 이 모든 내적 능력인 영혼이 바로 말씀 안에서 구원된 것이라고 확언한다. 이러한 의미에서 아타나시우스는 신인양성(神人兩性)의 일치를 강조하면서 마리아의 모성, '천주의 모친'(θεοτόκος)란 칭호를 고수한다.

그리고 아타나시우스는 성령은 성자와 똑같이 성부와 동일한 존재(consubstantialitas)임을 강조하고 있다.

> "만일 성령이 많은 피조물과 여러 천사들 가운데 유일한 분이라면 성령과 그 여러 존재들 사이에 어떤 상통점이 있겠는가? 성령은 결코 여러 존재 중의 하나가 아니며, 천사 중의 하나도 아니다. 그분은 유일한 분으로 말씀과 똑같고 하느님과 완전히 같은 동체적 존재이다. … 성령은 본성상, 또는 본체적으로 결코 피조물과 다른 존재이다. 성령은 성자와 똑같은 본체를 지님으로써 같이 한 성삼위를 이루고 있다"(〈세라피온 주교에게 보낸 서간〉, 1,27, PG 26, 593B).

오리게네스는 성령을 성자보다 때로는 하위의 신으로 이해하기도 했다. 그러나 아타나시우스는 오리게네스의 이러한 약점을 극복하면서 성령의 신성 및 삼위에 있어서의 동체성을 강조하고 있다. 그러나 아타나시우스는 성령께 관하여 성자를 통하여 성부께로부터의 발함을 분명히 언급하고 있지만, 성자로부터의 발함에 대해서는 명시적으로 언급하지 않는다.

아타나시우스는 피조물과의 차이점을 통해 하느님에 대해 설명한다. 특히 '참여'라는 표현 방식으로, 피조물들은 하느님의 본성에 외부로부터 부분적으로 참여하는 존재인 반면, 성자는 성부께 '고유하고 온전히' 참여하는 분이다. 이렇게 성부의 본질에 대한 그리스도의 본질적인 고유성을 통하여 성부와 성자의 동일본질(ὁμοούσιος)을 설명한다. 이 동일본질이라는 말의 관건은 우리가 계명을 지키면 그것으로 얻을 수 있는 것 같은 모방과는 전혀 다른 것을 의미한다.[42]

이는 성자가 다른 세상의 존재들과 본질적으로 다른 측면이며, 그 창조물들과 구별되는 특징 중 하나인 것이다. 아리우스는 아버지와 아들이 같을 수 있는 경우는, 아들이 다른 자녀를 낳아 아버지가 됨으로써 그렇게 될 수 있다는 주장을 펼치지만, 아타나시우스는 아버지의 영원한 부성을, 성자의 영원한 자성을 이야기하며, 서로 안에서 온전히 서로임이 유지되는 차원에서 진정한 아들성을 변호한다. 그리스도의 신성을 확증하는 것, 그것이 아타나시우스의 열정이자 필생의 업이었다. 자신의 신념이 옳고 하느님께서 자신을 보호하신다는 흔들림 없는 확신이 있었기 때문에, 아리우스 논박 제1강론을 통해 영원하고 불변하시며 본질로서 성부와 같으신 그리스도를 증명할 수 있었던 것이다.[43]

"성부께서는 말씀을 통해 성령 안에서 모든 것을 이루십니다.
이리하여 거룩한 삼위일체의 단일성이 보존되는 것입니다"
(Epistula ad Serapionem I,28.)

42 A. M. Ritter, 『고대교회』, 공성철 역, 한국신학연구소, 2006, 341쪽.

43 A. Hamman, 『교부와 만나다』, 이연학·최원오 역, 성바오로출판사, 2002, 138쪽 이하.

③ 위(僞) – 아타나시우스 신경[44]

1 누구든지 구원받기를 바라는 이는 무엇보다도 먼저 보편 신앙을 지녀야 하며,

2 이 신앙을 완전무결하게 지키지 않는 자는 의심 없이 영원한 파멸에 이르나이다.

3 보편 신앙은 삼위 안에서 한 분이신 하느님을, 일치 안에서 삼위를 흠숭하며,

4 위격들을 혼합하거나 실체를 분리하지 않는 것이옵니다.

5 곧 성부의 위격이 다르고, 성자의 위격이 다르며, 성령의 위격이 다르옵니다.

6 그러나 성부와 성자와 성령은 하나의 신성과 똑같은 영광과 똑같은 영원한 위엄 을 지니시나이다.

7 성부께서 그러하시듯이 성자께서 그러하시고 성령께서도 그러하시옵니다.

8. 성부께서 창조되지 않으셨고 성자께서도 창조되지 않으셨고 성령께서도 창조되지 않으셨나이다.

9. 성부께서 무량하시고 성자께서도 무량하시고 성령께서도 무량하시나이다.

10 성부께서 영원하시고 성자께서도 영원하시고 성령께서도 영원하시나이다.

11 그러나 영원하신 세 분이 아니라 영원하신 한 분이시며,

---

44 오늘날 거의 모든 학자는 이 신앙 고백의 저자를 알렉산드리아의 아타나시우스가 아니라 서방 사람들 가운데서 찾아야 한다고 확신한다. 더 오래된 대부분의 사본에는 저자가 아타나시우스로, 다른 사본들에는 교황 아나스타시오 1세로 되어 있다. 그러나 이들 사본은 8세기 이전으로 거슬러 올라가지 않기에 확실하지는 않다. 이 신앙고백을 만들었다고 여겨지는 사람들은, 특히 푸아티에의 힐라리오(+367년경), 밀라노의 암브로시오(+397), 레메시아나의 니케타스(+414년경), 아를의 호노라투스(+429), 레렝의 빈켄티우스(+450년 이전), 루스페의 폴겐티우스(+532), 아를의 카이사리우스(+543), 베난티우스 포르투나투스(+601)가 있다. 지금은 이 신앙 고백이 430–500년에 남부 프랑스에서, 아마도 아를 지방에서 익명의 저자가 저술하였다는 견해가 지배적이다. 이 신앙 고백은 중세 때 사도 신경과 니케아–콘스탄티노폴리스 신경과 대등해지면서 전례에서 쓰일 만큼 서방과 동방 교회에서 점차 그 권위를 지니게 되었다(Heinrich Denzinger, 『(하인리히 덴칭거)신경, 신앙과 도덕에 관한 규정 · 선언 편람: 제44판 원문대역』, 덴칭거 책임번역위원회 역, 한국천주교주교회의, 2017, 29쪽 참조).

12 창조되지 않으신 세 분이 아니시고 무량하신 세 분이 아니시듯, 오로지 창조되지 않으신 한 분이시고 무량하신 한 분이시나이다.

13 이와 같이 성부께서 전능하시듯 성자께서도 전능하시고 성령께서도 전능하시나이다.

14 그러나 전능하신 세 분이 아니라 전능하신 한 분이시나이다.

15 성부께서 하느님이시듯 성자께서도 하느님이시고 성령께서도 하느님이시나이다.

16 그러나 하느님 세 분이 아니라 하느님 한 분이시옵니다.

17 성부께서 주님이시듯 성자께서도 주님이시고 성령께서도 주님이시옵니다.

18 그러나 주님 세 분이 아니라 주님 한 분이시나이다.

19 저희는 그리스도교의 진리로 각각의 위격을 하느님과 주님으로 고백하도록 명령받기에,

20 보편 신앙으로 그렇게 세 분의 하느님이나 세 분의 주님이시라고 말하지 못하나이다.

21 성부께서는 어느 누구에게서 생겨나지도 창조되지도 나지도 않으셨나이다.

22 성자께서는 생겨나지도 창조되지도 않으셨으며 성부에게서만 나셨나이다.

23 성령께서는 생겨나지도 창조되지도 나지도 않으셨으며 성부와 성자에게서 발하시나이다.

24 그러므로 세 분의 성부가 아니라 한 분의 성부께서 계시며, 세 분의 성자가 아니라 한 분의 성자께서 계시고, 세 분의 성령이 아니라 한 분의 성령께서 계시나이다.

25 그리고 이 삼위 안에서 아무도 더 먼저나 늦게 계시지 않고, 아무도 더 크거나 더 작지 않으시며,

26 세 위격이 모두 서로 똑같이 영원하시고 똑같이 동등하시옵니다.

27 위에서 말한 대로 모든 점에서, 삼위 안에서 일치도, 일치 안에서 삼위도 흠숭 받으셔야 하옵니다.

28 그러므로 구원받기를 바라는 이는 삼위에 관하여 이렇게 믿어야 하나이다.

29 그러나 영원한 구원을 위하여, 반드시 우리 주 예수 그리스도의 강생도

충실히 믿어야 하옵니다.

30 그러므로 하느님의 아들이신 우리 주 예수 그리스도께서 하느님이시며 인간이심을 믿고 고백하는 것이 올바른 신앙이옵니다.

31 성자께서는 시대 이전에 성부의 실체에서 나셨기에 하느님이시며, 시간 안에서 어머니의 실체에서 태어나셨기에 인간이시며,

32 완전한 하느님이시고, 이성의 영혼과 인간의 육신으로 이루어진 완전한 인간이시며,

33 신성에 따라서는 성부와 같으시고, 인성에 따라서는 성부보다 더 낮으시며,

34 하느님이시고 인간이시지만 두 분이 아니라 한 분의 그리스도이시며,

35 신성이 육신으로 변화되어서가 아니라 하느님 안에서 인성을 취하시어 한 분이시며,

36 실체의 혼합이 아니라 위격의 일치로 완전히 한 분이시옵니다.

37 이성적 영혼과 육신이 한 인간이듯이 하느님과 사람이 한 분의 그리스도이시옵니다.

38 그분께서는 저희 구원을 위하여 고난을 받으시고 저승에 가시어 사흗날에 죽은 이들 가운데서 부활하셨으며,

39 하늘에 올라가시어 성부 오른편에 앉으시고, 그리로 부터 산 이와 죽은 이를 심판하러 오실 것이옵니다.

40 그분께서 오시면 모든 인간은 자기 육신을 지니고 부활하여 자기 행실을 밝혀 셈하여야 하며,

41 선을 행한 이들은 영원한 삶에 들어가고, 그러나 악을 행한 자들은 영원한 불 속에 들어갈 것이옵니다.

42 이것이 보편 신앙이옵니다. 이 신앙을 충실하고 확고하게 믿지 않는 자는 누구나 구원받을 수 없으리이다.

(번역: Heinrich Denzinger, 「아타나시오의 신앙 고백」, 『(하인리히 덴칭거) 신경, 신앙과 도덕에 관한 규정 · 선언 편람: 제44판 원문대역』, 덴칭거 책임번역위원회 역, 한국천주교주교회의, 2017, 31~33쪽.)

4.3. 나지안즈의 그레고리우스(330~390)

카파도키아의 3대 교부는 바실리우스, 니사의 그레고리우스, 나지안즈의 그레고리우스인데, 이중에서 나지안즈의 그레고리우스는 성령의 신비에 대해 명료하게 언급하였다. 동방교회에서 이전까지는 성부와 성자만의 관계를 주로 강조하였다. 하지만 그는 프네우마토마키, 즉 성령피조설을 주장하는 마체도니아 이단을 거슬러 성령도 성자처럼 성부와 동일본질을 갖는다고 주장하였다.

당시 아리우스 이단은 지나치게 성부를 강조했고, 이를 근거로 성령의 창조를 주장하기도 하였는데, 그레고리우스는 성자의 출생과 성령의 존재 방식 차이를 설명하기 위하여 '발출'(發出, ekporeusis -로부터 나오다)이라는 용어를 사용하였다.[45]

발출(ek, -로부터)은 성자의 존재 방식과는 다른 것이다. 물론 여기서도 기원 없는 성부의 우월성이 강조되었다. 동방신학의 전통은 성부 중심적인 특징을 지닌다는 것이다.

> "성부는 기원이 없는 하느님이시다. … 성자는
> 기원이 있는 하느님이시다. 왜냐하면 성부에게
> 낳음을 받았기 때문이다(gennesia).
> 그러나 이 기원이라는 말이 시간적 의미를
> 갖는 말이라면 당연히 성자는 기원이 없는
> 하느님이다. 성령은 성부의 입에서 나온 숨으로서
> 참된 하느님이다.

45 B. Mondin, 『하느님은 사랑이십니다-삼위일체 신비에 관한 고찰』, 김관희 역, 인천가톨릭대학교출판부, 2013, 152쪽.

성령은 … 오로지 성부로부터
발출(ekporeusis)된 것이다"(Discorsi 39,12).

"기원 없는 분의 이름은 성부요, 만물의 기원은 성자,
기원과 함께 있는 분의 이름은 성령이다"(Discorsi 42,15).

"하느님 본성은 셋 안에 공동으로 하나이다.
그러나 이 셋을 하나로 만드는 이는 성부이다.
나머지 둘은 이에 준한다. 그 이유는 그들이
혼동되거나 섞이지 않고 하나가 되도록 하기 위함이다"(Discorsi 42,15).

바실리우스가 성자의 출생과는 다른 '성령의 존재 양식'을 한마디로 정의하지 못한 반면, 그레고리우스는 '발출'이라는 적절한 단어를 제시했다.[46] 그레고리우스는 성령 역시 하느님임을 강조하고, 제3위격 역시 성자와 동일본질임을 강조하였다.

4.4. 니사의 그레고리우스(335~394)

카파도키아의 3대 교부 중 한 사람으로, 카파도키아의 주교였던 바실리우스에 의해서 니사의 주교로 임명되었고, 신학자, 연설가, 성서 주석가로 명성을 날렸다.[47] 그레고리우스는 당시 교회의 신학적인 체계를 세우는 데 기여하였고, 교의적인 요소들을 그리스도교적 플라톤주의 하에서 성찰하였다. 그는 신비주의적인 신학자라고 할 수 있는데,

46 배승록, 『교부와 교회』, 대전가톨릭대학교출판부, 2005, 560~561쪽.

47 생애와 관련해서는 다음을 참조. 한국교부학연구회, 『내가 사랑한 교부들』, 분도출판사, 2005, 177~180쪽.

그의 신비주의적 신학의 방향은 그리스도 중심적이었다.

니사의 그레고리우스는 니케아-콘스탄티노플 신경 반포에 큰 기여를 하였다. 그는 전통적인 니케아 신경의 입장을 신학적으로 옹호하고, 성자의 '낳으심'과 구별되는 성부에게서 성령의 '발출'을 주장하였다. 그리고 그는 동일본질 개념을 성령에 적용할 것을 처음으로 주장하였는데,[48] 그는 나지안즈의 그레고리우스와 더불어 마체도니우스 이단을 거슬러 성령이 다른 두 위격과 동일본질임을 주장하였다. 그레고리우스는 성령의 동일본질 주장하면서, 그리스도인의 성화는 하느님이신 성령의 역할이 중요함을 강조하였다.

그는 성령의 신성에 대한 주장과 논증으로 그리고 삼위일체에서 성령을 잘 이해하여 간결한 용어로 명확하게 정식화함으로써 삼위일체교의 형성에 기여하였다. 하지만, 그 역시 다른 교부들처럼 성부 우월성에 신학적 바탕을 두었고, 성령의 발출에 있어서 성자의 중재된 혹은 부차적 역할을 주장했다.

> "성자는 성부와 결합하여 그로부터 존재를 받는다. 그러나 위격의 관계에 있어서는 시간적 선후가 존재하지 않는다. 마찬가지로 성령과 성자의 관계도 그렇다. 다만 성자는 오로지 원인(성부)과의 관계에 있어서만큼은 성령보다 앞서 태어났다"(Contra Eunomium Ⅰ, 30)

그는 성령이 성자에게 종속된다는 것은 오로지 성부의 고유권한에 속한다고 주장했다.[49] 성령이 성부뿐만 아니라 성자에게도 종속되지만,

48 H. R. Drobner, 『교부학』, 하성수 역, 분도출판사, 2001, 403쪽.

49 B. Mondin, 『 하느님은 사랑이십니다-삼위일체 신비에 관한 고찰』, 김관희 역, 인천가톨릭대학교출판부, 2013, 156~157쪽.

성부에게만 유보되어 있는 질서에 의해서가 아니라, 중재된 혹은 도구적 혹은 부차적 차원의 질서에 따른 종속이라는 말이다. 이것은 그와 다른 동방 교부들이 왜 '필리오퀘'(Filioque)에 동의하지 않는지를 설명해 준다. 성령 발출에 있어 성자의 중재된 혹은 부차적인 역할만을 의미하기에 이 문제는 차후 필리오퀘 논쟁의 발단이 된다. 그들이 보기에 '필리오퀘'라는 단어 안에는 성부와 성자가 성령의 발출에 마치 동등한 효과로 작용하는 것처럼 이해될 수 있기 때문이다. 그레고리우스에 따르면 성령은 성자'에게서'(ek) 발출하는 것이 아니고, 성부로부터 성자를 '통하여'(dia) 발출한다는 것이다.

또한 그레고리우스는 ousia(하느님 세 위격에 공통적인 것)와 hypostasis(세 위격 각각 고유한 것)의 개념 구분으로 삼위일체 교의의 신학적 설명할 토대를 마련하였고, 이 용어는 훗날 콘스탄티노폴리스 공의회와 칼케돈 공의회에서 다음의 정식으로 채택되었다.[50] 이는 '하느님 본성(ousia)의 일치와 세 위격(hypostasis)의 상이성'이다. 그리고 그레고리우스가 주장한 성자와 성령 두 위격의 발출 개념 정리가 동방교회 신학의 정식이 되었는데, 이것이 바로 성자의 성부로부터의 '직접발출'과 성령의 성자를 통한 성부로부터의 '간접발출'이다.

4.5. 알렉산드리아의 치릴루스(Cyrill von Alexandria, 370~444)

알렉산드리아의 치릴루스는 30년 넘게 주교직을 수행한 이집트 출

50 B. Mondin, 앞의 책, 157~158쪽.

신의 신학자이자 알렉산드리아 학파의 마지막 위대한 신학자이다. 그는 삼위일체 교의 형성에 지대한 영향을 끼쳤는데, 특히 성령을 비하하는 '프네우마토마키'(Pneumatomachi) 이단을 거슬러 성령의 동일본질 확립에 기여하였다. 동일본질이 성서 용어가 아니라 근거가 없다는 이단에 맞서서 성서에 나오지 않는 용어도 교회가 사용해왔기에(예, 무한, 비육체적), 이 단어는 참되고 보편적 의미를 표현한다고 강조하였다.

치릴루스는 삼위일체론을 다루면서 '인간 영혼의 견고하고도 무너질 수 없는 토대'(Dial Ⅰ, 391)라고 여겨지는 니케아 공의회의 정의를 따른다.[51] 그는 니케아 공의회가 사용한 '동일본질'이라는 용어에 주목한다. 그래서 그는 동등하면서도 서로 다른 하느님 세 위격이 하나의 신 본성 안에서 일치를 이루는 신비가 바로 삼위일체 신비라고 설명하였다.

> "성령의 영감으로 쓰인 성경은,
> 하느님 세 위격이 다 같이 동등하며 이 동등함 때문에
> 하나의 신 본성 안에서 일치한다고 가르친다"(Dial Ⅶ, 634)

세 위격의 일치는 공통하는 본성 안에서 이루어지며 세 위격의 구분은 서로 간의 관계에서 확인한다고 주장하였다. 성부, 성자, 성령 하느님은 유일하고 동등한 하느님이고, 하느님 안에서 각 위격의 특징은 드러나는 이름과 각 위격의 차이 외에는 별다른 차이 없다고 주장하였다. 성부와 성자와 성령은 유일하고 동일한 하느님이다. 하느님 안에는

51 B. Mondin, 앞의 책, 159쪽.

각 위격의 특징을 나타내는 이름과 각 위격의 역할 차이 이외에는 다른 차이가 없다는 것이다.

그리고 치릴루스는 그리스도론과 성령론 발전에 큰 기여를 하였다. 그리스도론과 관련하여 그는 그리스도에게 두 개의 본성과(신성, 인성) 두 개의 위격이(신격, 인격) 있다고 주장하는 네스토리우스에 맞서서 말씀의 위격 안에서 두 본성의 일치를 주장하였다.

그리고 성령론에 있어서 그는 아리우스와 마체도니우스 이단에 맞서서 성령은 성부와 성자와 같은 본성을 향유한다고 정의했다. 모든 것은 성부로부터 시작해서 성자를 통해 실행되고 성령 안에서 완성된다고 주장했다. 하지만 동시에 그는 성부가 성자에 비해 우선하고, 성자는 성령에 비해 우선한다고 주장했다. 그리고 인간의 성화는 성령 안에서 성자를 통한 성부의 업적으로 완성되는 것이기에, 우리는 성령 안에서 성자를 통하여 하느님과 올바른 관계를 맺어야 한다는 것이 그의 주장이다.

참고 – 단성론(單性論 Monophysistismus) 문제

하느님이 삼위이면서 동시에 일체라는 문제가 유일신론과 어떻게 함께 이해될 수 있는가는 삼위일체론의 핵심 주제이다. 그리고 삼위일체 신학 안에서도 가장 핵심적인 문제 중의 하나는 어떻게 인간 예수 안에 인성과 신성이 함께 공존할 수 있느냐 하는 문제이다.

그리스도의 인성보다는 신성을 강조했던 알렉산드리아 학파의 주장은 결국 교회의 이단적 사상이라고 할 수 있는 단성론적 경향을 갖게 되었다. 단성론, 즉 유일한(mono) 본성(physis)이란 표현은 그리스도 안에 오직 하나의 성(性)만 있다는 것이다. 단성론자들은 칼케돈 공의회의 의결 사항인 인성과 신성이 그리스도 안에서 공존한다는 교의를 거부하였다.

첫 단성론자들은 예수의 인성을 부인하는 4세기의 그리스도론적 이단으로 니케아 신조의 옹호자였던 라오디케이아의 아폴리나리우스(Apollinarius)와 그의 제자들이다.[52] 이들은 신성과 인성의 구별에 지나친 관심을 두고 신성만을 강조했던 몇몇 반(反) 아리우스적 논쟁자들에 의해 다시 제기된 그리스도의 단일성을 주장하고 싶어 했다. 그리스도의 인성이 영혼을 잃은 후에 유일한 본성인 신성만을 갖게 되었다는 것이다.

또한 신성이 인성을 흡수하여 신성만이 그리스도의 유일한 본성임을 주장하는 단성론자들도 있었는데, 이들의 주장은 네스토리우스와 논쟁을 벌였던 알렉산드리아의 치릴루스에 의해 채택된 내용이었다. 치릴루스는 본성을 위격 안에 있는 개별적인 성(性)으로 이해하였다. 치릴루스는 그리스도가 유일한 주체인 신적 로고스의 주체 안에서 완전한 인간이며 완전한 하느님이라고 강조하며, 결국 신성이 인성을 흡수하여 신성만이 남는다고 주장하였다.

또 다른 단성론자는 네스토리우스를 단죄한 에페소 공의회 시대에 활약하였고, 알렉산드리아의 총주교 치릴루스의 열렬한 지지자였던 콘스탄티노폴리스 근처 수도원장이었던 에우티케스(Eutyches, 375-454)

52 배승록, 『교부와 교회』, 대전가톨릭대학교출판부, 2005.

였다. 그는 치릴루스의 주장을 지지하였고, 아폴리나리우스나 가현설(假現設, Docetismus)을 주장하는 발렌티누스처럼 그리스도의 인성을 부정하면서, 그리스도의 인성이 인간과 같다는 점을 부인하였다. 그리고 강생 후에는 인성이 신성에 흡수되어 신성만 남았다고 주장한다. 그리스도의 신성과 인성 두 성이 육화로 인해 일치된 다음에는 하나의 성, 즉 신성으로 흡수되었다는 단성론은 그리스도의 신성과 인성의 관계에 대한 새로운 이단이었다.

참고 – 칼케돈 공의회[53]

칼케돈 공의회(Concilium Chalcedonese)는 448년 콘스탄티노폴리스 시노드에서 단죄되었으나 449년 '에페소 강도 공의회'(Latrocinium Ephesium)에서 사면 복권된 에우티케스(Euthyches)에 의해 야기된 그리스도 단성론(monophysistismus) 논쟁으로 혼란에 빠진 교회의 가르침을 정립하기 위해서 동로마 제국의 황제 마르치아누스가 451년 5월 17일에 개최 선포를 하여 같은 해 10월 8일부터 11월 1일까지 비티니아의 칼케돈에서 개최된 제4차 보편 공의회이다.

고대 교회는 2세기부터 조직적으로 발생한 이단(마르키온, 몬타누스, 영지주의 등)과 교회 내에서의 신학적 논쟁이 시작되었다. 그 중심에 니케아 공의회(325년)까지는 예수가 참된 하느님인가의 문제였다. 이를 부정한 아리우스주의는 니케아 공의회에서 파문되었다. 하지만

53 『가톨릭대사전』 제11권, 8440~8445쪽; H. R. Drobner, 『교부학』, 하성수 역, 분도출판사, 2001, 610~615쪽.

그 이후 새롭게 부각된 문제는 예수가 참 하느님이시고 동시에 참 인간이시라면 두 본성이 어떻게 한 인격 안에 있을 수 있느냐 하는 것이었다. 알렉산드리아 학파는 플라톤주의 영향 아래 예수님의 신성을 강조하고 신성과 인성의 통일성을 중요시하였다. 반면에 소아시아 지역에 있었던 안티오키아 학파는 예수님의 신성과 인성 각각의 개별성을 중요시했다.

알렉산드리아학파의 아폴리나리우스는 그리스도의 인성은 로고스가 그의 영혼을 취하였다고 주장하여 그리스도의 완전한 인성을 부인했기에 381년 니케아–콘스탄티노플 회의에서 파문되었다. 반면에 안티오키아 학파의 네스토리우스는 그리스도는 인성과 신성 두 본성이 마치 결혼한 부부와 같이 긴밀한 인격적인 연합으로 존재한다고 주장하며 그리스도의 신성을 부인했기에 421년 에페소 공의회에서 단죄되었다.

그 이후에 유티케스가 그리스도의 인성과 신성은 서로 합하여 다른 형태의 존재가 되었다고 주장했다. 448년 콘스탄티노플 지방대회는 유티케스 역시 단죄하였다. 그러나 알렉산드리아의 디오스쿠루스가 정치적 목적으로 유티케스를 지원하였고 테오도시우스 황제를 설득하여, 449년 에페소에서 공회의를 소집하여 유티케스의 단성론을 정통으로 결정하였다. 그러나 이 회의의 정당성은 부인되었고, 결국 451년 칼케돈 공의회는 600여 명의 감독들이 모여 치열한 논쟁을 벌였고, 유티케스를 단죄하면서 다음과 같은 내용을 채택하였다.

(1) 그리스도는 완전한 신성과 완전한 인성을 지녔다.

(2) 그리스도의 이러한 두 본성은 한 인격체인 그리스도 안에 존재하며,

(3) 두 본성 안에서(in two natures) 신성과 인성은

– 혼동되지 않고(unconfusionly, 유티케스 견해 거부), 변화되지 않고(unchangely), 분열되지 않고(unseperately, 네스토리우스의 견해 거부), 나누어지지 않는다(undivisionly) 라는 4개의 부정부사를 사용하여 두 본성의 관계를 정리하였다. 후에 동방교회에서는 '두 본성 안에서'를 '두 본성으로부터'로 변경했다.

칼케돈 공의회는 그리스도의 완전한 인성과 완전한 신성이 한 인격 안에 있음을 확정했다. 두 본성은 혼돈이 없고, 변화가 없고, 분열이 없고, 분리가 없다는 4개의 부정을 통하여 그리스도론을 정리하였다.

표 3. 그리스도의 인성과 신성에 대한 이해

(신성+인성 한 위격 안에)	**칼케돈 공의회**	**네스토리우스파**	**치릴로**
혼합 / 분리되지 X	O	O	X
한 위격 안에 일치	O	X	O
	⇒ 예수 그리스도는 완전한 신성과 완전한 인성 지니심 ⇒ 두 본성은 한 인격체인 그리스도 안에 존재함 ⇒ 두 본성 안에서 신성과 인성은 혼동되지 않고, 변화되지 않고, 분열되지 않고, 나뉘지 않는다	예수의 인성과 신성 구분 그리스도 = 하느님의 아들 예수 = 마리아의 아들 (마리아를 통한 인성 강조)	신성을 강조하다 보니 신성과 인성을 구분하려 함

5. 안티오키아 학파

안티오키아 학파는 알렉산드리아 학파에 비견되는 신학의 중심지로서, 주로 오늘날 시리아와 터키 지역에서 활동했으며 4세기 후반에서 5세기 초반까지가 전성기였다.

안티오키아 학파는 사모사타의 루키아누스(Lucianus Samosatensis, +312)에 의해 시작되었는데, 그는 오리게네스의 은유적 주석 방법이 지나치게 신비적이라고 생각하고 반대 의견을 피력했다.[54] 안티오키아 학파는 성경 본문 자체를 중시하고, 역사적이고 문법적인 연구를 통해 본문에 나오는 그대로 해석해야 한다고 주장했다.

1) 아리스토텔레스 철학 영향

표 4. 위로부터의 그리스도론과 아래로부터의 그리스도론

플라톤 철학	아리스토텔레스 철학
알렉산드리아 학파	안티오키아 학파

알렉산드리아 학파의 이상적이고 사색적이며 신비적인 성향은 플라톤 철학에서 영향을 받은 반면, 안티오키아 학파의 실재론과 경험론은 아리스토텔레스 철학과 연관이 있다. 그래서 후자는 현실적이고 합리적이며 이성적인 방법론을 중심으로 역사적 사실에 주된 관심을 가

54 배승록, 앞의 책, 342쪽 이하 참조.

졌다. 그리고 안티오키아 학파는 성서해석에 있어서 문헌적, 역사적, 문법적 의미를 중시하였기에, 현대 성서역사비평 방법의 선구자로 이해된다. 신론은 윤리적, 인격적 요소를 중시하였고, 현실적인 인식과 감각적 인식을 중요하게 여겼으며, 역사적 예수 연구에 관심이 집중되었다.

2) 성서해석

안티오키아 학파는 4세기 말에 이르러 성경 연구의 중심지가 되었다. 타르수스의 디오도루스, 요한 크리소스토무스, 몹수에스티아의 테오도루스 등의 유명한 학자들이 있었다. 그들은 알레고리적 성서 해석에 반대하였는데, 알레고리적 방식은 성경의 모든 말씀이 하나의 예언으로 환원한다든가(모든 것이 하느님의 신비로 귀결됨), 성경의 역사성이 간과된다는 단점이 있기 때문이다. 그들은 사건의 역사성과 역사적 의미를 중시하기에, 성서에 나오는 사실의 역사성을 옹호하였다. 역사란 시공간 안에서 실제로 이루어지는 것이기에, 성서 저자의 의도를 파악하고자 노력하였다. 안티오키아 학파는 학문적, 이성적 방법으로 성서를 해석하는 관점이 주가 되는 성경 주석학(註釋學, Exegese)의 효시라고도 할 수 있다.

6. 안티오키아 학파의 그리스도론

안티오키아 학파는 아리스토텔레스의 인간학을 중심으로 복음서 안의 역사적 예수, 그리스도 인성의 완전성에 집중하였다.[55] 사변적인 방법을 거부하고, 현실성과 역사적 사실을 중시하였다. 아리스토텔레스의 인간론, 즉 인간은 영혼과 육체의 통일체라는 사실에 근거하여 예수 인성의 완전성을 강조하였다. 이는 영지주의와 반대되는 것이다. 예수의 인간적 힘이나 자유의지를 강조하였다. 안티오키아 학파는 그리스도의 신성과 인성을 확실히 구분하고, 그리스도의 인성을 지나치게 강조하였다. 알렉산드리아 학파가 신앙의 그리스도를 강조한 반면, 안티오키아 학파는 역사적 예수를 강조하였다.

안티오키아 학파는 신성을 부정하지 않았으나, 신성과 인성은 구별된다고 강조하였다. 단지 속성의 교류(communicatio idiomatum)[56]에는 반대하였는데, 예수의 신성과 인성이 결합되고 일치하고 교류하지만, 속성의 교류는 인정하지 않았다. 안티오키아 학파는 두 본성의 구

55 노성기, 「알렉산드리아 학파와 안티오키아 학파」, 『신학전망』 (147), 광주가톨릭대학교출판부, 2004, 184~186쪽; 배승록, 앞의 책, 344~345쪽.

56 오리게네스는 그리스도 안에서 하느님의 로고스인 신성과 예수의 영혼과 육신으로 구성된 인성이 매우 밀접하게 일치되어 있다는 사실에 근거하여 그리스도론 발전에 매우 중요한 개념이 될 '신인속성교환'(神人屬性交換, communicatio idiomatum) 이론을 설파하였다. 이 이론에 따르면 그리스도에 대해 말할 때, 그분은 신성을 지칭하는 특성을 인성에게 적용시켜 말할 수 있는가 하면, 반대로 인성의 특성을 신성에게 적용시킬 수도 있다는 것이다. 이 이론에 따라 성모 마리아를 '하느님의 어머니'라고 부를 수 있다. 엄격하게 말하자면, 마리아는 인간 예수를 낳았지만, 그리스도의 신성과 인성이 한 위격 안에 밀접하게 결합되어 있기 때문에 두 성에 속한 속성들은 서로 교환하여 적용시킬 수 있다는 것이다(배승록, 앞의 책, 418~419쪽 참조).

별을 강조하고 각 본성이 서로 다른 특성을 지닌다고 주장했다. 신성과 인성의 차이점을 강조한 안티오키아 학파는 로고스가 인간과 일치하여 신성과 인성이 온전히 하나가 되었지만, 신성과 인성은 그대로 구별된다고 하였다.[57] 안티오키아 학파는 그리스도의 인성이 그리스도의 신성과의 일치에 의해서 변화되었다는 알렉산드리아 학파의 의견에 분명히 반대했다. 안티오키아 학파는 그리스도 안에서 두 본성이 일치하여 한 실체로 되었다고 생각하지 않는다. 그들이 생각하기에, 두 본성 사이의 위격적 일치가 일어난 것이 아니라, 하느님과 인간 사이의 윤리적인 일치이고 교류일 뿐이라는 것이다. 그래서 안티오키아 학파는 '속성의 교류'를 반대한다. 안티오키아 학파는 그리스도의 신성과 인성이 자신의 고유한 특성을 유지한다고 주장했다.

표 5. 알렉산드리아 학파와 안티오키아 학파의 신성과 인성의 관계 이해

(신성+인성이 한 위격 안에)	**알렉산드리아 학파**	**안티오키아 학파**
구분된다	O	X
결합된다	O	X
교류된다	O	X

알렉산드리아 학파의 주장은 마치 예수의 인성에 무언가 부족해서 신성에 포섭되는 것처럼 보이기에, 안티오키아 학파는 그들의 주장을 거부하였다. 안티오키아 학파는 '그리스도는 하느님이 내재해 계신 인간'이라고 주장하였다. 그들은 육화 사건 때문에 인간 몸을 매우 긍정

57 노성기, 앞의 책, 186쪽.

적으로 평가하였다. 예수와 인간의 차이는 단지 예수께서 죄가 없으심이고, 인간은 원죄 이전에도 죄에 물들 가능성을 지니고 있었다고 주장한다.

안티오키아 학파는 '로고스-인간(Logos-Anthropos) 그리스도론', '아래로부터 그리스도론', '상승 그리스도론'을 주장하였다. 복음서에 나타난 예수 그리스도의 역사성을 집중적으로 연구하였다.

7. 결론

알렉산드리아 학파와 안티오키아 학파는 공통점과 차이점이 있는데, 이후 차이점이 강조되면서 각각의 주장이 서로 다른 결과를 낳게 되었다.

이 두 학파의 공통점은 이성과 학문을 통해서 초기 그리스도교가 보편 종교가 되는 데 영향을 주었다는 점이다. 초기 그리스도교의 빈약한 신학적 토대를 두 학파의 연구와 토론과 논쟁을 통해서 그리스도론 발전은 물론 그리스도교가 이성적 신앙, 신앙적 이성의 토대를 갖추는 데 많은 기여를 하였다.

차이점은 알렉산드리아 학파는 그리스도의 위격적 일치성을 주장했으나, 그리스도의 참 인성을 간과하는 경향(신성에 대한 지나친 강조)이 있다. '인성'이 '신성' 안에 있다는 것을 강조하고, 위로부터의 그리스도론을 강조한다. 이들의 그리스도론에서는 신성과 인성이 일치하지만, 신성 위주의 해석이 주를 이룬다.

안티오키아 학파는 그리스도의 참 인성과 그 인성의 가능성을 주장했으나, 그리스도의 위격적 일치성을 부인하는 경향이 있다. 예수는 완전한 인간이었고, 그의 인성은 혼합이 아니라 독립된 실체였다. 안티오키아 학파는 독립된 실체가 어떻게 일치를 이루는가에 대해서는 명확한 설명을 하지 못하였다. 그래서 자칫 양자론에 빠질 위험을 지니고 있다.

그리스도론 문제와 관련해서 그리스도의 신성에 중점을 둔 알렉산드리아 학파나 그리스도의 인성에 중점을 둔 안티오키아 학파나 그리스도교 신학 발전에 중요한 기여를 했다. 전자는 그리스도교 계시의 초자연적인 영역을 풍요롭게 이해시켜 주었고, 후자는 그리스도 인성에 대한 역사적 해석을 통해 그리스도 인성의 완전성을 이해시켜 주었다.

그러나 각 학파의 대조적인 경향이 네스토리우스와 치릴루스 사이의 논쟁의 발화점이 되었고, 이들은 에페소 공의회에서 격렬하게 논쟁을 벌였다. '테오토코스' 문제를 다룬 에페소 공의회에서는 알렉산드리아 학파의 주장이 승리했지만, 이후 알렉산드리아 학파에서는 단성론적 경향이 더 강해지는 결과를 낳게 되었고, 결국 단성론 문제를 다룬 칼케돈 공의회에서는 안티오키아 학파의 주장이 승리했다.

두 학파의 주장은 당시 철학적인 방식으로 신학을 이해하기 위한 과정에서 형성되고 발전된 것이었다. 하느님 계시와 그리스도의 육화 신비를 이해하기 위해서 수직적 차원과 수평적 차원의 접근, 위로부터 혹은 아래로부터의 그리스도론 전개, 그리고 신앙의 그리스도와 역사적 예수 문제 등 두 학파의 입장과 주장에 따른 신학적인 논쟁들은 현대 신학에서도 중요하게 다루어지고 있다.

제4장

서방교회의 삼위일체론-아우구스티누스의 삼위일체론

그림 2. 스쿠올라 델 루벤스, 삼위일체의 신비를 묵상하는 히포의 성 아우구스티누스, 18세기, 프라도미술관

그림 3. 산드로 보티첼리, 성 아우구스티누스, 1480, 오니산티성당

'하느님을 만나는 인간의 길' – 아우구스티누스의 신앙과 신학, 특히 삼위일체론을 요약한 말이다. 아우구스티누스 삼위일체론의 특징을 심리학적 삼위일체론 내지 인간학적 삼위일체론이라고 하는데, 이는 하느님을 이해하기 위한 인간 본성인 '영혼'을 통해서 하느님께 접근하기에 인간의 내면적 삼위일체론이라고 한다.

1. 아우구스티누스의 생애와 사상[58]

독일 철학자 칼 야스퍼스는 인류의 위대한 사상가들이 무수히 많지만, '근원에서 사유하는 철학자' 셋을 플라톤, 아우구스티누스, 칸트라고 했다.[59] 그리스의 가장 위대한 사상가가 플라톤이라면, 아우구스티누스가 가장 위대한 라틴 사상가라는 데에 아무도 이의를 달지는 않을 것이다. 그가 등장하기 전까지는 그리스 교부들이 그리스도교 철학과 신학을 주도해 왔으나, 아우구스티누스의 등장 이후엔 뒤로 물러났다.

아우렐리우스 아우구스티누스는(Aurelius Augustinus, 354–430)는 북아프리카 히포(Hippo)의 주교였고, 그리스도교의 위대한 학자이다. 북아프리카 타가스테(Tagaste) 출신으로서, 이교도였던 아버지 파트리키우스의 영향보다는, 모친 성녀 모니카(Monica)의 영향으로 그는

58 아우구스티누스의 생애와 사상에 대한 자세한 설명은 다음의 책을 참고. E. Gilson, 『아우구스티누스 사상의 이해』, 김태규 역, 성균관대학교출판부, 2010; 김규영, 『아우구스티누스 생애와 사상』, 형설출판사, 1980; A. Trafe, 『인간, 목자, 신비가 – 아우구스티누스』, 변종찬 역, 벽난로출판사, 2019.

59 A. Augustinus, 『신국론』, 성염 역, 분도출판사, 2004, 13쪽.

신앙의 분위기에서 성장하였고, 카르타고 대학교에서 수사학(修辭學, Rhetoric)을 공부했는데 이 당시 그리스도교를 떠나 정신적 방황을 하였다. 15년간 지속된 방탕생활에서 아데오다투스(Adeodatus)라는 아들을 얻게 되었다. 그는 키케로(Cicero)의 『호르텐시우스』(Hortensius)를 읽고 깊은 감명을 받았고, 이후 진리 탐구에 대한 열정을 키웠다고 한다. 또한 마니교를 통해 진리를 얻으려고 9년간이나 노력했으며, 마니교에 심취하였으나, 어머니 모니카의 많은 눈물과 기도로 돌아서게 되었다.

이후 밀라노의 한 정원을 거닐다가 "집어 읽으라!"(Tolle, lege)라는 어린아이의 노랫소리를 들은 후, 로마서 13장 13절–14절[60]을 읽고, 그리스도인이 되기로 결심하였다. 이후엔 특히 바오로 서간들에 감명을 받아서 회심을 결심하였고, 카시치아쿰(Cassiciacum)에서의 침잠 후 387년 부활 전야에 세례를 받았다. 그리고 밀라노에서 성 암브로시우스(St. Aurelius Ambrosius, c.340~397)와의 만남 이후 큰 영향을 받았다. 이 만남은 개인의 역사가 바뀌는 순간이자, 그리스도교의 역사가 바뀌는 순간이었다. 그리스도교 신앙에 대한 학문적 탐구를 시작하는 계기가 되었고, 본격적인 진리에 대한 탐구에 매진하게 되었다.

또한 아우구스티누스는 학문적 경향에 있어서 신플라톤주의(Neoplatonismus)의 영향도 많이 받았다. 신플라톤주의는 플라톤 철학을 재해석한 것으로서, 일자(一者, 하느님, 세상의 근원)로부터 세상이

60 "대낮에 행동하듯이, 품위 있게 살아갑시다. 흥청대는 술잔치와 만취, 음탕과 방탕, 다툼과 시기 속에 살지 맙시다. 그 대신에 주 예수 그리스도를 입으십시오. 그리고 욕망을 채우려고 육신을 돌보는 일을 하지 마십시오."

유출된다는 유출설(流出說, Emanationismus 또는 발출론)의 개념으로 그리스도교 원리들을 설명할 수 있는 장점이 있다. 하지만, 분명한 단점도 있는데, 우선 물질세계를 거부하고 모든 것을 정신적으로 이해하려고 했기에 예수의 육화를 부정적으로 인식할 수 있다는 점이다. 또한 성부는 제1의 신, 성자는 제2의 신으로 해석할 수 있는 여지를 제공할 수 있다.

아우구스티누스는 388년 타가스테에 일종의 수도원을 세우고 유명한 '아우구스티누스 수도규칙서'를 만들었다. 그는 391년 고향의 연로한 주교 발레리우스(Valerius)에게서 서품을 받고, 수도원 생활을 계속하였으며, 북아프리카 교회의 중요한 인물이 되었다. 결국 아우구스티누스는 395년 주교로 서품되었고, 이듬해 북아프리카 히포의 주교로 임명되었다. 그래서 '히포의 아우구스티누스'(Augustinus Hipponensis)가 되었다. 그리고 430년 8월 28일 76세의 일기로 히포에서 생을 마감하였다.

아우구스티누스의 생애는 진리와 밀접한 연관이 있고, 그래서 그의 삶을 진리를 향한 열정, 진리에 대한 열렬한 사랑이라고 할 수 있다. 그는 본질적으로 인간이 진리를 찾아내려는 사랑에 사로잡혀 있다고 규정하였다.[61] 그에게 진리는 삶 전체를 바쳐야 하는 것이었다. 그리고 아우구스티누스의 삶과 사상에서는 하느님 은총의 절대성이 강조되었다. 인간에게 주어진 자유로운 선택과 의지 이전에 하느님 은총에 대한 절대적 신뢰의 중요성이라는 그의 결론은 그가 걸어 온 신앙적이고 신

61 A. Augustinus, 『삼위일체론』, 성염 역, 분도출판사, 2005, 123쪽.(참고로 이 책의 본문에서 사용하는 『삼위일체론』 한글 번역본은 모두 이 책을 따른다.)

학적인 탐구의 결론이었고, 동시에 본인 삶의 경험에서 기인한 것이었다. 그리고 아우구스티누스는 그리스도교 진리에 대한 날카롭고 탁월한 이해를 통해서 교회와 성사, 성사적 은총 등의 문제와 관련된 교의를 발전시켰고, 그를 통해서 서방교회의 신학이 형성되고 오늘날까지 이르렀다. 특히 당대의 3가지 이단 즉, 마니교(Manichaeismus) 이단, 도나투스(Donatus) 이단, 펠라기우스(Pelagius) 이단 등과 논쟁하며 그리스도교 신앙의 정체성과 순수성을 지켜나갔다.

2. 대표 작품들과 신학적 특징

아우구스티누스는 수많은 작품들을 남겼는데, 그중에서 대표 작품으로는 『고백록』(告白錄, Confessiones), 『신국론』(神國論, De civitate Dei), 『삼위일체론』(三位一體論, De Trinitate) 등이 있다.

2.1. 『고백록』

『고백록』은 397년 전후에 저술된 책으로, 기본적으로 자신이 겪은 삶의 체험에 대해 하느님께 고백과 감사와 찬미하는 내용이지만, 아울러 신학적인 내용도 풍부하다. 제1부인 1권부터 9권은 사신의 삶과 회심에 관해서, 제2부인 10-13권에서는 인간학, 성경해석에 관하여 다

루고 있다.[62]

아우구스티누스는 제1부에서 15세까지의 어린 시절(1권), 청소년 시절과 학창 시절(2-3권), 밀라노에 갈 때까지의 교사 생활(4-5권)에 대해서 이야기하고 있고, 아울러 자신의 윤리적인 허약함(6권)과 신플라톤주의에 의해 발생된 지적인 문제들에 대한 언급(7권)과 자신의 완전하고 결정적인 회개에 관해서도 다루고 있고(8권), 그리고 새로운 삶 안에서 하느님 찬미(9권)에 대해 이야기하고 있다.

그리고 그는 제2부의 시작인 10권에서는 자신이 하느님을 사랑하고 있고, 그 하느님을 타인 안에서가 아니라 자신 안에서 발견하고 있음을 증명한다. 그러면서 하느님께 향하는 상승의 3단계를 묘사하고, 하느님을 너무도 늦게 발견한 기쁨과 행복을 노래하고 있다.

> "늦게야 님을 사랑했습니다. 이렇듯 오랜, 이렇듯 새로운 아름다움이시여,
> 늦게야 당신을 사랑했습니다. 내 안에 님이 계시거늘 나는 밖에서,
> 나 밖에서 님을 찾아 당신의 아리따운 피조물 속으로
> 더러운 몸을 쑤셔 넣었사오니! 님은 나와 같이 계시건만
> 나는 님과 같이 아니 있었나이다"
> (『고백록』 10. 27. 38, 최민순 역, 성바오로출판사, 1981, 243쪽).

그는 현재의 나약함과 수많은 유혹들, 그리고 유혹에 맞서는 그의 노력이 서술되고 있다. 그리고 10권의 마지막을 유일한 중개자이신 예수 그리스도를 찬미하며 끝맺고 있다. 그는 이 책의 마지막 3권(11-13권)에서 하느님의 영광을 이야기하기 위해서 창조에 대한 깊은 명상을

62 배승록, 『교부와 교회』, 대전가톨릭대학교출판부, 2005, 630~632쪽.

서술하고 있다.

2.2. 『신국론』[63]

『신국론』은 너무 방대해서 저술시기도 정확히 알려지지는 않았지만, 5세기 초에 쓰여진 아우구스티누스의 후기 저작으로 추정한다. 그가 『재론고』를 쓴 것은 426~427년인데, 이 책에서 『신국론』이 완결되었다고 소개하는 것으로 보아, 그 이전에 완결된 것으로 추정된다. 『신국론』은 총 22권으로 이루어졌으며, 1-10권은 호교론이고, 11-22권은 두 도성의 신학에 대해서, 즉 지상과 하느님 나라에 관하여 다루고 있다.

집필의 직접적인 동기는 410년 서고트족이 행한 로마시의 약탈에 있다. 당시 정치적인 중요성은 상실되었으나 신성불가침의 도시로 여겨지던 로마의 함락은 제국의 모든 시민들에게 대단한 충격을 주었다. 이에 민심의 밑바닥에 끈질기게 살아 있던 전통적 이교 신앙, 곧 모든 재앙은 신의 노여움이라는 고대 로마적인 신앙이 표면화되어 그 책임을 그리스도 교인들에게 돌리려는 시도가 있었다. 아우구스티누스는 정신적 지도자로서 이 위기에 대처하고자 하였고, 이 책은 이러한 요구에 대한 응답이다. 아우구스티누스는 그리스도인들을 대상으로 외교인들이 자행하는 부당한 공격과 이론에 응수하는 이론적 무기들을 제공함과 동시에 구원의 역사라는 인간의 역사 전체를 바라보는 안목을 제시해 주고자 하였다.

63 A. Augustinus, 『신국론』, 성염 역, 분도출판사, 2004, 15~20쪽.

【『신국론』 목차】[64]

제1부 (제1–10권)

제1–5권 (로마에 대한 비판)

– 제1권 시대의 재앙과 하느님의 섭리

– 제2권 그릇된 도덕을 낳은 다신 숭배

– 제3권 로마사의 비판적 회고

– 제4권 제국 성장에 아무것도 못 해 준 많은 신들

– 제5권 운세의 이치가 있는가 없는가

제6–10권 (이교도 철학에 대한 비판)

– 제6권 참 행복에 아무 도움도 못 되는 신들

– 제7권 신들에 관한 자연주의 해석과 참 행복

– 제8권 철학자들의 지혜에 비추어 견준 그리스도와 로마인 종교

– 제9권 그리스도와 철학자들의 가르침에 나타난 중개자의 역할

– 제10권 영원한 생명의 종교

제2부 (제11–22권)

제11–14권 (2개 나라의 기원)

– 제11권 하느님이 시간 속에 창조한 세계와 천사

– 제12권 천사와 인간 창조

– 제13권 영원한 생명의 복원인 인간의 구속

– 제14권 범죄 후 인간의 행태에서 나온 두 도성

제15–18권 (그들의 역사 또는 진보)

– 제15권 두 도성의 전개: 카인과 아벨부터 대홍수까지

64 A. Augustinus, 앞의 책.

– 제16권 하느님 도성의 초기사: 노아부터 다윗까지

– 제17권 예언자 시대의 하느님 도성

– 제18권 역사 진행 속의 두 도성 비교

제19–22권 (마땅히 누려야 할 운명들)

– 제19권 선의 목적은 하느님 안의 평화

– 제20권 최후심판에서 닥칠 일들

– 제21권 종말의 징벌

– 제22권 육신의 부활과 영원한 생명

2.3. 『삼위일체론』

아우구스티누스의 저작 가운데 학자들이 '하느님을 만나는 인간의 길'[65]이라 일컫는 삼부작이 있다. 즉 교부가 자기 인생의 여정에서 하느님을 만나던 길을 묘사한 『고백록』, 인류가 구세사(救世史)의 여정에서 하느님을 만나는 길을 정리한 『신국론』, 그리고 하느님의 계시를 통해 알게 된 삼위일체 신비에 관해서 인간이 자기 내면의 성찰을 통해 삼위일체 하느님의 모상을 발견하는 길을 분석한 『삼위일체론』이다.[66] 『삼위일체론』에 드러난 신학적 성찰은 다른 두 작품보다 더욱 깊이가 있다. 그래서 교부의 많은 신학 서적 중에서도 최고 작품 중에 하나로 꼽힌다.

『삼위일체론』은 420~428년경에 저술된 것으로, '인간은 하느님의 모상'(homo imago Dei)이라는 그리스도교 인간 개념을 통해 인간 영혼

65 E. Hill, *Saint Augustine, The Trinity*, Hyde Park, New York, 1991.

66 A. Augustinus, 『삼위일체론』, 성염 역, 분도출판사, 2015, 27쪽.

을 분석하여 거기에 새겨진 삼위일체의 자취를 발굴하는 과정을 엮은 책이다. 이 책은 제1-7권의 전반부, 제8-15권의 후반부로 나뉜다. 전반부는 성경에 근거한 삼위일체 신앙의 이론적 해설, 후반부는 인간 지성을 분석하여 당신 모상으로 그 지성을 창조하신 하느님의 삼위일체 구조를 추정해 가는 철학적 논변이다. 특히 후반부는 인간의 영혼에 관한 철학 일변도의 깊은 성찰과 분석을 담고 있어서 아우구스티누스의 '철학적 인간학'이라 불러도 손색이 없다.

2.4. 신학적 특징

아우구스티누스는 그리스도교 신학은 물론 서양 철학사에도 지대한 영향을 미쳐 '아우구스티누스주의'(Augustinismus)라는 말이 생길 정도로 그 중요성이 인정되었다. 그의 신학이 그리스도교 발전에 끼친 영향은 신약성경의 여러 서한들을 통해서 구원에 대한 교리를 정리한 바오로 사도에 버금가는 것으로 평가되고 있다. 아우구스티누스는 신앙과 지식의 관계에 대해 신앙이란, '이해를 추구하는 신앙'(fides quaerens intellectum)이라는 입장을 취하였다. 이러한 그의 입장은 신학과 철학, 그리고 신학과 일반 학문을 함께 연구하는 중세의 스콜라 학풍에 지대한 영향을 미쳤다.

아우구스티노는 신학을 신앙을 생기게 하고 양육하며 옹호하고 강하게 하는 학문이라고 생각했다. 즉, '이해하려면 믿어라'(crede ut intellegas)라는 유명한 말처럼 신앙의 올바른 이해를 위한 이성의 뒷받침을 강조했다. 물론 그는 이 책 『삼위일체론』 처음에 "이것이 나의 가톨릭 신앙이므로 바로 이것이 나의 신앙이다"(1.4.7.)라고 천명하고, 이성과 학문의 중요성을 여러 번 언급하는 중에도 "우리 오성에 밝혀지는 바가 아직 미진하더라도, 그 일로 강건한 신앙으로부터 멀어져서는 안 된다"(8.1.1.)라는 사실을 분명하게 밝히고 있다.

이 책에서 아우구스티누스는 이 책의 방법론에 대해서도 명확하게 밝힌다. "먼저 성경의 권위에 의거하여 과연 신앙이라는 것이 그런 것인지 입증해 내야 한다. 그리하여 그들로 하여금 더 이상 의심할 수 없는 무엇을 발견케 할 것이다"(1.2.4.). 그래서 이 책은 삼위일체에 관한 성경의 해설, 신앙의 합리성에 대한 논증, 이와 관련된 의문 해소 등의 3단계 작업으로 이루어진다.[67] 그래서 이 책『삼위일체론』의 전반부인 제1-7권은 성경에 근거한 삼위일체 신앙의 해설, 그리고 후반부는 인간 지성을 철저하게 분석하고 하느님의 신비를 사변적으로 추정하는 철학적 논증이 그려진다. 전반부가 삼위일체 신앙의 내용을 다룬다면, 후반부는 인간에게 발견되는 삼위일체의 유비를 다룬다고 할 수 있다. 하지만 아우구스티누스는 언제나 신학과 철학을 분리하지 않고, 성경의 내용과 철학의 유비, 신앙과 이해의 상호 관계를 유지한다.

"신앙은 찾고, 오성은 발견한다"
(fides quaerit, intellectus invenit)(15.2.2.)

아우구스티누스는 성경에 근거한 내용을, 이성과 철학의 도움을 받아서 그리스도교 신학으로 해석하는 탁월한 능력을 보여줬다. 특히, 신학 해석의 핵심 근거는 그리스도 중심적 신앙이자 신학이었다. '그리

67 A. Augustinus, 앞의 책, 35쪽.

스도 중심적'(Christozentrik) 신앙과 신학은 아우구스티누스의 특징이자 서방교회의 특징이기도 하고, 이후 수많은 그리스도교의 신학자들, 예를 들어 보나벤투라, 발타살, 과르디니, 라칭거 등의 신학에서도 이 특징이 두드러진다.[68]

3. 아우구스티노의 업적

아우구스티누스는 『삼위일체론』 저술을 통해서 동방교회 삼위일체 신학의 중요 개념을 재해석하고, 이를 토대로 자신만의 새로운 해석을 더함으로써 그리스도교 삼위일체론의 새로운 장을 열게 된다. 사실, 아우구스티누스 이전에 서방교회에서는 삼위일체 신학의 다양한 개념이나 내용들, 즉 'substantia'(숩스탄시아, 본체, 본질), 'persona'(페르소나,

표 6. 'hypostasis'와 'ousia' 개념 비교

hypostasis	ousia
동방의 세 위격 개념 (변하지 않은 것, 근본을 강조) ⇓ substantia	동방의 본질 개념 (더 본질적인 것, natura) ⇓ essentia
서방의 세 위격 개념 ⇓ 후에 persona로 표현 : 오해의 여지가 있지만, 가장 이해하기 쉬움	서방의 본질 개념으로 정립

68 조한규, 「보편적이고 구체적인 진리로서 역사적 예수: 교황 베네딕토 16세의 신학 안에서 그리스도교 본질 연구」, 『신학전망』 (194), 광주가톨릭대학교출판부, 2016, 33~69쪽.

위격), 'hypostasis'(휘포스타시스, 위격), 'essentia'(에쎈시아, 본질) 등의 의미 규정도 분명치 않았다.

동방교회 삼위일체론의 특징은 '하느님의 삼위는 서로 다르지만 같다'는 것을 강조한다. 즉 먼저 삼위의 차이점에 대해 주목하고 이후 동일성을 강조한다. 이에 비해 서방교회는 '하느님의 삼위는 서로 같지만 다르다'를 강조한다.[69]

1) 성부를 삼위일체 이해의 근거와 출발점으로 삼는 동방교회의 기존 구원경륜적인 삼위일체론과 달리, 아우구스티누스는 삼위일체 자체에서 출발하고자 하였다.

동방교회는 구원 역사에서 체험한 하느님을 기반으로 하느님의 삼위일체적 특성을 이해하였고, 그래서 구원경륜적 삼위일체론에 집중하였다. 그러다 보니 자연스럽게 성부의 위치와 역할이 강조되었다. 성부에 의한 성자와 성령의 의미와 역할이 이해되게 되고, 이런 배경 하에서 그리스도교의 핵심 근거라고 할 수 있는 성자 예수 그리스도의 비중이 상대적으로 약화될 수 있다. 그래서 아우구스티누스는 성경에 근거하여 삼위일체 하느님을 이해하는 중심으로서 성자 예수 그리스도를 강조하게 되었다. 아우구스티누스의 삼위일체 이해, 즉 그리스도 중심적인 이해는 이후 서방교회는 예수 그리스도로부터 삼위일체를 이해하게 된다. 동방교회의 신학과 달리 아우구스티누스는 구원의 역사를 통

69 B. Mondin, 『하느님은 사랑이십니다–삼위일체 신비에 관한 고찰』, 김관희 역, 인천가톨릭대학교출판부, 2013, 166~168쪽.

해 알게 된 삼위에 대한 탐구에 중점을 둔 것이 아니라, 하느님 자체의 본질, 즉 삼위일체의 내재적 측면에 집중하게 되었다.

표 7. 동방교회와 아우구스티누스 삼위일체론에 대한 접근 방식 비교

동방교회	아우구스티누스
구원경륜적 차원 → 내재적 차원	내재적 차원 → 구원경륜적 차원
: 역사를 통해 체험한 하느님을 우선 이해하고 이후 내재적 차원으로 접근	: 삼위의 동등함 & 그리스도 강조 하느님 자체, 하느님의 동일함에 중점
유대교와 그리스철학의 영향	
성부 중심적, 삼위일체 중심적	**그리스도 중심적 신학**
삼위의 복수성에서 시작하여 본성(natura)의 일치를 향해 감	하느님의 본성적 일치에서 시작하여 위격의 삼중성으로 나아감

이는 동방과 서방 두 교회의 삼위일체론은 거대한 공통 요소와 동시에 서로 다른 기본적 관점 차이를 전제한다. 따라서 공통점이 아닌 차이점을 강조했을 경우, 신학의 중심과 방향에 따라 강조점이 달라질 수 있다. 예를 들어, 동방교회의 성부 중심성에 따른 신학은 성자의 육화와 공생활 중에는 제2위격이 강조되고, 성령강림 이후에는 성부의 뜻이 주로 성령을 통해 전달되고 실현된다. 초세기에 수많은 이단들이 성부 중심성에 중점을 둔 이단 사상을 전개했던 것처럼, 성부에 대한 강조는 성자의 역할이나 의미에 대해서 약화된 해석을 가져올 수 있다. 바로 이 이유 때문에 아우구스티누스는 신약성경에 착안하여, 특히 바오로 사도의 그리스도 중심적인 신학에 근거하여 적극적이고 철저한 그리스도 중심적인 삼위일체 신학과 그리스도론을 전개하였다.

2) 각 위격들은 본질이 같다는 의미에서 하나

아우구스티누스는 위격 간 구분 원리를 ‘관계’ 개념에서 발견하였다. ‘관계’ 개념은 그리스도교 신학 안에서 중요한 개념으로, 특히 제2차 바티칸 공의회의 핵심 개념인 ‘친교’(communio) 신학과 깊은 관련을 맺는다.[70]

아우구스티누스의 관계개념은 ‘하느님과 인간의 관계는 인격성을 전제한다’는 친교적 관점에 중심을 두는데, 이는 성경에 근거해서 성부만의 독특한 정체성은 ‘부성’(父性, Paternitas)이라고 규정하고, 성자는 ‘친자성’(親子性, Filiatio)으로, 성령은 ‘주어진 선물’(donatio passiva)이라는 관계와 칭호를 통해서 삼위 하느님을 이해한다. 상호 관계적인 호칭을 통해서 실제적인 차이를 드러내며, 서로 바꿀 수 없는 관계이자 실존적인 관계를 형성하게 된다는 것이다.

삼위 하느님은 상호 관계적이고, 바로 이 삼위의 관계 차이 때문에 서로는 서로와 구분이 된다는 것이다. 삼위의 하느님은 그 자체로 실존적인 관계를 형성하고 있다. 성부, 성자, 성령 하느님의 세 위격은 그들이 각각 서로 다른 한 위격 내지 두 위격들과 관계를 형성한다는 의미에서 관계개념을 통해 이해할 수 있다고 한다.

70 이와 관련해서는 다음의 책을 참조. E. Dürssel, 「관계본질로서의 하느님과 인간 – 그리스도론에 기초한 요셉 라칭거의 신학적 그리고 인간학적 사고형태」, 임재혁 역, 「이성과 신앙」, 수원가톨릭대학교출판부, 2011, 155~175쪽.

3) 인간, 하느님의 모상

아우구스티누스는 하느님 인식의 근거를 하느님의 모상인 인간 영혼의 연구를 통해 마련하였다. 인간은 '하느님의 모상'(imago Dei), 즉 인간은 하느님과 닮은 점이 있다. 인간이 영적인 존재로서 하느님을 닮은 존재라는 것은 인간의 가장 본질적인 특징이다. 창세기 2장에는 인간 창조 과정이 묘사되고 있다. 하느님이 먼저 흙으로 인간의 모양을 빚으신 후, 당신의 숨, 즉 영을 불어 넣으셨다고 한다. 따라서 인간은 하느님의 숨, 혹은 영, 정신을 물려받았고, 인간은 하느님과의 공통적인 특성을 지니게 된다. 인간은 영을 지닌 존재이기에 '하느님의 모상'이라고 할 수 있는데, 인간의 영(혹은 정신, 이성)은 참된 것을 식별하여 사랑의 행위를 할 수 있게 작용한다고 아우구스티누스는 이해한다. 아우구스티누스는 인간이 하느님을 깨달을수록 하느님을 찾게 된다고 주장하는데, 그의 수많은 저술과 연구의 목적은 바로 인간의 본질인 '영혼'을 분석하고, 인간을 다시 하느님께로 향하게 하는 것이다.

4. 『삼위일체론』 집필 계기와 배경

1) 작품의 저술 동기와 관련하여 아우구스티누스는 교회의 '신경'(Credo)에 따라 삼위일체 신앙을 고백하며 다음의 세 가지 질문을 제기한다(1.5.8).

① 성부, 성자, 성령을 세 분 하느님이라고 할 수 있는지?

② 세 위격의 불가분한 활동이라면, 육화는 성자에게 어떤 의미인가?

③ 성자의 출생(generatio)과 성령의 발출(processio)은 어떤 차이인가?

2) 신앙과 이성의 조화 지향

아우구스티누스 신학의 가장 대표적인 특징 중 하나는 바로 신앙과 이성의 상호 관계이자 조화를 추구한다는 점이다. 물론 신학에 있어서 당연히 신앙이 중심이지만, 신앙을 올바르게 이해하기 위해서는 반드시 이성의 도움이 필요하다는 것이다. 신앙은 하느님을 사랑하는 것이고, 이성은 하느님을 아는 것이라고 할 수 있다. 하느님을 아는 지식보다 하느님을 사랑하는 것이 당연히 더 중요하지만, 올바르게 사랑하게 위해서 정확하게 알아야 한다는 것이 바로 신앙과 이성의 조화에 대한 아우구스티누스의 견해이다.

이성을 통해 계시를 이해하는 것이 하느님의 신비를 이해하는 그리스도교의 중요한 방법이자 태도이다. 이런 태도는 '이해하기 위해 믿는다'(Credo ut intelligam)라고 주장하는 아우구스티누스는 물론이고 이후 '이해를 추구하는 신앙'(Fides quaerens intellectum)에 대해 이야기한 안셀무스(Anselmus)와 토마스 아퀴나스에게도 이어지는 그리스도교 신학의 근본적 특징이다. 이성은 하느님을 올바르게 이해하기 위해 필요하다. 물론 이성보다는 신앙이 우선적이다. 하지만 두 가지 중의 한 가지를 선택해야 하는 것이 아니라, 두 가지는 상보 작용을 한다. 이성 없는 신앙, 신앙 없는 이성의 부당함과 불완전함을 극복하기 위해서,

그리스도교의 신학에서는 이성적인 신앙, 그리고 신앙적인 이성이 요구된다.

아우구스티누스는 또한 신앙을 지성으로 이해하려는 열성에 대해서 성경의 말씀에 근거해서 "거울을 통해 수수께끼로"(per speculum in aenigmate)[71]라는 표현을 여러 번 반복하였다. 이는 이성을 통한 접근의 중요성을 이야기하면서도, 동시에 인간 지성의 모든 노력은 신비의 경계에서 한계가 있음을 인정하는 것이다. 인간은 영혼 혹은 지성을 통해 하느님께 어느 정도 접근할 수 있지만, 계시 진리의 초월성은 신앙으로 받아들여야 하느님께 온전히 이를 수 있다는 것이다. 인간은 본질적으로 영혼의 도움을 통해서 초월을 추구할 수 있다. 그리고 또한 인간은 하느님의 선물인 이성의 도움을 통해서 삼위일체 신비에 어느 정도 접근할 수 있다. 하지만, 하느님에 대해서 모든 것을 온전하게 깨닫는 일은 인간에게 근본적으로 불가능한 일이다. 하느님은 초월적인 분이시고 피조물인 우리가 알 수 있는 것은 매우 제한적이기 때문이다. 단지 이성과 학문의 역할은 계시 진리를 받아들이고, 계시 진리가 인간에게 허용한 부분까지는 최대한 이끌어 줄 수 있다.

5. 『삼위일체론』의 구성과 특성

5.1. 구성

71 1코린 13,12("우리가 지금은 거울에 비친 모습처럼 어렴풋이 보지만…"); A. Augustinus, 『삼위일체론』, 성염 역, 분도출판사, 2015, 9.3.3.; 15.23.44.

『삼위일체론』은 제1–15권으로 구성되었다. 전반부인 제1–7권은 성경에 근거한 해설이고, 삼위일체 신앙의 내용에 대해 소개하고 있다. 후반부인 제8–15권은 사변적이고 철학적인 논증과 인간 지성에서 발견되는 삼위일체의 유비에 대해서 논술하고 있다.

【『삼위일체론』 목차】[72]

제1권 – 성경에 의거한 삼위일체

제2권 – 구약성경의 신현(神顯)과 신약성경에서 드러나는 삼위일체 위격들의 동등함

제3권 – 구약성경의 신현에서 천사들의 역할

제4권 – 파견받은 성자, 하느님과 인간의 결합

제5권 – 관계개념으로 아리우스파를 반박하다

제6권 – 삼위의 동등을 설명하는 성경 말씀

제7권 – 절대적 속성들의 단일성 및 호칭의 삼위성

제8권 – 신앙의 이해

제9권 – 지성, 인지 그리고 사랑

제10권 – 기억, 오성, 의지

제11권 – 외적 인간의 삼위성

제12권 – 지식과 지혜에 관하여

제13권 – 믿음은 지혜에 이르는 길

제14권 – 인간의 지성, 하느님의 모상

제15권 – 창조주의 모상대로 만들어진, 위대한 영혼

72 A. Augustinus, 앞의 책, 11~26쪽.

5.2. 특성

'삼위일체이신 한 분 하느님'(Trinitas quae est unus Deus)이라는 개념은 성삼위의 동등함과 신적 존재의 단일성을 논증하고자 아우구스티누스가 정의한 것이다. 여기서 특이한 점은 이 문장에서는 문법적으로 'Trinitas'가 주어이고, 'Deus'가 보어라는 점이다. 이것은 예수 그리스도가 하느님임을 강조하기 위해, 삼위가 처음부터 하느님임을 강조하기 위한 것이다. 삼위의 동일함을 먼저 언급하고 그 후 다름을 언급하려는 의도이다.

이 책에서 맨 처음(1–4권)다루는 주제는 성자와 성령의 '파견', 그리고 세 위격의 고유한 속성에 관한 문제이다. 여기서 '파견'(missiones)이 의미하는 것은 상호 간의 종속적 관계를 의미하지 않고, 사랑의 관계를 통해서 한 위격이 다른 위격으로부터 유래하는 기원의 차원일 뿐이라고 아우구스티누스는 설명하고 있다.[73] 그리고 파견이란 삼위가 존재하게 되는 시간의 차이를 의미하는 것이 아니라, 고유한 속성의 문제와 관련이 있다고 설명하고 있다. 즉 성부가 성자나 성령보다 먼저 존재하셨기에 성부가 파견하신 것이 아니라, 세 위격의 관계에 따른 것일 뿐이라는 것이다.

아우구스티누스는 성자의 파견을 인류 구원의 관점에서 해설한다. 하느님 말씀의 육화, 즉 성자의 강생을 파견으로 이해하고, 진리가 시간 속으로 현존한 것으로, 구원을 위한 신적 발현이라고 묘사한다. 그

73 B. Mondin, 『하느님은 사랑이십니다–삼위일체 신비에 관한 고찰』, 김관희 역, 인천가톨릭대학교출판부, 2013, 169~173쪽.

는 아버지가 아들을 파견한 이유는 인간 구원을 위한 계획이라고 분명히 하고 있다. 기원이 없으신 성부가 성자(진리)의 기원이시고, 동시에 성령(사랑)의 원천이라고 설명한다. 성자는 '태어났고 보냄 받은 분'(natus et missus)인데, 그러므로 구원 사업은 항상 성부의 뜻과 성자의 파견, 즉 순종과 겸손을 통해 이루어지는 것이다. 하느님의 구원 계획과 의지가 실현되기 위해서는 인간의 응답이 필요한 것이기에, 하느님의 뜻에 대한 성모님의 응답이나 십자가 사건에서 보여준 예수의 겸손과 순종도 같은 구조 속에서 이루어지는 것이라고 아우구스티누스는 강조한다. 그는 성자의 육화는 다름 아니라 죄인들을 구속(救贖, redemptio)하기 위함이라고 규정한다.

그는 성령의 파견 역시 구원론의 맥락에서 이해하고 있다. 성령은 성부와 성자 사이의 '선사', 즉 선물이고 '사랑'이며, 인간을 의화시키는 힘을 지닌다.

따라서 삼위일체의 모든 활동은 항상 불가분한 관계, 즉 언제나 함께하신다. 삼위 하느님이 지니신 '존재의 단일성'은 활동의 단일성 또한 내포하고 있는데, 하느님은 삼위이지만 같은 본질을 지니고 있기 때문이다. 존재의 단일함, 즉 성부, 성자, 성령이 하나이자 같은 실체를 지니고 있기에, 불가분의 관계 속에서 함께 활동하신다는 것이다. 여기서 삼위일체 하느님의 고유성과 동시에 다양성이 함께 존재하게 된다.

> "성부와 성자와 성령이 하나이자 똑같은 실체를 가지고
> 창조주 하느님이요 전능한 삼위일체로서 불가분하게 일하신다"
> (4.21.30)

6. 관계(relatio) 신학

6.1. 관계신학

'관계신학'은 아우구스티누스 신학의 매우 중요한 특징이자 그리스도교 신학의 중요한 특징 중의 하나이며, 특히 제2차 바티칸 공의회의 신학에도 깊은 영향을 주었다.[74]

아우구스티누스가 활동하기 이전에 이미 동방교회의 신학자들은 삼위일체 신학에 대해서 체계화하고 발전시켰다. 하지만, 동방교회 신학이 지닌 단점이나 한계는 유대교의 유일신 사상과 그리스 철학의 영향으로 성부 중심적인 특징이 강하게 작용한다는 것이다. 아우구스티누스는 이런 동방교회 삼위일체론의 한계를 극복하고, 또한 그 당시에도 여전히 영향을 주었던 아리우스(Arius)와 같은 이단을 극복하기 위해서, 어떻게 그리스도교의 가장 중요한 본질인 예수 그리스도를 부각시킬 수 있을지에 대해서 고심하였고, 결론적으로 그는 성경에서 포착한 '관계' 개념을 통해서 새로운 삼위일체 신학을 모색하였다. 성경에 이미 기록되어 있던 내용을 근거로 기존의 내용을 새롭게 해석한 것이기에, 아우구스티누스의 놀라운 통찰력이 단연 돋보이는 부분이다.

아우구스티누스는 성부, 성자, 성령이 모두 하느님이라면 왜 세 하느님이 아니고, 유일한 한 분 하느님인가에 관해서 묻는다. 이를

---

74 E. Dürssel, 「관계본질로서의 하느님과 인간 – 그리스도론에 기초한 요셉 라칭거의 신학적 그리고 인간학적 사고형태」, 임재혁 역, 「이성과 신앙」, 수원가톨릭대학교출판부, 2011, 155~175쪽.

해결하기 위해서 우선 양식론(樣式論, Modalismus)과 삼신론(三神論, Tritheismus)의 주장을 논박해야 했다. 양식론은 단원론(單元論, Monarchiasmus)에 근거한 유일신론으로 같은 한 분 하느님이 '양식'(modus)만 달리해서 다양한 모습으로 나타난다고 주장하는 것이다. 삼신론은 '신이 셋이다' 혹은 '예수는 제2의 신이다' 혹은 '성부와 성자는 동일본질이 아니다'를 주장하는 이단으로 아리우스와 아리우스류의 모든 이단들이 이에 속한다.

이 이단들을 물리치고 올바른 삼위이자 일체이신 하느님을 이해하기 위해서 그는 성부와 성자 사이의 부자(父子) '관계'를 적용했고, 그리고 성령은 '선물'(donum), '사랑'(amatus)이라는 성경 명칭에 착안하여 관계개념을 적용하였다.

하느님은 '존재 자체'(ipsum esse)이기 때문에 하느님에게는 모든 속성이 곧 존재이고, 실체(ousia)이다. 그런데, 본질이 같은 하느님이 어떻게 위격적으로 구분될 수 있는가 하는 문제는 여전히 남는다. 그래서 아우구스티누스는 이 문제를 이렇게 해석한다.[75]

① 하느님을 제외한 모든 것은 존재자이지만, 하느님은 존재 자체이다. 존재 자체는 하느님의 근본 속성이다.

② 성부와 성자는 본질(본체=실체)이 같지만 서로 관계에 따른 구별이 있다. 이 관계는 성경에서 근거한다. 성부와 성자는 다르지만, 다른 실체가 아니고, 이는 실체에 따른 구분이 아니고, 관계에 따른 구분일 뿐이다.

75 Augustinus, 『삼위일체론』, 성염 역, 분도출판사, 2015, 49~52쪽.

아우구스티누스의 관계개념 이후 삼위일체 관련 신학은 '관계' 개념에 근거하여 설명을 전개해갔다.

6.2. 성자와 성령의 발출

아우구스티누스는 성자와 성령의 발출에 대한 공통점과 차이점에 대해서도 논했다. 아우구스티누스는 우선 '성자의 출생'은 성경에 기록된 계시라는 점에 주목했다. 이것이 바로 성경에 근거한 성자만의 특별함이라는 것이다. "Homo incarnatus est!"(하느님에게서 나셨다)는 신경에서 고백하는 내용 중 성자에 관한 가장 강력하고 특별한 의미이며, 성부와 성자의 동일함, 동일본질을 주장할 수 있는 근거이다. 창조된 것은 하느님일 수 없고, 성자는 창조되지 않고 성부가 낳으신 유일한 존재이기에, '낳으심'은 성자의 신성에 대한 보증이 된다.

그리고 삼위일체론에 관한 기존의 신학적 정의에 따르면 신적인 위격들 간에 '관계'를 발생시키는 것은 '발출'(processio)이라고 표현한다. 성령의 '발출'과 관련해서, 동·서방 교회는 이미 성부, 성자, 성령이 한 하느님이라는 계시의 내용은 공통으로 전제하고, 각각 그 과정을 찾아갔다. 그리고 그 과정 속에서 미묘한 관점의 차이가 생겨났다.

"성경에 따르면 성령은 성부의 영만도 아니고
성자의 영만도 아니며 두 분의 영이다"
(nec Patris solius est, nec filius solius, sed amborum)(15.17.27).

"성부와 성자가 성령의 원리이며, 그러나 두 원리라고 하면 안 된다.

성부와 성자께서 한 분 하느님이시고 성령께 연관해서는 한 원리이시다"(5.14.15)

동방교부들이 성령의 발출을 '성부로부터 성자를 통한'(ex Patre per Filium) 발출로 본 반면, 아우구스티누스는 성령의 발출에 있어서 성부와 성자의 관계나 역할이 동등하다고 보았다(ex Patre Filioque). 즉 성부와 성자가 성령의 유일한 기원이라 주장한 것이다. 동시에 아우구스티누스는 성령은 성부로부터 '주로'(principaliter) 발한다는 말을 첨가한다. 모든 것이 성부로부터 유래하므로, 성자로부터 성령이 발하는 이것 역시 성부께서 주신 것이기 때문이다(15.17.29. 참조).

아우구스티누스는 성자의 발출은 성부로부터의 출생이고, 성령의 발출은 성부와 성자가 준 선물로 이해하는 입장이다.

표 8. 아우구스티누스의 성령 발출 이해

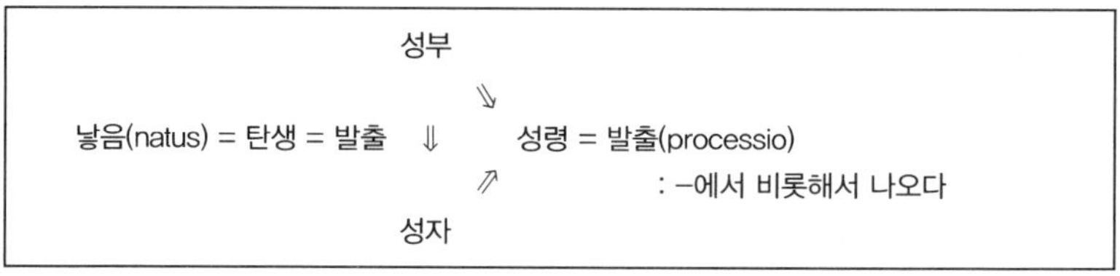

아우구스티누스는 삼위 하느님 사이의 관계 규정이 있어서 성부와 성자의 동일본질을 전제하면서, 성령의 발출에 있어서도 성부와 성자가 거의 동일하게 작용한다고 해석한다.

성자의 역할이 중요시되는 것은 아우구스티누스 신학의 가장 중요한 특징 중의 하나이자 서방 신학의 근본적 특징이다. 아들이 성령을 파견한다는 내용은 분명 성경에 근거한 것이고, 동시에 신학적으로도 동일본질 관계에서 발생하는 것이기에 충분한 근거를 가질 수 있다. 이러한 아우구스티누스와 서방교회의 주장은 성부의 의지에 더 많은 근거를 두고, 성부 중심적 신학을 전개해 나가는 동방 교회와 충돌을 빚었다. 이러한 주장은 결국 훗날 '필리오퀘(Filioque) 논쟁'으로 이어지는 단초가 되었다.

【참고 - 필리오퀘(Filioque, '아들에게서', '아들로부터') 논쟁】[76]

'filioque'라는 단어는 접미사 '-que'(-에게서/-로부터)가 포함되어, 즉 '성자에게서', '성자로부터', '성자와 함께' 등의 뜻으로 해석된다. 니케아-콘스탄티노폴리스 신경에는 원래 처음에는 'filioque'라는 용어가 삽입되지 않았다. 그리스어 신경 원본에는 '성령은 성부에게서 발하시고'라는 표현만 있었고, filioque라는 단어는 이후 라틴어 신경에만 첨가되었다. 서방교회는 580년 제3차 톨레도 공의회를 통하여 성부 종속주의 경향의 아리우스 이단을 경계하기 위해서 예수 그리스도에 대한 신학을 강조하고자 하였다. 이때 처음으로 '성령은 성부와 성자에게서 발하시고'(qui ex Patre filioque procedit)라는 표현이 삽입되었다. 'filioque'가 삽입된 신경은 스페인에서 먼저 사용되고, 9세기 이후는 많은 서유럽 국가에서 사용하였다. 이에 대해 동방교회는 성부 하느님의 고유성이 사라지고, 신경의 원래 내용이 훼손된다고 강력하게 우려를 제기하였다.

사실 이 논쟁을 정확하게 이해하기 위해서는 역사적 배경에 대한 이해가 선행되어야 한다. 교회 역사 안에서 예수 그리스도의 수위권은 베드로가 순교한 지역인 로마 주교에게 부여되었다. 그러다 동/서 로마 제국으로 나누어지고, 동방이 학문과 문화의 중심지가 되었으며, 로마의 총대주교와 콘스탄티노플 총대주교 사이에 갈등이 생겨나기도 했다. 특히 서로마 제국이 멸망하고 로마 교회가 상대적으로 약화되자 동방교회는 'filioque'

76 B. Mondin, 『하느님은 사랑이십니다-삼위일체 신비에 관한 고찰』, 김관희 역, 인천가톨릭대학교출판부, 2013, 184~188쪽.; 가톨릭대사전, 제12권, 9198~9201쪽; H. Jedin, 『세계공의회사』, 최석우 역, 분도출판사, 2005.

를 사용하는 라틴 전례를 금지하기까지 이르고, 1054년 상호 파문에 이르렀다. 1274년에 개최된 리옹 공의회에서는 'filioque'를 신경에 삽입하지는 않지만, 신앙교리로 인정하자는 합의를 이뤘다. 그러나 이 문제는 교회의 다른 정치적 사안들과 관련이 되었고, 결국 이 합의는 곧 깨지고 말았다.

동방교회가 신경에 'filioque' 삽입을 반대하는 이유는 다음과 같다.

1) 보편공의회에서 정한 것은 보편 공의회에서만 바꿀 수 있다. 즉 신경이 바뀌려면 보편 공의회와 같은 공식 절차가 필요하다는 것이다. 예를 들어, 리옹 지역 공의회의 의결은 통용될 수 없다는 입장이다.
2) 성령이 성부에게서 발한다는 것은 성경의 증언이다(요한 15장 26절 참조). 계시의 명확한 증거를 왜 무시하는가?
3) 만일 성삼위에서 성부와 성자 두 본질의 역할이 동일하게 여겨진다면, 정통 삼위일체론에 모순된다.

이에 대해 서방교회는 다음과 같은 입장을 전한다.

1) 성부와 성자는 사랑의 관계 안에서 일치되고 결합된다. 두 위격은 다른 것이 아니라, 항상 완전하게 일치되었다. 동방은 성부와 성자의 본질적 일치보다는 차이를 강조하는데, 차이를 강조하다 보면 오해가 생겨날 수밖에 없다.
2) 'filioque' 삽입은 삼위일체 신앙의 내용을 변경하는 것이 아니라, 성자의 역할을 강조하기 위해 재해석하는 것일 뿐이다.
3) 성자는 성부와 동일본질이다. 이것은 일점일획 틀리지 않은 신앙의 계시이고, 이에 대해서는 동방 교회도 인정한다. '성령이 발출한다'는 것은 제1차 니케아 공의회에서 합의된 내용인데, 성부와 성자의 관계 안에서 성령이 발출되었다는 것이 명시되지는 않았지만, 관계에 기인한 해석이 오히려 더욱 근본적이다.

'filioque' 논쟁 이후, 서방 교회는 성부와 성자의 관계 속에서 성자의 중심적 역할을 분명하게 강조하였다. 결국, 이 논쟁은 서방 교회가 성자 중심성 혹은 그리스도 중심성을 강조하는 계기가 되었다.

동방과 서방교회는 이 문제와 관련된 합의를 아직 이뤄지지 못했다. 중요한 점은 우선 서방교회와 동방교회가 각각 신학적으로 무엇을 주장하는지를 정확히 이해하는 것, 그리고 각각의 교회는 왜 그런 내용을 강조하고 있는지 정확하게 알아야 한다.

서방교회의 신앙과 신학 안에서는 그리스도 중심성이 강조된다. 서방교회는 자신의 기원과 근거를 그리스도의 교회, 즉 그리스도가 직접 설립하고, 그리스도의 현존이 분명하게 드러나는 교회에서 찾는다. 그리스도께서 베드로에게 맡긴 수위권이 베드로와 사도들의 후계자들에게 위임됐다고 여겨지는 서방교회에, 즉 로마를 통해서 전달되고 보존된다고 믿고 있다. 따라서 서방 교회는 자신의 정체성 이해에 있어서 그리스도 중심적 관점에서 신학을 전개한다. 서방교회에서 이러한 신학적 특성이 나타나게 된 원인은 서방교회가 하느님의 삼위일체적인 특성 중에서 '삼위'적 특성보다는 '일체'적 특성에 초점을 맞추기 때문이다. 즉 동일한 삼위의 하느님에게 초점을 두고, 삼위의 하느님 중에서도 참 하느님이시자 참 인간이셨던 예수 그리스도를 통해서 성부와 성령 하느님에 대한 이해는 물론, 인간과 세상에 대한 이해 역시 가능하다고 보기 때문이다. 예수 그리스도가 바로 하느님의 본질적 모상이고, 예수 그리스도를 통해 하느님의 모든 계시가 실현되고 완성된다고 믿기 때문이다. 아우구스티누스는 성경과 계시에 근거하여 그리스도교의 그리스도론적 특성에 주목하여 그의 신학과 삼위일체론을 전개하였다.

반면 동방교회는 성부 중심성에 근거하여, 동일본질에 따른 '일체'를 중점적으로 강조하기보다는, 하느님 '삼위'의 각각의 특성에 주목한다. 유대교의 유일신 사상과 그리스 철학의 일자 개념이 하느님을 이해하는 중요 기준이 되었고, 따라서 하느님에 대한 이해 기준은 물론 성자와 성령의 의미와 역할 역시 성부가 중심이 되어 해석되었다.

7. 한 존재, 세 위격

아우구스티누스는 삼위일체 하느님의 속성, 즉 한 존재, 세 위격의 관계와 관련하여 다음의 질문을 제시한다. 단일한 신성 안에(in una natura) 존속하는 셋(tria aliquae)을 어떻게 표현할 수 있는가?

아우구스티누스는 '실체'(substantia)보다는 '존재'(essentia) 개념을 더 선호하였는데, 그 개념이 비교적 하느님 명칭으로 적합하다고 생각했다. 실체(ousia)는 실제로, 참으로 존재하는 것 중에 가장 근본적인 것을 의미한다. 실체 혹은 존재라는 표현은 이 세상 모든 것 중에서도 모든 것의 근거가 되는 것, 모든 근거들의 근거를 지칭한다. 존재 혹은 '있음'은 가장 근본적인 것을 의미한다. sub-(-밑에 있는), stantia(바닥), 즉 근본 토대가 되는 것이 바로 'substantia'라는 개념이다.

적확한 개념을 찾기 위한 온갖 노력에도 불구하고 삼위일체 하느님의 신비를 표현하기에는 어떠한 표현도 여전히 언어적 한계를 지닐 수밖에 없다.

"하느님을 '실체'라고 일컫는 것은 적절하지 못하지만
하는 수 없이 그렇게 일컫는 것이고,
일상적으로 쓰이는 이 명사를 가지고
'존재'(essentia) 라는 것을 알아들으려는 노력일 뿐이다.
'존재' 야말로 참으로 또 고유하게 하느님을 언표하므로
하느님을 홀로 '존재'라고 언표되어야 마땅할 것이다"
(삼위일체론 5.2.3)

아우구스티누스는 'una essentia tres personae'(한 존재, 세 위격)라는 표현이 사벨리우스 이단이나 양식론처럼 보일 수도 있다고 판단하였는데, 이는 인간의 언어가 지닌 표현의 한계를 인정한 것이다. 유일한 하느님 본성 안에 성부, 성자, 성령으로 구분되는 위격들이 존재함은 신앙 계시의 분명한 가르침이다. 그래서 '세 위격'(tres personae)이라고 표현하였다.

8. 위격 개념

아우구스티누스는 삼위일체의 신비, 즉 삼위의 개별성과 고유성을 온전히 보존하며 표현할 수 있는 개념이나 단어는 어디에도 존재하지 않는다는 점을 분명히 인식했다. 그래서 위격 개념을 표현하기 위해서 라틴어 'persona'(페르소나)를 그리스어 'hypostasis'(휘포스타시스, ὑπόστασις)와 동의어로 간주하였는데, 이것은 'persona'라는 단어를 단지 상관적인 호칭으로 사용할 뿐이다. 이 또한 인간이 지닌 언어적 한계에서 하느님을 부를 수 있는 명칭일 뿐이다.

"'존재함'이 당신 자신과 연관한 언표라면 '위격'은 상관적으로 하는 언표이다. 그래서 우리가 성부와 성자와 성령을 세 위격이라고 언표할 때는 어느 세 친구, 세 친척, 세 이웃을 언표하는 것과 마찬가지로 '서로서로 연관하여' 부르는 것이지 각자가 자기 자신과 연관하여 부르는 말이 아니다"(7.6.11)

세 위격은 결코 '세 하느님'이라 부를 수 없고, '한 위격'이라고도 부를 수 없다.

"'성부 하느님'(Deus Pater), '성자 하느님'(Deus Filius),
'성령 하느님'(Deus Spiritus Sanctus) 이라고 부르지만,
'하느님'은 종적(종 명칭)이 아니고 Deus라는 고유명사이다"(7.6.11)

즉, 삼위일체 하느님을 언급할 때는 '같은 존재의 세 위격'이라고 해도 되고, '세 위격이면서 한 존재'라고 해도 되지만, '같은 존재에서 나온 세 위격'이라고 해서는 안 된다. 마치 한 어머니에게서 세 자녀가 나온 것과 같다고 설명하는 것은 아리우스 이단의 입장일 뿐이다. 그러므로 '세 위격이면서 한 하느님이다'만 가능하다.

제5장
아우구스티누스의 심리학적 삼위일체론 –인간지성에서 드러나는 삼위일체론

아우구스티누스의 『삼위일체론』 전반부는 구원 역사를 통한 삼위일체 하느님에 대한 성찰이다. 그리고 후반부는 인간 지성을 통한 삼위일체론에 대한 성찰이다.

하느님의 삼위일체적 특성에서 삼위는 '위격적인 구분'을 의미하고, '일체'는 동일한 본질을 의미하는데, 아우구스티누스는 삼위일체의 모상인 인간 안에서 삼위일체 하느님, 즉 '성부', '성자', '성령'의 특징이 모두 들어있다고 주장한다.

인간의 지성을 심리적, 내면적으로 관찰하고 분석하는 것이 아우구스티누스의 삼위일체론의 특징이다. 철학적, 신학적 탐구의 결과에 근거해서, 인간 지성은 하느님의 모상인 인간이 지닌 가장 깊은 본질이라는 것이다. 그의 주장에 따르면 인간의 지성 안에는 다름 아니라 '하느님에 대한 기억'(memoris Dei)이 담겨 있다고 한다.

그는 삼위 하느님 본성의 일치에 대한, 그리고 세 위격 구분에 대한 적합한 표현 방법을 인간 내면 안에서 발견하고자 하였다. 그래서 삼위일체 하느님의 모상인 인간, 특히 인간의 지성을 심리학적, 인식론적으로 관찰, 분석하는 작업을 하였다. 인간 지성에서 작용하는 '하느님 기억'(memoris Dei), '하느님 인식'(intellegentia Dei), '하느님 사랑'(amor Dei)에 대해서 파악하려 노력하였다. 인간은 하느님의 모상이므로, 인간 지성에는 하느님이 새겨져 있고, 따라서 하느님에 대해 배우기 전부터 인간은 선험적으로(a priori) 하느님을 알고 있다는 것이다.

기억은 인간 지성의 가장 기본적인 능력이며, 기억(성부)을 통해서 인식(성자)이 생겨나고, 기억과 인식을 통해 사랑(성령)이 발생한다는 것이다. 기억은 영혼 자체이자 실체이며, 생각들을 저장하는 창고이다. 하느님이 넣어주신 하느님에 대한 모든 선험적 기억이 담겨 있다. 인식은 무언가를 바라보고, 관찰하고, 알게 되는 것이다. 사랑은 참여하고 일치하고 싶은 욕구이다.

1. "인간, 하느님의 모상"(homo, imago Dei)

『삼위일체론』 후반부는 인간 지성의 기능과 작용을 관찰하고 분석하면서 '하느님의 얼굴을 찾는'(quaerere faciem Dei) 과정이다. '인간, 하느님의 모상'이라는 개념은 아우구스티누스 신학과 철학의 중요한 근거이자 종합이다. 이 개념은 성경에 근거한 내용이고,[77] 인간학적 근원과 완성에 대한 성경의 진술이고, 그의 신학이었다. 인간이 하느님의 모상으로 만들어졌다는 것은 '삼위일체이신 하느님'의 모상으로 창조되었다는 뜻이다. 인간은 "성부만의 모상도 아니고 성자만의 모상도 아니며 성령만의 모상도 아닌 삼위일체의 모상으로 인간은 창조되었다. (인간을) 성부와 성자와 성령께서 만드시고, 성부와 성자와 성령의 모상으로 만드"(7.6.12.)셨다는 것이다.

아우구스티누스에 따르면 인간에 대한 답은 하느님에게 있고, 하느님에 대한 답은 인간에게 있다. 그리고 그것을 정확하게 보여 주는 것이 '예수 그리스도'이다. 예수는 구원의 중개자 혹은 중재자이고,[78] 하

---

77 창세 1,26 – "하느님께서 말씀하셨다. '우리와 비슷하게 우리 모습으로 사람을 만들자. 그래서 그가 바다의 물고기와 하늘의 새와 집짐승과 온갖 들짐승과 땅을 기어 다니는 온갖 것을 다스리게 하자.'"

78 예수 그리스도에 관한 칭호 'Mediator'의 한글 번역을 '중개자'로 해야 할지 '중재자'로 해야 할지, 아니면 둘 다 가능할지에 대해서 의견이 분분하다. 한국천주교주교회의 산하 '용어위원회'는 이 라틴어 단어를 '중개자'(仲介者)가 적합하다고 하였다. – 〈"하느님과 사람 사이의 유일한 중개자도 한 분이시니 사람이신 그리스도 예수님이십니다"(1티모 2,5). "중재 기도"라는 단어가 널리 사용되면서 "중재자", "중개자"를 혼용하여 썼으나, 본디 뜻에 부합하는 "중개자"를 사용한다〉(참조 사이트 – http://www.cbck.or.kr/Glossary/Search?htype=9&page=9)
우리말에 '중개'라는 단어는 객관적인 제3자가 두 당사자 사이에서 일을 주선한다는 것을 의미한다. 예를 들어 부동산 '중개'업이 그러하다. 그리고 '중재'(仲裁)라는 단어의 의미는 분쟁에 끼어들어 쌍방을 화해시키는 것, 법률적으로도 제삼자가 분쟁 당사자 사이에 들어 분쟁을 조정하고 해결하는 일을 의미하고, 제삼자의 결정은 구속력을 가진다. 예를 들어, 언론 '중재'위원회가 그러한 역할을 한다. 하느님과 인간 사이에서 예수 그리스도의 본래적 역할은 중재인가 중개인가? 본인은 두 가지 개념이 다 맞고, 두 가지 개념 모두 다 맞아야만 한다고 생각한다. 구원의 역사 안에서 'Mediator'로서 예수 그리스도의 역할은 하느님과 인간 사이를 연결해 주는 역할이자 동시에 하느님이 직접 인간이 되신 분이다. 본 서에서 다루고 있는 삼위일체 하느님의 구원경륜적 차원을 고려한다면 '중개'가 보다 적합하겠지만, 동시에 내재적 삼위일체 하느님을 생각한다면 '중재' 역시 적합하고 합당한 신학적 규정이다. 만일 예수 그리스도 구원 임무와 관련해서 오직 '중개'

느님과 인간에 대한 해답이 되는 분이다. 예수 그리스도를 통한 하느님과 인간 이해는 그의 신학과 철학 전체의 근간이자 종합적 결론이다.

성경의 가르침, 그리스 철학 그리고 그리스도교 인간 이해에 근거해서 그는 원형=하느님, 모상=인간이라고 이해한다. '인간은 하느님의 모상이다'라는 이 짧은 문장에는 '인간', '하느님', '모상', '하느님의 모상', '인간은 하느님의 모상' 이라는 매우 많은 의미심장한 내용들이 담겨 있다.

먼저 성경을 근거로 설명할 수 있다. 하느님께서는 "우리 모습을 닮은 인간을 만들자"라고 말씀하시며 인간을 당신의 모습대로 만드셨다(창세 1,26–27 참고). 이 곧 하느님의 모상성(模像性) 혹은 하느님과의 유사성(類似性)에 대한 근거가 된다(집회 17,3; 지혜 2,23; 창세 5,1–3 참고). '모상', '원형'은 플라톤적인 철학, 그리스적인 철학에 근간을 둔다.

아우구스티누스는 일종의 '유비'(類比, analogia) 개념을 통해서, 두 대상 간의 공통점을 찾아서 그 공통점으로 두 대상 간의 다른 속성을 미루어 유추해 보았다. 하느님과 인간의 관계를 유추하면서, 인간의 선함을 통해 하느님의 완전한 선성을 유추해 볼 수 있다는 것이다. 그리고 하느님은 영적인 존재 혹은 완전한 영, 성령이시므로, 하느님의 모상인 인간은 하느님의 영적인 특성을 물려받았다고 유추할 수 있다. 즉, 인간은 하느님께로부터 영(=정신, 이성, 지성)을 전해 받았다. 따

개념만이 적합하다고 주장한다면, 이는 아리우스주의 내지 반(半)아리우스 이단이 주장한 내용과 정확히 들어맞는 내용이다. 그리스도교의 삼위일체론에 따르면 예수 그리스도는 '중개자'이자 '중재자'이시다.

라서 영적인 존재인 인간은 하느님으로부터 전해 받은 자유와 지성을 가지고 있기에 하느님을 향하고 하느님을 바라보고 하느님과 하나가 될 수 있다. 인간이 하느님의 모상이라는 특성이 중요한 것은, 이를 통해 '인간 영혼 안에 하느님의 현존이 있음'을 확신할 수 있고, 하느님과 인간 사이의 유사성을 말할 수 있기 때문이다.

그리스도교 인간학에서 인간이란 하느님과 유사함을 지니는 모상으로 창조되었다고 정의된다. 인간은 유사함의 흔적을 지닌 만큼 초월적인 하느님께 제한적으로 참여가 가능하다. 하느님의 모상은 인간의 내면 안에, 즉 이성혼(理性魂)에 각인되어 있다.

"인간이 하느님의 모습으로 만들어졌다는 것은 육체의 형상이 아니다.
이성적 지성에 따라서 만들어졌다는 것이다"(12.7.12.)

2. 삼위일체 하느님의 모상인 인간 이해

아우구스티누스는 하느님과의 관계를 통해서 인간을 이해하고자 하였기에, 영혼의 본질을 탐구하고, 감각적 지각에서 드러나는 삼위일체의 흔적을 발견하고자 했으며, 인간 내면에 깃든 삼위일체의 흔적과 지성의 삼위일체적인 작용 등에 대해서 연구하였다.

1) 영혼(=지성)의 본질 탐구

영혼(anima)은 생명의 원리이자 정신적 원리이다. "그때에 주 하느님께서 흙의 먼지로 사람을 빚으시고, 그 코에 생명의 숨을 불어넣으시니, 사람이 생명체가 되었다"(창세 2,7), "너는 흙에서 나왔으니 흙으로 돌아갈 때까지"(창세 3,19). 구약의 창세기와 요한복음 등에 나오는 성경의 가르침과 그리스 철학에서 이야기하는 인간 '영혼'에 관한 내용을 통해서 영혼이 바로 생명의 원리이자, 정신의 원리라는 근거를 발견할 수 있다.

인간 영혼의 주된 원리인 지성(mens)은 진리를 인식하고, 진리를 '완전히' 인식하려 노력한다.[79] 인간에게 '지성'이 주어진 목적은 세상 모든 것에 대한 이해 추구, 궁극적으로는 '진리'를 인식하는 것이다. '인간 지성이 하느님을 온전히 이해할 수 있는가'라는 물음에 대해 아우구스티누스는 긍정적으로 이해하였다. 다름 아니라 예수 그리스도가 바로 그 문제에 대한 근거이자 해답이다. 예수는 흠 없는 지성을 통해서 하느님을 완전히 인식할 수 있음을 보여주었다. 흠 없는 지성이란, 곧 죄 없음을 의미한다.

영혼은 본성상 자기인식과 자기반성의 능력이 있다. 자기인식이란 바로 자신이 하느님의 모상임을 아는 것이라고 한다.[80] 그리고 자기반

79 A. Augustinus, 『삼위일체론』, 성염 역, 분도출판사, 2015, 62쪽.

80 자기인식에서 아우구스티누스는 정신의 자기 현전(現前 presence)과 자기 확실성에서 자기 자신을 직접적으로 인식한다고 한다. 아우구스티누스는 '본질을 통하여' 자기 자신을 인식한다는 것이다. 『삼위일체론』 제10권 3장에서 아우구스티누스는 정신의 자체 인식을 설명하고 있다. 제3장의 처음 문구인 "자기 자신이 아직 알려지지 않는 동안, 정신이 자기 자신을 추구할 때 지성이 사랑하는 것은 무엇인가?"(10.3.5)라는 질문으로 시작하고 있다. 이 질문은 자기 자신을 알지 못한다고 전제한다면, 어떻게 인간은 알지 못하는 자기 자신을 알기 위하여 욕망할 수 있는가?라고 묻고 있는 것인데, 아우구스티누스에 따르면 "인식하지 않는다면 사랑할 수 있는 것은 아무것도 없기"(10.1.2) 때문이다. 그렇다면 정신이 자기 자신을 알기를 추구할 때 이미 자신을 알고 있다면, 왜 정신은 자기 자신을

성이란 자신이 하느님의 모상인데, 자기 멋대로 살았음을 뉘우치는 것이라고 한다.

오성(intellectus)은 인간 영혼의 상위 능력으로서 지성이 진리의 빛 속에서 자기를 인식하는 기능을 말한다. 인간이 듣고, 보고, 관찰하며, 즉 감각적 경험을 통해 알고 분석하는 것이 오성(인식, 이해, Verstand)이라면, 오성의 내용을 종합적으로 판단하는 것이 이성(=정신, 지성, Vernunft)이다. 오성은 영혼의 상위 능력이지만, 지성보다는 못한 것이다. 사실 이 개념에 대한 정확한 구분은 칸트 때에 와서 비로소 이루어졌다. 아우구스티누스에 따르면 오성적 인식을 지성이 영원한 사물을 관조하는 부분이라 이해하였다.[81] 인간은 지성의 작용을 통해 삼위일체

찾기 위해 애쓰는 것인가?(10.8.11) 아우구스티누스는 이에 대해 자기 인식의 목적이 자기 자신이 없는 것처럼 찾는 것이 아니라 현전하는 것, 이미 알려진 것으로서의 자기 자신을 자기가 아닌 다른 것들로부터 구별하는 것이라고 말한다(10.9.1). 우리는 정신이 자기 자신에 대한 기억, 직관, 그리고 의지 속에서 정신을 경험한다. 정신은 항상 자기 자신을 알고 의지하는 것으로 파악하기 때문에, 정신은 항상 자기를 기억하고 자기를 인식하고 사랑하는 것으로 파악된다. 비록 정신은 자기 자신이 아닌 것들과 자신을 항상 명확하게 구분되는 것으로 인식하지는 못하지만 말이다(10.12.19). 자기 자신에게 속하는 것과 속하지 않는 것을 구별해서 오류 없이 자기를 인식하기 위해서 아우구스티누스가 제시하는 기준은 '확실성'이다. 정신에게 속하는 것으로 간주되는 여러 속성 중에서 정신이 확실성을 갖고 자기에게 속한다고 판단하는 것만을 자기의 요소로서 간주해야만 한다는 것이다. 정신은 자기 자신에게 가장 직접적으로 현전해 있다. 그러므로 정신은 자기 자신에게 가장 확실성 있게 주어져 있는 것이다. 정신은 본질적 자기관계와 자기 확실성을 통해서 정신은 자기 자신을 인식하고 자기 아닌 것과 구별한다. "정신은 거짓되지 않고 참된 내적 현전에 의해서 자기 자신을 사유한다"(10.10.16) (이상섭, 「자기인식에 대한 아우구스티누스와 토마스 아퀴나스의 이론 비교」, 『범한철학』(45), 2007, 99~129쪽 참조.

81 아우구스티누스는 인간에게 새겨진 삼위일체는 지성의 자연 본성 전체에서 발견해 내야 하는데, 감각적 지각과 이성적 인식의 작용, 즉 시간적 사물들에 대한 지성의 활동이 있고, 오성적 인식의 작용, 즉 지성이 영원한 사물을 관조하는 부분이 있다고 규정하였다(A. Augustinus, 앞의 책, 64쪽 참조).

와 하느님의 모상을 알 수 있다는 것이다.

> "그러므로 지성의 자연본성 전체에서 삼위일체를 발견해 내야 하는데 삼위일체만 아니고 '하느님의 모상'까지도 발견되는 곳이 어디냐 하면 지성이 영원한 사물들을 관조하는 부분뿐이다"(12.4.4.)

2) 감각적 지각에서 드러나는 삼위일체의 흔적

『삼위일체론』 제11권 전반부에 아우구스티누스의 감각론이 전개된다. 아우구스티누스는 인간의 감각활동 안에서도 삼위일체의 흔적을 추구할 수 있다고 한다. 왜냐하면 인간의 감각은 지성의 역할이고 능력이기 때문이다. 그는 신체가 감각하는 것이 아니라 영혼이 신체를 통해 감각하는 것이라고 했다(12.24.51).[82] 눈, 코, 입이 감각하는 것이 아니라, 영혼이 눈, 코, 입을 통해 감각한다는 것이다. 지성이 감각적 사물을 감각 기관에 받아들이면 감각적 표상(spesies) 또는 형상(forma)을 갖는다는 것이다.[83] 그래서 감각을 분석하고 관찰함으로써 삼위일체의 흔적을 추구하고자 하였다. 인간은 감각을 통해 지각하고, 바라보게(관찰) 되고, 인식하게(판단, 해석)되고, 사랑하게 된다.

---

82 아우구스티누스는 인간에게 새겨진 삼위일체는 지성의 자연 본성 전체에서 발견해 내야 하는데, 감각적 지각과 이성적 인식의 작용, 즉 시간적 사물들에 대한 지성의 활동이 있고, 오성적 인식의 작용, 즉 지성이 영원한 사물을 관조하는 부분이 있다고 규정하였다(A. Augustinus, 앞의 책, 64쪽 참조).

83 아우구스티누스는 인식론에서 '형상'(forma)을 넷으로 구분하여 사용한다. 곧, 대상이 존재론적으로 갖추고 있는 형상, 그것이 감각하는 자의 감관에 남기는 형상, 기억에 각인되는 형상, 그리고 사유에 생성되는 형상이다(11.9.16.)(A. Augustinus, 앞의 책, 65쪽 참조).

인간의 감각적 지각에서 삼위일체의 흔적을 찾는다면, 지각되는 사물(res visa)에서 '성부'를 보고, 감관에 발생하는 형상(visio externa)에서 '성자'를 보며, 지성이 그 시각을 대상에 견지하는 지향(animi intentio)에서 성령을 보려고 노력할 것이다.[84] 첫째에서는 인간의 지각과는 무관하게 그 존재를 지속하는 것이고, 둘째는 대상과의 합치 여부에서 진리를 발생시키기 때문이며, 셋째는 대상을 향한 감각 주체의 움직임이 관심 있는 사랑에서 기인하기 때문이다.

3) 인간 내면에 깃든 삼위일체의 모상

『삼위일체론』 전반부에서 다뤄진 삼위일체론의 명제들은 '세 위격이 한 분 하느님이시다', '성부는 성자, 곧 말씀을 낳으셨다', '성부와 성자로부터 성령이 발하신다', '성자는 진리이고 오성의 활동과 연관 된다', '성령은 사랑이고 의지와 연결된다' 등이었고, 이 내용들은 계시된 진리라고 강조했다.[85] 만일 인간에게 이와 유사한 현상이 있다면, 인간이 삼위일체의 진리를 인간의 능력 안에서 합리적으로 이해하고 수긍할 수 있다는 것이 아우구스티누스의 전제였다. 아우구스티누스는 인간 지성을 통하여, 심리학적으로, 인간학적으로 혹은 인식론적으로 삼위일체를 인식할 수 있다고 한다. 그래서 그는 인간의 내면, 즉 오성으로 사유하는 인간 지성에서 삼위일체의 근사한 모상을 발견해 내고자 노력하였다.

84 A. Augustinus, 앞의 책, 66~67쪽.

85 A. Augustinus, 앞의 책, 67쪽.

그는 먼저 지성(mens), 인식(notitia), 사랑(amor) 더 구체적으로 기억(memoria), 오성(intellegentia), 의지(voluntas)의 삼위성을 설정한다. 그리고 지성의 차원에서 자기인식과 하느님 인식이 동시에 발생한다고 주장한다. 즉 지성이라는 주체가 셋이면서 한 사물이고, 한 실체이며, 한 생명을 이룬다는 점이 파악되고, 그것들이 완전할 경우는 셋이 동등하다고 결론지을 수 있다는 것이다.[86]

표 9. 지성의 작용과 삼위일체 비교

지성	기억	(성부)	⇒	기억
↓	↓	↓		
인식	인식	(성자)	⇒	오성
↓	↓	↓		
사랑	사랑	(성령)	⇒	의지

그는 지성(mens), 인식(notitia), 사랑(amor)을 기억(memoria), 오성(intellectus), 의지(voluntas) 등과 대비하여 설명하였다. 이 과정에서 지성에서는 자기 인식과 하느님 인식이 동시에 발생하는데, 이는 오성(=이성)과 의지가 지성의 본래 기능이기 때문이라는 것이다. 모든 인간은 영혼을 가지고 있으며, 따라서 지성을 활용하지만, 그것을 어떻게 얼마큼 사용하느냐는 사람마다 차이가 난다고 한다.

86 "그러니까 저 셋, 즉 지성이 자기를 인식하고 자기를 사랑할 때는, 삼일성(三一性)이 존재하니 지성, 사랑, 인식이 그것이다. 이것들은 어떤 혼합으로 섞이는 것이 결코 아니고, 자체들 안에는 각체(各體)로서 존재하면서도, 서로 간에는 전체(全體) 안에 전체로서(tota in totis) 존재한다"(9.5.8.)(A. Augustinus, 앞의 책, 68쪽 참조.).

4) 지성의 삼위일체

아우구스티누스는 지성이 자기를 인식할 때 먼저 지성과 지성의 자기인식, 이 둘을 구분한다. 그러면서 그는 지성이 자기를 인식하면 자기 사랑이 발생하기에, 지성, 인식, 사랑의 세 요소는 동시에 작용한다고 했다.

> "지성이 자기를 사랑할 경우에 '지성'과 '지성에 대한 사랑'이 어떻게 보면 둘인데, 마찬가지로 지성이 자체를 인식할 경우에는 '지성'과 '지성에 대한 인식'이 둘이다. 그처럼 지성과 사랑과 그에 대한 인식은 어떻게 보면 셋인데, 이 셋이 하나이고 또 그것들이 완전할 경우에는 동등하다"(9.4.4.)

하지만, 지성이 곧 자기 인식이 아니듯, 지성의 자기 사랑 자체가 지성은 아니고, 또 자기 인식도 아니다. 삼위 하느님이 동일한 본질이지만, 위격의 차이가 있듯이, 인간 지성 이 셋도 동일하게 작용하면서도 서로 구분이 된다. 지성이 인식을 발생시키므로 그 인식을 출생시킨다는 표현도 가능하고, 인식 대상이 지성 자체라면 지성의 인식은 지성과 동일하다. 그러므로 지성은 '성부'의 모상, 지성의 자기의식, 곧 개념을 발생시키는 현상은 '성부가 성자를 낳는' 출산을 상기시킨다. 지성의 자기 사랑은, 일단 자기 인식 후에, 인식된 지성 자체에서 사랑으로 발생한다. 이 사랑은 지성과 지성의 자기 인식에서 발생하며, 동시에 이 둘을 결합시킨다.

> "여기에는 삼위일체의 어떤 모상이 존재한다.
> 지성 자체, 지성의 인식, 제삼자인 사랑,
> 이 셋은 하나이고 단일한 실체이다"(9.12.18)

표 10. 지성과 인식과 사랑의 작용과 삼위일체

지성 = 성부	지성=성부
⇘	⇓
	지성에 의한 발출(출생)
	⇓
⇓ ⇒ 사랑=성령	인식=성자
	⇓
	두 의지의 작용
⇗	⇓
인식 = 성자	사랑=성령

성령의 특징에 대해서, 성령의 수동적 발출, 즉 성부와 성자가 있어야만 성령이 발출된다고 한다. 즉 성령은 스스로 나온 것이 아니라, 두 의지의 관계 안에서, 두 의지의 관계를 통해서 발출된다. 그리고 동시에 성령은 두 의지를 결합하는 근본적인 힘이다.

지성, 자기인식, 자기사랑의 셋 사이에는 실체적 단일성이 있는데, 이런 관찰을 통해 인간 지성 안에서 삼위일체 하느님의 모상을 발견할 수 있다. 지성은 자기를 기억, 인식, 사랑할 수 있고, 더 나아가 하느님을 기억, 인식, 사랑하며 인간은 삼위일체 하느님의 모상성을 자각한다.

하느님은 인간을 "성부와 성자와 성령께서 만드시고, 성부와 성자와 성령의 모상으로 만드신"(7.6.12) 것이다. 인간은 하느님을 간접적으로 바라보는 거울이다. 그리고 모상과 실재 사이엔 큰 차이가 존재한다. '하느님'과 '하느님의 모상'은 비슷하지만, 큰 차이가 있다. 따라서 아우구스티누스가 하느님의 모상성을 통해 인간과 하느님을 이해하는 것은 설득력이 있지만, 동시에 명확한 한계가 있다.

"삼위일체 모상에서 이 세 능력은 하나의 인간이 아니라 한 인간에게 보유되는 능력이다.

반면에 하느님 삼위일체에서는 이 세 실재는
한 분 하느님에게 속하는 것이 아니라
세 위격 자체이다"(15,22,42).

인간과 하느님을 똑같이 비교하고 이해할 수는 없다. 인간의 지성, 인식, 사랑은 한 가지 능력의 세 정신이다. 하지만, 삼위일체 하느님은 각각 구분되는 독립된 개별적 실체, 즉 위격이다.

> "사랑하면 알게 되고 알게 되면 보이나니, 그때 보이는 것은 전과 같지 않으리라"
> (知則爲眞愛 愛則爲眞看 看則畜之而非徒畜也
> 지즉위진애 애즉위진간 간즉축지이비도축야)
> – 조선 정조 때의 문장가 유한준이 남긴 명언을 토대로 유홍준 교수가 구절을 각색하여, 문화유산을 보는 자세에 대하여 설명한 것.

3. 삼위일체와 인간 영혼의 본질적 차이

1) 인간 이성은 삼위일체적 구조를 보여주지만, 이성이 인간 존재와 완전히 동일한 것이 아닌 반면, 삼위일체 안에는 하나의 신 본질, 동일한 본질이 존재한다. 인간은 영혼과 육체의 결합체로서, 인간의 본질은 영혼만으로 온전하게 설명되지 않는다. 인간은 영적인 존재인 반면, 하느님은 영 자체로서, 하나의 신 본질이 존재한다.

2) 인간의 기억, 지성, 의지는 서로 분리되어 움직이지만, 하느님 세 위격은 서로서로 내재되어 있고, 분리될 수 없다. 지성은 인식이 아

니지만, 성부와 성자는 동일본질이다. 기억→ 인식→ 사랑이고, 성부 → 성자→ 성령이다. 하지만, 기억≠인식≠사랑이지만, 성부=성자=성령이다. 기억에서 인식이 나오고, 기억과 인식을 통해 사랑이 발생되지만, 기억과 인식과 사랑은 동일하지 않다. 그러나 성부에서 나신 성자, 성부와 성자에게서 발한 성령은 동일한 본질이다.

3) 삼위일체의 구성은 위격이지만, 인간 영혼의 세 능력은 한 사람의 기능이다.[87] 위격(hypostasis)은 독립된 실체이며, 개별된 실체이지만, 한 실체 안에 포함된 각각의 기능이 아니다. 따라서 인간 영혼의 심리적 모상만으로 하느님 삼위일체를 모두 설명하는 것은 불가능하다. 그저 인간이 이해할 수 있는 방식으로 최대한 설명하고자 노력하는 것이다.

아우구스티누스가 제시한 인간학적, 심리학적 삼위일체론은 하느님과 인간의 공통점을 추론할 수 있고, 하느님의 모상성에서 출발하여, 인간이 이해할 수 있도록 비교적 쉽게 설명하는 장점이 있는 동시에, 하느님과 인간 사이에는 근본적인 차이점이 존재한다는 분명한 단점이 있다. 인간에게 주어진 이러한 장점을 극대화하고 단점을 극복하는 방법과 해법이 바로 예수 그리스도를 통한 하느님 이해, 인간 이해이다. 예수 그리스도는 하느님과 인간의 엄청난 간극을 일치시켜 주신다. 인간은 하느님의 모상이지만, 예수 그리스도는 하느님의 '본질적' 모상이시다. 그래서 예수 그리스도를 통해서 삼위일체론을 더 잘 이해할 수 있는 것이다.

87 B. Mondin, 『하느님은 사랑이십니다 - 삼위일체 신비에 관한 고찰』, 김관희 역, 인천가톨릭대학교출판부, 2013, 178쪽.

4. 그리스도, 삼위일체 신비에 접근하는 길

아우구스티누스는 이 책 『삼위일체론』에서 처음에는 성경의 내용에 근거해서 구원경륜적 삼위일체(trinitas oeconomia)에 대한 탐구에서 출발하여 이후 인간 내면에서 직관되는 삼위일체, 즉 내재적 삼위일체(trinitas immanens)를 탐구하였다. 기존의 삼위일체론이 동방교회의 성부 중심적 경향이 강했기에, 그리스도 중심적인 삼위일체론 이해를 위해서 내재적 차원의 삼위일체론을 분명하게 주장하기에 이르렀다. 이 책 제4권 전체와 제13권 대부분 내용이 그리스도론이고, 성자의 육화와 죽음과 부활이 인간에게 삼위일체 하느님의 모상을 복원하여 삼위일체의 관상이라는 지복직관으로 인간을 구원하는데 목적이 있다고 기술하고 있다. 성령에 의한 의화 역시 인간이 그리스도의 모상을 완성하고 삼위일체 하느님께 인간을 일치시키는데 의미가 있는 것이라고 주장한다. 이와 같이 아우구스티누스는 그리스도 중심적 사상을 강조하고 있고, 그리스도 중심적인 삼위일체론이 성경에 근거하는 것이라고 그는 분명히 강조하였다.[88] 사실 삼위일체에 관한 하느님의 신비는 이성적인 증명이 불가하기에, 아우구스티누스도 '믿음을 전제로 한 지성'(intellige ut credas)의 원리에 근거해서 설명하고자 했다. 믿음을 전제로 한다는 것은 신학이 계시를 전제로 함을 의미한다. 인간 이성으로 이해할 수 없는 부분이 반드시 생기겠지만, 인간은 그것을 초월, 즉 파스카해야 한다. 파스카는 하느님이 직접 알려주신, 하느님께 다가서는 방법

88 A. Augustinus, 『삼위일체론』, 성염 역, 분도출판사, 2015, 77쪽.

이다. 신비(Mysterium)는 인간의 이성으로 이해 불가능하다. 그러나 그리스도교 신비의 특징은 계시를 통해서 어렴풋하게라도 답이 주어졌다는 것이다. 하느님이라는 답에 이르는 과정은 완벽하게는 모르지만, 그분이 세상을 창조하셨고, 그분이 사랑이라는 것, 그 하느님이 삼위일체이시라는 것, 그리고 그리스도를 통해서 계시를 실현하고 완성하셨다는 신앙의 답이 이미 주어졌다. 하느님은 전지전능하시고, 우리를 사랑하시기에, 결국 올바르게 믿는 사람들은 구원받으리라는 것을 알고 있지만, 이 모든 내용과 과정을 온전히 이해하는 것은 쉽지 않다. 그래서 아우구스티누스는 '믿기 위해 이해한다'(intellige ut credas)라고 말하였다.

아우구스티누스는 하느님에 관한 삼위일체의 신비에 대해서 인간에서부터 출발하여 하느님의 신비에 도달하고자 하였다. 인간의 지성을 통해 하느님에 대한 신비로 접근하는 것은 인간 내면에 존재하는 지성을 통한 작업인데, 이것은 인간학적이고 심리학적인 방법에서 출발하여 하느님의 신비를 유비하는 것이다. 아우구스티누스의 고유하고 독특한 신학적 접근이다. 그리고 하느님의 신비를 이해하기 위해서 그가 제시한 가장 분명한 근거는 성자 예수 그리스도의 말씀과 행적, 그리고 그분이 지상에서 보여준 삶 전체가 하느님과 인간에 대한 신비에 대한 응답이고, 그중에서도 특히 그리스도의 육화, 죽음, 부활은 이 신비 전체에 대한 가장 깊은 해답이다. 예수 그리스도야 말로 아우구스티누스가 제시한 삼위일체론에 대한 출발점이자 핵심이자 결론이다.

1) 그리스도 중심적 삼위일체론

그리스도 중심적 신학 이해의 효시는 사도 바오로이다. 물론 요한 사도 역시 그러한 경향을 지녔다. 그리스도 중심적 신학과 신앙은 우선 성경과 역사에 근거해서 이해하는 것으로, 구약과 신약의 전체 구원의 역사는 예수 그리스도를 통해 수렴되고 있다. 그리스도가 보여주신 말씀과 행적, 특히 십자가 사건의 계시 등은 예수가 전한 구원의 기쁜 소식, 즉 복음의 핵심이자, 삼위일체의 가장 깊은 신비, 즉 하느님은 사랑이시라는 것을 이해하는 가장 중요한 기준이다.

아우구스티누스는 그리스도는 "하느님 때문에 그 전부가 하느님이라고 해야 하고 사람 때문에 그 전부가 사람이라고 해야 한다"(4.21.31.)라고 강조하며, 지성의 정화를 실제로 이뤄주는 분이 바로 그리스도이시라고 한다. 성자는 단일한 신성에 근거하여 성부와 동등하고, 인성을 취함으로써 우리와 동등한 분이므로 창조주와 피조물 사이의 엄청난 존재론적 간극에도 불구하고 하느님과 인간 사이에서 일치와 자유의 중개자가 된다는 것이다.[89] 그는 그리스도가 인류의 지성을 정화시키기 위하여 진리의 가르침만 내린 것이 아니고 십자가를 통한 겸손의 모범(exemplum humilitatis)이라고 이해한다(1.1.3.; 13.17.22. 참조). 아우구스티누스는 육화가 우리의 신앙을 정화해 주고, 육화는 그리스도의 부활에서 절정을 이루며, 영생과 하느님 관상에 대한 희망도 부활이 확신을 제공해 준다고 믿었다(13.8.11. 참조).

89 A. Augustinus, 앞의 책, 77~78쪽.

2) 사랑의 하느님상

그리스도를 통해 계시된 하느님의 가장 깊은 본질이다. “하느님은 사랑이시다.” 이 문장에서 ‘주어’는 하느님이고, ‘보어’는 사랑이다. ‘하느님은 사랑’이시지만, ‘사랑이 하느님’이라는 것에는 논의가 필요하다. 인간이 하느님을 기억, 인식, 사랑할 때, 인간은 ‘하느님의 완전한 모상’(imago perfecta dei)을 실현할 가능성 주어진다(14.12.15)고 했다. 하느님의 완전한 모상이신 예수 그리스도가 바로 인간 완성에 대한 답이다. 그리고 인간이 하느님께로 향하는 완전한 방법과 길은 하느님에 대한 ‘인식과 사랑’이다.

“영원한 생명이란 홀로 참 하느님이신 아버지를 알고
아버지께서 보내신 예수 그리스도를 아는 것입니다”(요한 17,3).

“그대가 사랑을 본다면 그대는 바로 삼위일체를 보는 것이다”(8,8,12).

“성령께서 사랑이 곧 하느님이라고 하므로 어느 정도 삼위일체가 밝히 드러났다.
곧 사랑하는 이, 사랑받는 대상, 그리고 사랑 자체가 드러났다”(15,6,10).

발터 카스퍼 역시 삼위일체 교의를 한 문장으로 축소한다면 ‘하느님은 사랑이십니다’라고 귀결된다고 주장했다.[90] 하느님의 전능은 본성상 사랑의 전능이기에, 삼위일체 하느님이 사랑이시라는 의미는 하느님의 자기 전달(Selbstmitteilung Gottes), 즉 하느님은 스스로 사랑을 줄

90 W. Kasper, 『예수 그리스도의 하느님』, 김관희 역, 수원가톨릭대학교출판부, 2015, 39~47쪽.

수도 있고 받을 수도 있다는 것이다. 삼위일체의 신비는 오로지 사랑의 본능을 이해할 때만 설명이 가능하다고 한다. 사랑은 하나가 된다는 것을 의미하지만, 동시에 각각의 정체성을 고스란히 유지하길 바라면서 일치가 실현되는 것이다. 사랑이란 타자의 다름을 인식하는 가운데 하나가 되는 것이다.[91] 삼위일체의 사랑은 각각의 다름을 전제한 일치이다. 아우구스티누스는 이러한 사랑의 역학 관계를 다음과 같이 표현했다.

"여기 사랑을 주는 이와 사랑을 받는 이, 그리고 사랑 자체,
이렇게 셋이 존재한다"(8.10.14.)

91 W. Kasper, 앞의 책, 41쪽.

제6장
현대 신학자의 삼위일체론

1. 한스 우르스 폰 발타살(H. U. v. Balthasar)의 삼위일체론

1.1. 발타살 신학의 특성 – 그리스도 중심성

스위스의 20세기 대표적 가톨릭 신학자인 한스 우르스 폰 발타살(Hans Urs von Balthasar, 1905~1988)[92]은 당대의 많은 신학자들이 신

92 1905년 8월 12일 스위스 루체른에서 태어난 발타살은 1928년 취리히에서 「현대 독일 문학 속에 나타난 종말론적 문제의 역사」라는 논문으로 독문학 박사학위를 취득하고, 1936년 예수회 사제로 서품되었다. 그에게 학문적 영향을 미친 사람은 심리분석가이자 중세철학의 대가인 루돌프 알러스(Rudolf Allers)와 키에르케고르 전문가인 로마노 과르디니(Romano Guardini), 존재 철학의 대가인 에릭 프르치바라(Erik Prywara, 1889~1972), 프랑스의 대표적 신학자 앙리 드 뤼박(Henri de Lubac, 1896~1991) 등이다. 그리고 그의 사상적 변화에 가장 큰 영향을 준 사람으로 스위스의 신학자이자 물리학자였던 아드리엔 폰 슈파이어(Adrienne von Speyr, 1902~1967)가 있다. 1944년에 신비가 아드리엔 폰 슈파이어와 함께 재속수도회인 '요한공동체'(Johannesgemeinschaft)를 창립하여 지도신

스콜라주의에서 탈피하여, 근대 이후의 철학자들, 칸트, 헤겔, 후설, 하이데거 등의 철학적 방법론을 통해 신학을 전개한 반면, 그는 초대 교부들의 신학과 중세의 신비주의, 그리고 특별히 그리스 철학과 문화와 예술의 지대한 영향을 받았다.

그래서 그는 '그리스도 사건'(Christusereignis)에 대한 신학적 주제들을 미학적으로 수용하고 해석하였다.[93] 그의 '신학적 미학'(theologische Ästhetik)은 그리스도교가 간직해왔던 '아름다움'(美)이라는 전망을 배제해온 전통적인 스콜라 신학의 방법론에서 벗어나, 인간의 지각능력과 감수성을 자신의 신학 안에서 회복하고자 시도하였다. 발타살의 '신학적 미학'은 근대적 의미에서 하느님 계시 진리의 객관적 명증성과 예수 그리스도를 통한 하느님의 육화 사건을 신빙성 있게 해명하고자 했던 숙고의 결과였다. 이러한 발타살 신학은 하느님과 인간 사이에 맺는 '존재의 유비'(Analogia entis)[94]와 더불어 신의 절대적 계시

부가 되고, 1947년에 요한출판사를 설립했으며, 1950년에 예수회를 퇴회하고, 1956년 쿠어(Chur) 교구에 입적했다. 1973년에 국제 신학 월간지 Communio를 공동 창간하고, 1988년에 요한 바오로 2세 교황으로부터 추기경직에 서임되었으나 수여식 사흘 전에 타계했다. 발타살은 엄청난 양의 저술을 남겼다. 평생 동안 119권의 단행본, 532편의 논문, 114편의 공동 집필서, 110권의 번역서를 남겼다("발타사르, 한스 우르스 폰", 『한국가톨릭대사전』 제5권, 한국가톨릭대사전편찬위원회(편), 한국교회사연구소, 2001,3191~3193쪽 참조).

93 발타살은 에릭 프시와라의 '존재의 유비', 칼 바르트(Karl Barth, 1886-1968)의 '그리스도 중심적 계시 사상', 아드리엔느 폰 스파이어와의 영적 대화, 앙리 뒤뤼박의 '신신학'(Nouvo-Theologia), 칼 라너의 초월신학에 대한 연구와 비판 등을 통하여 자신의 신학을 전개해 나갔다(송용민, 『신학, 이해를 찾는 신앙: 기초신학의 길잡이』, 인천가톨릭대학교출판부, 2012, 200~209쪽 참고).

94 발타살은 자신의 『삼부작』(Triologie)를 구성하기 위한 자신의 철학을 '형이상학'(meta-physica)이 아니라 '인이상학'(人而上學, meta-anthropologia)이라고 생각했다. 인간은 유한한 세계에 유한한 존재로 살고 있다. 그러나 인간의 이성은 무한에로, 모든 존재에로 열려 있다. 이 말은 인간의 수수께끼 같은 본성을 드러낸

사건에 대한 강조, 신의 계시를 직관하는 영적 체험과 이러한 체험들이 녹아 있는 초대 교부들의 영적 감각론에 대한 미학적 관심으로 둘러싸여 있다.[95]

발타살 신학은 그의 주저 『삼부작』(三部作, Triologie)안에 집약 되어있다. 『삼부작』은 총15권으로 구성되어 있는데, 제1부 『하느님의 영광』(Herrlichkeit. Eine theologische Ästhetik, 전7권, 1961~1969), 제2부 『하느님의 드라마』(Theodrammatik, 전5권, 1973~1983), 제3부 『하느님의 논리』(Theologik, 전3권, 1985~1987) 그리고 『후기』(Epilog, 1987)로 구성되어 있다.

전통 형이상학에서 하느님의 초월적이고 근본적인 특성을 진, 선, 미라고 규정하는데, 발타살은 이 근본적인 특성에서 착안하여 하느님의 속성을 설명하는데, 대신 진-선-미가 아니라, 미-선-진의 순서로 해석해 나갔다. 즉 『하느님의 영광』은 미(美)의 측면에서, 『하느님의 드라마』는 선(善)의 측면에서, 그리고 『하느님의 논리』는 진(眞)의 측면에

다. 인간은 존재한다. 그러나 그 자신이 존재의 근거를 자신 안에 지니고 있지 않다는 것은 인간 존재의 유한함 및 우연함에서 오는 체험적 진리다. 만일 인간에게 자신이 유한한 존재이며 이성은 무한에로 열려 있다는 사실에 대한 자각이 없다면, 우리는 존재하는 모든 것에 대한 기원과 운명에 대하여 물을 수가 없을 것이다. 발타살은 성 토마스가 실재적 구별(distinctio realis)이라고 부른 존재와 본질 사이의 구별, 즉 존재는 제한되어 있으나, 본질은 제한되어 있지 않다는 사실을 모든 철학적, 신학적 사색의 원천으로 본다. 철학은 절대 존재에 인격을 부여하든 그렇지 않든 절대 존재의 문제를 제시한다. 발타살은 오직 자신을 통해 자기 자신을 계시하는 존재 자체에 의해서만 그 답이 주어질 수 있다고 보았다. 즉, 우리가 체험하는 생성은 오직 절대적인 존재에 의해서만 존재 안으로 들어올 수 있다는 것이다. 우연적인 것은 절대 존재의 자유로운 선택의 결과다. 그러므로 '창조' 이외에 다른 가능성은 있을 수 없다(김산춘, 『발타살의 신학적 미학, 감각과 초월』, 분도출판사, 2003, 81~82쪽 참조).

95 송용민, 앞의 책, 221쪽.

서 각각 그리스도교 계시를 해석하였다.

그는 먼저 '미'에서 출발하는데, 하느님께서 자신을 드러내는 계시를 중점적으로 다룬 제1부『하느님의 영광』에서는 세상의 미와 하느님의 영광 사이의 차이와 관계를 논한다. 그리고 그는 '선'을 다루는데, 하느님께서는 당신의 계시 안에서 당신 자신을 내어주고, 그 내어주는 행위는 선하기 때문이다.[96]

96 발타살의『삼부작』중 제1부『하느님의 영광』은 하느님의 자기 계시가 지닌 아름다움을 직관하기 위하여 감각의 변모와 고양을 강조한다. 여기서 '하느님에 대해서 우리는 무엇을 알 수 있는가'가 아니라 '우리는 하느님을 어떻게 느낄 수 있는가'란 신학적 질문이 중요하다. 인간이 체험하는 하느님의 계시는 자체로 아름다움과 영광을 지닌 '형상'(形狀, Gestalt)이며, 이 '형상'은 세상 안에서 하느님의 현현 자체를 의미하는 모든 개별자들의 지각의 원천이기도 하다. 여기서 말하는 '형상'이란 전체성을 말하는 것인데, 한 형상을 이루고 있는 조화는 그것의 구성요소들 가운데 어느 한 부분으로 환원될 수 없는 법이다. 이 전체성은 삶의 현실을 가꾸는 데 매우 중요한 것으로서 발타살은 이를 괴테의 철학적 기반으로부터 습득할 수 있었다. 그리스도교는 예수 그리스도 안에서 드러난 신적 계시의 형상 안에서 계시의 완전함과 아름다움을 지각한다. 발타살은『하느님의 영광』을 통해 명성을 얻었다. '영광'이란 다름 아닌 하느님의 거룩한 본질이 '광범위하게 빛나는 것'이다. 그러므로 만약 어떤 이가 이 하느님의 빛을 접한다면 그는 그 경이로움에 이끌릴 뿐만 아니라 나아가 그분을 경배하기에 이른다. 교회에 대한 비판과 신학적 방법론에 대한 회의 및 지속적인 개혁들이 이루어지던 시대에, 발타살은 그 반대급부로서 예수 그리스도에 내재된 하느님의 빛나는 모습에 매료될 것을 제시했던 것이다. 플라톤과 아리스토텔레스에게 철학은 경이로움에서부터 시작한다. 경이로움은 아름다움이 이루고 있는 조화에 직면할 때 일어나는 현상이다. 비슷한 현상이 하느님 체험에도 적용된다. 인간에게 자신을 내보이는 거룩한 존재에게 매료되는 것이 바로 하느님께 이르는 길의 시작인 것이다. 하느님은 인간에게 당신을 사랑으로 드러내신다(1요한 4,8). 하느님의 사랑은 인간의 마음에 빛과 같이 전해지며, 이는 암흑을 밝히고 예수 그리스도를 통해 하느님의 영광으로 나타난다. 부모님의 미소가 아기에게 사랑을 전하듯, 예수 그리스도를 통해 하느님의 사랑이 우리에게 전해진다. 우리는 모두 하느님의 모상대로 창조된 창조물이고 사랑의 씨앗이 우리 안에 잠재되어 있다. 아기가 사랑받기 전에는 그 사랑을 직감할 수 없듯이 우리에게도 무상으로 주어지는 은총의 선물 없이는 하느님을 알 수 없다. 이것이 바로 발타살이 아기에 대한 엄마의 미소를 비유로 든 논리이다. 발타살은 철학적이고 신학적인 고찰의 출발점을 '너'에 대한 인간의 원초적인 체험으로 삼는다. 이 체험은 어린 아기일 때 처음으로 정신 안에서 경험되는 것으로서, 엄마의 미소에 대한 자기 인식이 되어지는 '너'

제2부 『하느님의 드라마』는 ‘하느님의 자기전달’(Selbstmitteilung Gottes)을 중점적으로 다룬다. 하느님의 절대적 자유와 인간의 유한한 자유 사이의 관계를 중점적으로 다루고 있다.

마지막 주제는 ‘진’인데, 하느님께서는 당신 자신을 내어주시고 말씀하셨으며, 하느님의 말씀은 언제나 참되다는 것이다.[97] 제3부 『하느

에 대한 체험이다. 발타살은 이를 엄마의 사랑스런 미소를 바라보는 아기의 모습에 비유한다. 엄마는 먼저 아기에게 자신을 드러내 보인다. 그 모습은 아름답다(미). 그리고 그 나타남 안에서 자신을 내어준다. 그 행위는 선하다(선). 그리고 자신을 내어주면서 말한다. 그래서 그 말은 참되다(진). 아기와 엄마는 사랑 안에서 하나이다. 존재는 하나이며, 진(Verum), 선(Bonum), 미(Pulchrum)임을 아기는 엄마 품속에서 지각한다. 즉, 신학적 미학이란, 완전히 자유로우신 하느님의 선물인 사랑이라는 영광을 신앙 안에서 지각하는 것이다(송용민, 앞의 책, 221쪽; W. Kasper, 『예수그리스도의 하느님』, 김관희 역, 수원가톨릭대학교출판부, 2015, 267쪽; 김산춘, 『발타살의 신학적 미학, 감각과 초월』, 분도출판사, 2003, 81~84쪽. H. U. v. Balthasar, *Glaubhaftistnur Liebe, ed. Alexander Dru, Love Alone: The Way of Revelation*, Sheed and Ward(London), 1977, pp.61~62).

97 발타살의 『삼부작』 중 제2부 『하느님의 드라마』에서는 신적 계시의 중심인 예수 그리스도 사건에 대한 통찰을 통해, 신학의 참된 과제는 하느님의 말씀과 약속에 대한 신뢰로서의 신앙을 지니고 하느님의 육화 사건을 그리스도 안에서 이루어진 새 창조라는 관점에서 재해석하는 것임을 강조한다. 신학이란 신의 부르심과 인간의 응답을 이루어내는 자유 사이의 상호작용의 드라마이며, 이 드라마는 허위나 과장이 아닌 현실에 대한 극적 연출을 이끌어내는 감동적인 사건임이 드러난다. 그에게 그리스도 사건은 인간 현존재의 모든 극적인 사건들의 표준이라고 고백한다. 발타살은 그리스도교를 그리스도교로 표명할 수 있는 것은 오직 ‘사랑’ 밖에 없다고 주장한다. 발타살은 하느님 사랑의 완전한 계시를 십자가 사건 안에서 규명하고, 그리스도교 신앙의 핵심이 사랑이라는 것을 제시하는데, 그는 십자가 위에서 드러난 하느님의 아름다움, 선하심, 진리에 대한 치밀하고 정교하고 끈기 있는 위대한 성찰을 『삼부작』을 통해 그려낸다. 하느님의 사랑은 그 자체로는 볼 수 없는 하느님의 모습을 예수 그리스도를 통해 우리에게 보여준다. 하느님의 사랑 자체가 예수 그리스도 안에서 하나의 ‘모습, 형상’(Gestalt)을 취하게 되었고, 이처럼 그리스도 중심성에 기초하여 드러나는 하느님의 사랑의 ‘형상’은 바로 하느님의 ‘영광’임을 말한다. 그리스도의 십자가 사건에서 이루어진 하느님의 지고한 포기는 바로 그분의 영광을 드러내는 것인데, 이런 하느님 사랑의 ‘형상’은 고정된 현상이 아니라 인간을 향한 하나의 진행적 사건으로서 작용한다. 바로 이것이 인간과 함께하는 ‘하느님의 드라마’이다(장홍훈, 「삼위일체 하느님의 사랑: 사랑의 유비: 발타살 신학의 정점」, 『신학전망』(179), 광주

님의 논리』는 유한한 인간의 언어가 어떻게 하느님 말씀의 무한한 의미를 파악하는지를 살핀다.[98]

발타살의 『삼부작』 안에서 우리는 그의 사상의 근간이 되는 세 발전 단계를 접할 수 있다. 우선 하느님께서는 당신 자신을 인간에게 드러내시고(미), 그분은 당신 자신을 우리에게 선사하시며(선), 이를 통해 당신 자신을 계시하신다(진). 그리고 언제나 그 중심엔 예수 그리스도의 '형상'(形狀)이 자리한다. 그리스도 안에서 펼쳐진 '하느님의 영광'(Herrlichkeit)에 대해 인간들은 경이로움으로, 그분의 선성에 대해서는 감사로 그리고 진리에 대해서는 신앙으로 화답한다.[99] 예수 그리스도는 육화와 십자가를 통하여 '보편적 구체성'(Universale Concretum)으로 하느님의 사랑을 드러낸다. 십자가에서 그리스도의 죽음과 지옥으로 내

가톨릭대학교출판부, 2012, 2~38쪽.).

98 발타살의 『삼부작』 중 제3부 『하느님의 논리』에서는 그리스도교의 계시사건의 역설적인 측면을 해명한다. 발타살 신학의 중심에는 십자가 사건이 자리하고, 십자가 신학은 그의 신학 전체의 바탕이자 핵심으로 주제화되고 심화되며 지속적으로 등장한다. 즉 그리스도의 십자가상에서 이룬 자기 비움, 즉 자기 자신을 십자가에서 완전히 비우신 삼위일체 하느님의 자기계시 그 자체에 대한 감동과 경탄이 신학의 기초 원리로 이해할 때 신학의 참된 의미가 드러난다고 말한다. 동시에 그리스도 신앙은 자신을 변화시킬 수 있는 하느님의 말씀의 힘에 철저하게 순명한 마리아적 영성을 사는 것이고, 하느님의 은총에 대한 창조적 응답이라고 강조한다. 이처럼 '하느님의 드라마'인 사랑은 또한 진리로서 드러나는데, 발타살은 이를 가리켜 '하느님의 논리'라고 부른다. 인간 정신이 로고스의 논리를 어떻게 이해할 수 있는가라는 물음에 발타살은 예수께서는 교회에 진리의 영을 보내셨으므로 교회가 진리를 가르치고 해석한다고 말한다. 교회 안에 성령이 머무시어 예수 그리스도를 증언하고, 가르친다. 그러므로 교회는 영의 활동 안에서 그리스도를 선포하며, 영을 통하여 예수 그리스도를 증언한다(W. Kasper, 앞의 책, 102쪽; 송용민, 앞의 책, 221쪽; A. Scola, *Hans Urs von Balthasar: A Theological Style*, ed. Wm. B. Eerdmans, T&T Clark, 1995, pp.43~44).

99 M. Hauke, 「오리게네스의 발자취를 따라서 -한스 우르스 폰 발타살의 위대함과 한계」, 이영덕 역, 『신학전망』(176), 광주가톨릭대학교출판부, 2012, 198~215쪽.

려가심을 통하여 죽음의 처지에 있는 모든 인간을 구원하기 때문이다. 그러므로 지옥에까지 추락한 그리스도의 사랑은 바로 하느님의 영광이며 장엄함 자체이다. 이렇게 예수 그리스도를 통하여 삼위일체 하느님에 대해서 계시되고 실현된다.

그리고 예수 그리스도를 통하여 구원경륜적 삼위일체가 밝게 드러나지만, 언제나 내재적 삼위일체가 우선한다. 십자가에서 '하느님 아님'의 체험은 어떠한 위격도 자신을 위해 신성을 유지하지 않고 오히려 신성을 포기하는 하느님의 '원천적 자기 비움'(Ur–kenosis)에 기반을 두기 때문이다. 성자의 출산과 세상의 창조를 자기 비움을 통하여 설명할 수 있는 가능성이 나타난다. 하느님의 본질은 자기 비움을 통하여 타자를 향한 자기개방, 곧 사랑이라는 것을 알 수 있다.[100]

발타살의 신학은 무엇보다도 '그리스도 중심적'(Christozentrisch)이다.[101] 이는 구원경륜적 계시의 절정과 완성이 바로 예수 그리스도라는 증언이다.[102] 미, 선, 진으로 이어지는 발타살의 신학적 방법론은 그리스도에게로 집중되고, 그리스도가 언제나 모든 계시의 중심이다. 따라서 그리스도가 모든 시대, 모든 인간 구원의 중재자가 되며, 창조부터 종말까지 모든 역사는 그리스도를 중심으로 하는 구원의 역사가 된다.[103] 발타살은 그리스도에 대한 집중으로 창조 안에서 그리스도

---

100 윤정현, 『그리스도교 신앙의 핵심–사랑: 칼 라너의 그리스도론에 대한 발타살의 물음 – H. U. v. Balthasar의 신학사상을 중심으로』, 석사학위논문, 부산가톨릭대학교 대학원, 2004, 17쪽.

101 H. U. v. Balthasar, *Mysterium Paschale*, Aidan Nichols OP(trans.), San Francisco, 2005, pp.4~5.

102 W. Kasper, 앞의 책, 304쪽.

103 발타살은 바젤에서 자신의 생애에 지속적으로 영향을 준 칼 바르트(Karl Barth,

의 위치, 강생의 의미, 삼위일체의 계시와 그리스도의 선재성 등을 주장했다. 발타살에게 그리스도교 신앙의 근본적인 특성은 신앙의 이성적 특성 뿐 아니라 철저하고도 극단적인 그리스도 중심적 신학(radikale christozentrische Theologie)이다. 아우구스티누스와 보나벤투라 그리고 라칭거와 과르디니의 신학처럼, 발타살은 그리스도론 뿐 아니라 그의 신학 전체를 철저하게 그리스도 중심적으로 논증해 나가고 있다.[104]

발타살에 의하면 그리스도교의 아름다움에 대한 하느님에 대해서 우리는 '무엇을 알고 있는가'가 아니라 하느님을 '어떻게 하면 감지할 수 있는가'가 중요하다. "말씀이 사람이 되시어 우리 가운데 사셨다. 우리는 그분의 영광을 보았다"(요한 1,14)는 발타살의 신학적 미학을 가장 잘 표현해 준다. 예수는 완전한 하느님의 형상이시다.[105] "그를 보는 이는 곧 성부를 보는 것이다"(요한 14,9). 우리는 사람이 되신 성자를 통해서만 살아계신 하느님을 만날 수 있다.

하느님과 예수 그리스도를 '비하'(卑下, 자신을 낮춤)의 관점에서 이해하려고 하는 시도는 그 기준이 이 세상의 지혜가 아니라, 십자가의 어리석음과 하느님의 지혜이다. 예수 그리스도는 '하느님의 완전한 모

1889~1968)를 만났다. 바르트는 교의적으로 신정통주의를 표방했다. 발타살은 당시 바젤대학에서 신학을 가르치던 바르트와 '창조 지평'에 대한 논쟁을 통해 '그리스도 중심적 신학'에 큰 영향을 받았다. 바르트의 그리스도 중심성은 십자가 신학과 모든 이가 역사를 통하여 '보편적 구원예정'을 받았다는 역사 신학으로 나타난다. 하느님에 관한 모든 지식은 그리스도에게서 나오므로 그리스도교 계시와 다른 종교들 사이의 질적인 차이를 강조했다(김산춘, 「발타살과 신학적 미학의 구상」, 『미학·예술학연구』(9), 한국미학예술학회, 1999, 103~119쪽.

104 조한규, 「보편적이고 구체적인 진리로서 역사적 예수: 교황 베네딕토 16세의 신학 안에서 그리스도교 본질 연구」, 『신학전망』(194), 광주가톨릭대학교출판부, 2016, 64쪽.

105 W. Kasper, 앞의 책, 304~305쪽.

상'(imago perfecta Dei) 자체이시며 아름다움 자체이시고 그분의 형상의 유일성 안에서 우리는 하느님 아버지의 전체성을 감지하기 때문이다.[106] 아버지의 뜻을 향해 전적인 자유를 행사하는 아들은 진정 아들로서 아버지의 파견에 근원적으로 개방되어 있다. 그것은 삼위일체의 내면 차원에서 중요한 의미를 갖는다.

예수의 인간 실존은 원래부터 실존했던 것이 아니라, 오직 내재적 삼위일체의 성자와의 본질적 결합 안에서만 실존한다. 따라서 30여 년간 팔레스티나 지방에서 실존했던 인간 예수의 구체적인 실존은 성부를 향한 성자의 관계에서 비롯된 계시라고 할 수 있다.[107] 본질적인 것에 대한 집중, 그것은 예수 그리스도 안에서 비로소 신적 로고스의 진리가 드러난다는 것 그리고 또한 예수 그리스도가 모든 인간 역사의 중심이라는 것을 의미한다.[108] 세상은 하느님의 영광을 위해 창조되었고, 하느님의 영광에 참여하도록 부름을 받았다. 물론 하느님과 인간의 존재의 차이에도 불구하고 강생이 가능한 이유는 성자가 원형(Archtype)에서 모상(Imago)으로 하강(Katalogic)하고, 모상에서 원형으로 상승(Analogic)하기 때문이다. 존재의 상승과 하강 운동은 참 하느님이자, 참 사람이신(神人)예수 그리스도에게서만 일어난다. 그러므로 예수 그리스도만이 인간 존재의 이중극을 극복할 수 있는 유일한 중개자이다.[109] 그러므로 그리스도의 하강적인 사랑은 하느님의 영광이며 장엄

106 J. O'Donile, 「전 존재는 사랑이다: 한스 우르스 폰 발타사르의 신학 소묘(素描)」, 『복음과 문화』 (9), 장홍훈 역, 대전가톨릭대학교출판부, 2005, 135쪽.

107 조한규, 앞의 글, 56쪽.

108 조한규, 앞의 글, 36쪽.

109 H. U. v. Balthasar, *Glaubhaftistnur Liebe*, ed. Alexander Dru, Love Alone: The

함을 의미한다. 예수 그리스도의 죽음과 부활을 통하여 삼위일체이신 하느님의 영광과 장엄함이 계시된다. 그리스도 안에서 역사는 종합되며, 또한 역사의 중심인 예수 그리스도를 통해 역사가 완성되고 역사가 충만하게 된다. 예수 그리스도의 절대적인 특별하고 독특한 지위는 다른 종교나 사상에 비하여 절대적 배타성을 지닌다.

그리스도교는 하느님의 말씀, 즉 로고스에서 출발하고 있고, 예수 그리스도 안에서 육화된 하느님의 진리가 모든 존재자들의 근본 의미이자 세상 모든 근거들의 근거라고 믿는다(요한 1장 참조). 그리스도교는 모든 진리들이 하느님 말씀인 로고스에 일치하는 것에 자신의 기초를 근거하고 있다. 삼위일체 하느님의 영원한 사랑에 의해서 이루어진 것이다. 그리스도교의 근본구조가 언제나 역사적 예수 자체 안에서 발견되고 시작되어야 하며, 결국 우리 신앙의 목적과 방향은 이 예수의 인격 자체와 하느님의 계시 자체를 동일시하는 것이라고 확신하고 있다.[110]

1.2. 발타살의 삼위일체론 – 하느님의 '케노시스'

근대 가톨릭 신학에서 삼위일체론이 부각되기 시작한 것은 발타살의 공헌이다.[111] 발타살이 자신의 Mysterium Paschale에서 수난과 죽음, 그리고 부활을 고찰할 때, 가장 큰 비중을 두고 다루는 것은 바로 파스

Way of Revelation, Sheed and Ward(London), 1977, pp. 45~46.

110 조한규, 앞의 글, 63~64쪽.

111 W. Kasper, 『예수 그리스도의 하느님』, 김관희 역, 수원가톨릭대학교출판부, 2015, 39쪽.

카 사건이 삼위일체적이라는 것이다.[112] 동시에 발타살에게 '삼위일체'는 파스카 사건을 이해하는 핵심 단어이다. 그에게 예수의 구원 사건은 하느님이 위에서부터 아래로 오신 사건이고, 이런 개입을 통해 발생한 사건은 삼위일체 하느님을 통해서 세상과 구원의 역사가 미리 계획되고 결정된 사건임을 계시하는 것이다. 삼위일체 하느님에 대한 개념은 다른 모든 종교들, 특히 유대교와 이슬람교의 유일신론과도 구별되는 그리스도교의 특별함이다. 삼위일체 하느님은 스스로 자기 자신을 내어주셨다. 성부와 성자와 성령의 충만한 사랑은 온 세상을 품어 안을 수 있다.

발타살은 내재적 삼위일체와 구원경륜적 삼위일체를 서로 명확하게 구별한다. 그의 신학적 사고는 '위에서 아래로' 곧 내재적 삼위일체에서 구원경륜적 삼위일체로 향하는 것을 전제한다. 발타살의 삼위일체론의 기반은 '하늘'이며 내재적 삼위일체이다. 그에게는 내재적 삼위일체가 항상 구원경륜적 삼위일체보다 우선하기에 내재적 삼위일체는 구원경륜적 삼위일체를 가능하게 하는 조건이며, 모든 구원 사건과 세상 역사 전체를 가능하게 하는 조건이다.

발타살의 내재적 삼위일체론에서 드러나는 특징은 두 가지다.[113]

첫째는 내재적 삼위일체의 절대적 사랑은 세 위격들의 절대적 자기 비움으로 이뤄진다. 삼위일체적 사랑은 본성상 스스로를 비우는(Kenosis) 것이고, 이런 의미에서 하느님은 사랑이시다. 이 사랑의 사건

112 G. F. O'Hanlon, *The Immutability of God in the Theology of Hans Urs von Balthasar*, Cambridge, 1990, p.110.

113 W. Kasper, 앞의 책, 42쪽.

에서 세 위격들은 타 위격을 위해서 존재한다. 그리고 삼위일체적 사건이 하느님의 영원한 움직임이기에, 사랑 자체이신 하느님께서는 영원하시고 완전하시다. 그분은 스스로 충만하시며 하느님으로 존재하기 위해 무언가 필요로 하지 않는다.

둘째, 하느님 사랑은 막힘없이 자기를 넘어서기 때문에, 하느님께서 인간을 향해 내려오시는 '위에서 아래로의' 사건이 일어난다. 발타살은 이를 '하강하는 논리'라고 부른다. 곧 아래로 내려오시는 하느님의 자기비움 혹은 자기낮춤 때문에 인간이 하느님을 인식하거나 하느님께 다가서는 일이 가능해졌다.

성부로부터 파견을 받은 예수의 사명은 인간의 구원을 위한 희생에 있다. 그리고 성자가 수난과 고통 중에서 성부의 뜻에 순명하는 것은 내재적 삼위일체의 자기 비움에 그 원천이 있다. 그래서 하느님의 자기 비움과 성자의 순명은 사랑을 통해서 드러난다. 따라서 역사 안에서 드러나는 구원경륜적 삼위일체는 내재적 삼위일체에 근거를 두고 있다고 주장할 수 있다.

하느님의 계획은 구원의 역사를 통해서 드러난다. 아울러 하느님의 구원계획은 이미 세상이 창조되기 이전부터 준비되었고, 성자의 육화를 통하여 구원 계획이 구체화되었으며, 십자가의 죽음을 통하여 완성되었다. 예수 그리스도를 통해 세 위격이 계시된 것처럼, 구원경륜적 삼위일체를 통해 내재적 삼위일체가 역사적으로 드러나게 되었다. 성부에 의한 성자의 파견은 내재적 삼위일체에 뿌리를 두고 있다. 그래서 파견은 그리스도의 선재(先在, Prae-existenz)를 의미한다. 성부와의 관계를 통해서 예수가 이미 삼위의 한 위격으로 존재한다는 것이 드러나고 있다. 그리고 예수는 출생으로부터 죽음에 이르기까지 성부의 의지이자 뜻인 성령 안에서 살았다. 예수는 성부의 현현으로서의 육화된 진리이고, 이 진리는 성령에 의해 밝게 드러난다.

내재적 삼위일체의 생명 안에서 성부와 성자는 성령과 함께한다. 따라서 성령은 성부와 성자의 상호 자기 전달에 의해 형태를 드러내기 때문에 수용적이고 수동적으로 작용한다. 그러나 구원경륜적 삼위일체에서는 성령이 능동적으로, 성자는 수동적으로 바뀐다. 성자의 육화는 자신을 내맡김으로써 가능하다. 육화 안에서 삼위일체 하느님은 세상을 구원하는 것 뿐 아니라, 하느님 자신의 최고의 고유성을 육화를 통해서 드러내신다.[114] 성부는 예수의 지상 생애 동안 성령의 감도를 통하여 성자에게 당신의 의지를 드러낸다. 성자는 순종하며 성령의 요구에 응답한다. 이 순종의 정점이 십자가이다. 성자는 교회에 성령을 퍼붓는 능동적 주체가 되고, 친교의 성령은 언제나 그리스도와 연결되어 있다. 이런 의미에서 성령은 항상 그리스도론적 형태를 띠게 되는 것이다.[115]

발타살은 삼위일체로서 하느님의 본질이 사랑 자체라고 이해한다. 삼위일체 하느님께서는 성부, 성자, 성령께서 위격적으로 사랑을 나누시는 삼위일체적인 사랑이시고, 영원히 계속되는 사랑의 역사이다. 그는 "하느님은 사랑이시다"(1요한 4,8)라는 신약 성경 내용을 성부의 창조적인 사랑, 성자의 감사하는 사랑, 이 두 위격의 사랑 교환으로 탄생한 성령으로 이해한다. 따라서 그는 하느님 내면의 절대적인 사랑의 드

114 H. U. v. Balthasar, *Mysterium Paschale*, Aidan Nichols OP(trans.), San Francisco, 2005, p.25.

115 J. O'Donile, 「전 존재는 사랑이다: 한스 우르스 폰 발타사르의 신학 소묘 (素描)」, 『복음과 문화』(9), 장홍훈 역, 대전가톨릭대학교출판부, 2005, 28쪽.

라마에서 출발하여 삼위일체론을 전개하는 것이다. 절대적 사랑이신 삼위일체 하느님께서는 항상 사랑을 베푸시기 때문에 더욱 더 위대한 분이며, 유한한 인간이 온전히 파악할 수 없을 만큼 언제나 더 크신 분이다.

발타살의 삼위일체론에서 '사랑'은 삼위 하느님 사이에 주어진 동일하고 동등한 본성이다. 내재적 삼위일체는 구원경륜적 삼위일체 안에서 소진되지 않으며 하느님 내부과정은 구원 역사 과정과 혼돈될 수 없다. 내재적 삼위일체 안에 구원경륜 삼위일체를 비롯한 세상의 모든 사건이 가능한 조건이 있다. 하느님은 영원하고 절대적인 자기전달이며 이 절대적 자기전달은 하느님 내부의 절대사랑의 사건이다.[116]

발타살이 '원천적 자기비움'(Ur-kenosis)라고 부르는 것은 아버지께서 아드님에게 신성을 부여하시며 아드님을 무한 타자로 낳으시는 아버지의 자기전달은 당신 홀로 하느님이시려 하지 않고 자기 자신 전부를 비워서 전달하는 아버지 하느님의 자기비움의 행위를 말한다. 아버지께서는 당신의 모든 것을 비워 선사하실 수 있을 만큼 전능하시고, 동시에 선사하는 것 말고 아무것도 할 수 없으시기에 무력하시다. 아버지의 절대적인 사랑에는 전능함과 무력함이 일치되어 있다. 오직 전능한 사랑만이 타자에게 자신을 모두 내어줄 수 있으며, 전능한 사랑만이 무능한 사랑이 될 수 있다는 것이다. 하느님은 전능하신 사랑이기 때문에, 하느님은 무능력한 사랑도 되실 수 있다.[117]

116 노우재, 「죽음과 구원에 대한 현대 가톨릭 신학의 몇 가지 흐름」, 『신앙과 삶』(22), 부산가톨릭대학교출판부, 2010, 111~112쪽.

117 W. Kasper, 『예수그리스도의 하느님』, 김관희 역, 수원가톨릭대학교출판부, 2015, 140~141쪽.

성자는 아버지께서 주시는 신성을 수용하고 존재를 받으며 영원에서부터 아버지께 감사를 드리며 응답하신다. 그리고 자신을 비우시며 아드님을 낳으시는 아버지의 자기전달과 아버지께 감사드리며 자기를 내어드리는 아드님의 자기전달 사이의 영원한 조화는 '우리'로 발생하는 방식의 절대자 성령이시다.[118] 성령은 서로를 위한 사랑의 끈이시다. 결국 성부는 자기 자신을 성자께 내주고 성자는 자기 자신을 성부께 되돌려준다. 하느님은 항상 사랑과 자기양도의 영(Spirit)이시기 때문이다. 성령은 두 위격에 있어서 한 위격이시다. 아버지의 첫 케노시스는 성삼위를 전제로 확장되고 하느님의 '원천적 자기 비움'(Ur-kenosis)은 절대 사랑의 근원 드라마로서 세상과 세상 사건의 최종 토대이다.[119] 내재적 삼위일체의 생명에서 성부와 성자의 사랑은 자기 폐쇄적이 아니고, 성령은 하느님 생명을 개방하여 창조와 화해로 향하게 한다. 하느님의 삼위일체적 사랑의 사건은 세상의 시작이며 종말이다. 세상과 인간은 하느님의 삼위일체적 사랑에서 유래하고, 구원의 역사도 하느님 사랑으로 지속돼 결국 완성될 것이다.

발타살은 하느님 말씀의 강생이 가능하게 된 원인을 삼위일체의 자기 비움에서 찾는다.[120] 삼위의 각 위격은 자기 비움을 통하여 무한한 거리를 가지는 동시에 무한한 거리는 사랑 안에서 일치한다. 성부가 성자를 출산하는 것은 성자에게 모든 것을 다 내어주는 성부의 자기 비움이다. 성부의 자기 비움에 대해 성자는 모든 것을 순명함으로써 성자는

118 장홍훈, 앞의 글, 19쪽.

119 노우재, 앞의 글, 111~123쪽.

120 W. Kasper, 앞의 책, 42쪽.

자기 비움을 한다. 성부와 성자의 이중적인 자기 비움은 공동 존재인 사랑인 성령을 발출한다. 성자는 성부로부터 출생을 통하여, 성령은 성부와 성자로부터 발출을 통하여 삼위일체의 내적인 상호관계성이 형성된다.[121]

삼위의 각 위격에게로의 자기 비움은 자신의 모든 것을 다 내어주면서 동시에 자신이 변하지 않는 전능이며, 동시에 이 전능은 다른 위격 없이는 하느님이 되길 원치 않기에 세 위격의 자기개방이다. 그러므로 우선 하느님은 '절대적 전능'이 아니라 '절대적 사랑'으로 드러난다.

발타살은 삼위일체 신학과 그리스도 중심적 신학을 통해서 '사랑'이 그리스도교 신앙의 핵심이라고 결론짓고자 했다. 삼위일체의 관계는 다름 아니라 바로 사랑의 관계를 의미하는데 하느님의 본질적 사랑 안에서 성자의 출생과 성령의 발출이 이루어졌기 때문이다. 교황 요한 바오로 2세의 1986년 회칙 『생명을 주시는 주님』 10항 에서는 다음과 같이 강조한다. "당신의 내밀한 생명에서 하느님께서는 사랑이십니다(1요한 4,8.16 참조). 그분께서는 본질적인 사랑으로, 이 사랑은 세 신적 위격들에 공통되는 것입니다."

발타살은 그리스도교인들이 올바른 신앙을 위해서는 철학의 도움을 필요로 한다고 주장했고,[122] 그 역시 그리스도교 신앙 진리를 고수하기 위해서 동시대의 수많은 학자들과 다양한 논의와 논쟁을 벌였다. 특히 그리스도교 신앙 진리를 신중심주의(神中心主義, Theocentrismus)로 해석하고자 했던 칼 바르트의 신정통주의(新正統主義)적 입장에 대

121 박준양, 『삼위일체론, 그 사랑의 신비에 관하여』, 생활성서사, 2007, 37~39쪽.

122 W. Kasper, 앞의 책, 83쪽.

항하여서, 발타살은 '존재의 유비'라는 개념을 통해서 하느님과 인간 사이의 역동성을 통해서 논박하고자 하였다. 그리고 발타살은 인간중심적 경향이 강했던 '초월신학'에도 주의를 기울였다. 초월신학이 근대적 학문을 수용하고 인간중심적인 신학 이해라는 장점이 있음에도 불구하고, 초월론적인 해석 자체가 그리스도교 신앙 진리의 고유함과 특별함을 감소시킬 위험이 있다고 지적했다.

발타살은 그리스도교 신앙 진리를 교회의 전통 안에서 추구하려고 노력했다. 그래서 발타살은 신학적 미학을 다시금 등장시켜서 그리스 철학의 영향으로 인해 관상적인 경향을 지닌 동방교회, 그리고 성경의 말씀을 듣는 것을 강조하는 개신교회를 연결하기 위해서 관상적 교회와 들음의 교회의 교차점이 바로 가톨릭교회라는 점을 강조하였다.[123]

발타살은 '하느님은 사랑이시다'라는 명제에 근거를 두고 '심미적 그리스도론'을 전개한다. 그는 이성적 숙고와 역사적 탐구, 그리고 사랑으로 이루어지는 인간적 자유의 과제는 파스카 신비 그 자체 안에서 모두 하나를 이룬다고 보았다. 그래서 발타살은 십자가 상 죽음에 이르기까지 성부께 순종하신 그리스도의 자기비움이야 말로 하느님 삼위일체의 본질적인 특성이라고 분명히 주장한다. 죄 없는 그리스도의 죽음을 통해서 죄 많은 인류가 구원된다고 이야기하고 있다.

발타살의 신학 안에서는 하느님의 사랑이 예수 그리스도 안에서 하나의 '형상'을 취한다. 이러한 하느님 사랑의 '형상'은 고정된 형상이 아니라 인간을 향한 하나의 진행적 사건으로서 작용한다. 바로 이것이

123 김산춘, 『발타살의 신학적 미학, 감각과 초월』, 분도출판사, 2003, 155~158쪽.

인간과 함께하는 '하느님의 드라마'(Theodrammatik)이다. '하느님 드라마'인 사랑은 또한 진리로서 드러나는데, 발타살은 이를 가리켜 '하느님의 논리학'(Theologik)이라고 부른다.[124] 하느님은 사랑이시다. 이 사랑은 세상이 왜 존재하는지에 대한 답이 될 것이다. 계시의 아름다움은 전존재의 신앙의 확신과 응답을 불러일으켜 그리스도에게 귀결되고, 결국 그리스도와 '놀라운 교환과 일치'(Admirable commercium et Connubium)를 이루는 계시의 힘이 된다.[125]

2. 칼 라너(K. Rahner)의 삼위일체론

20세기 대표적인 가톨릭 신학자인 칼 라너(Karl Rahner SJ, 1904~1984)는 독일 프라이부르크(Freiburg im Breisgau)에서 1904년 3월 5일 태어났다. 그는 친형 후고 라너(hugo Rahner, 1900~1968)를 따라서 1922년 '예수회'(Societas Jesu)에 입회하였고, 1924년부터 1927년까지 예수회원으로서 신앙과 철학을 학습했고, 수련기를 거친 후 1924년부터 1927년까지 네델란드 팔켄부르크(Valkenburg)에 있는 예수회 연구소에서 신학을 연구했다. 1934년부터 1936년까지 독일 프라이부르크 대학에서 공부하였는데, 이때 독일 관념론 철학과 함께 하이데거(Martin Heidegger, 1889~1976)로부터 깊은 영향을 받게 되었다. 1932년 뮌헨에서 사제 서품을 받고, 1936년 박사논문을 프라이부르크

124 박준양, 『그리스도론, 하느님 아드님의 드라마!』, 생활성서사, 2009, 467~469쪽.
125 R. Viladesau, 『신학적 미학』, 손호현 역, 한국신학연구소, 2001, 82쪽.

대학에서 제출했으나, 결국 인스부르크 대학에서 학위를 받고, 1939년 「세계 내 정신」(Geist in Welt)이라는 제목으로 출판되었다. 1937년부터 1939년까지, 그리고 1948년부터 1954년까지 인스부르크 대학 신학교수로 재직하였고, 1964년부터 1971년까지 뮌헨대학교 교수로 재직하였다. 은퇴 이후 1985년까지 뮌헨 대학 명예교수로 재직하였고, 1984년 3월 3일 오스트리아 인스부르크에서 생을 마감하였다.

칼 라너의 대표 작품

『세계 내 정신』(Geist in Welt 1939)

『말씀의 청자 – 종교철학 기초』(Hörer des Wortes. Zur Grundlegung einer Religionsphilosophie 1941, 김진태 역, 가톨릭대학교출판부 2004)

『신학 전집 – 16권』(Schriften zur Theologie, 16 Bände 1954~84)

『죽음의 신학』Zur Theologie des Todes (1958)

『교회와 성사들』Kirche und Sakramente (1961)

『주교직과 수위권 – 요셉 라칭거와 공저』(Episkopat und Primat 1961)

『계시와 전승 – 요셉 라칭거와 공저』(Offenbarung und Überlieferung 1965)

『그리스도론 – 조직신학적 및 주석신학적 탐구』(Christologie – systematisch und exegetisch, 1972, 조규만·조규홍 역, 가톨릭출판사, 2016)

『그리스도교 신앙 입문』(Grundkurs des Glaubens 1976, 이봉우 역, 분도출판사 1994)

『세상의 성사, 4권』(Sacramentum mundi, 4 Bände 1967~69)

『칼 라너 신학 전집』, 총 32권

(편집자 – 칼 레만 추기경, 요한 밥티스트 메츠, 칼–하인츠 노이펠트, 알베르트 라펠트, 헤르베르트 포어그림너, 안드레아스 바틀록, 1995~2018년)(Karl

Rahner, Sämtliche Werke, hg. von Karl Kardinal Lehmann, Johann Baptist Metz, K-H. Neufeld, Albert Raffelt, Herbert Vorgrimler und Andreas R. Batlogg)

제1부 초기 신학, 제1–8권 (Periode der Grundlegungen 1922~1949)

Bd. 1: Frühe spirituelle Texte und Studien. Grundlagen im Orden

Bd. 2: Geist in Welt. Philosophische Schriften.

Bd. 3: Spiritualität und Theologie der Kirchenväter

Bd. 4: Hörer des Wortes. Schriften zur Religionsphilosophie und zur Grundlegung der Theologie

Bd. 5: De Gratia Christi. Schriften zur Gnadenlehre (2권)

Bd. 6: De paenitentia. Dogmatische Vorlesungen zum Bußsakrament (2권)

Bd. 7: Der betende Christ. Geistliche Schriften und Studien zur Praxis des Glaubens

Bd. 8: Der Mensch in der Schöpfung

제2부 신학 형성기, 제9~18권(Periode des Aufbaus 1949~1964)

Bd. 9: Maria, Mutter des Herrn. Mariologische Studien

Bd. 10: Kirche in den Herausforderungen der Zeit. Studien zur Ekklesiologie und zur kirchlichen Existenz

Bd. 11: Mensch und Sünde. Schriften zu Geschichte und Theologie der Buße

Bd. 12: Menschsein und Menschwerdung Gottes. Studien zur Grundlegung der Dogmatik, zur Christologie, theologischen Anthropologie und Eschatologie

Bd. 13: Ignatianischer Geist. Schriften zu den Exerzitien und zur Spiritualität des Orgensgründers

Bd. 14: Christliches Leben. Aufsätze – Betrachtungen – Predigten

Bd. 15: Verantwortung der Theologie. Im Dialog mit Naturwissenschaften und Gesellschaftstheorie

Bd. 16: Kirchliche Erneuerung. Studien zur Pastoraltheologie und zur Struktur der Kirche

Bd. 17: Enzyklopädische Theologie. Die Lexikonbeiträge der Jahre 1956~1973 (2권)

Bd. 18: Leiblichkeit der Gnade. Schriften zur Sakramentenlehre

제3부 신학 확장기, 제19-26권 (Periode der Entfaltung 1964~1976)

Bd. 19: Selbstvollzug der Kirche. Ekklesiologische Grundlegung praktischer Theologie

Bd. 20: Priesterliche Existenz. Beiträge zum Amt in der Kirche

Bd. 21: Das Zweite Vatikanum. Beiträge zum Konzil und seiner Interpretation (2권)

Bd. 22/1: Dogmatik nach dem Konzil. Teilband 1: Grundlegung der Theologie, Gotteslehre und Christologie (2권)

Bd. 22/2: Dogmatik nach dem Konzil. Teilband 2: Theologische Anthropologie und Eschatologie

Bd. 23: Glaube im Alltag. Schriften zur Spiritualität und zum christlichen Lebensvollzug

Bd. 24: Das Konzil in der Ortskirche. Schriften zu Struktur und gesellschaftlichem Auftrag der Kirche (2권)

Bd. 25: Erneuerung des Ordenslebens. Zeugnis für Kirche und Welt

Bd. 26: Grundkurs des Glaubens. Studien zum Begriff des Christentums

제4부 신학 종합시기, 제27-32권(Periode der Sammlung 1977~1984)

Bd. 27: Einheit in Vielfalt. Schriften zur ökumenischen Theologie

Bd. 28: Christentum in Gesellschaft. Schriften zu Kirchenfragen, zur Jugend und zur christlichen Weltgestaltung

Bd. 29: Geistliche Schriften. Späte Beiträge zur Praxis des Glaubens

Bd. 30: Anstöße systematischer Theologie. Beiträge zur Fundamentaltheologie und Dogmatik

Bd. 31: Im Gespräch über Kirche und Gesellschaft. Interviews und Stellungnahmen

Bd. 32/1: Ergänzungen

Bd. 32/2: Register

2.1. 라너 신학의 특성 – 초월론적 철학과 신학

"경륜적 삼위일체는 내재적 삼위일체이고, 그 역도 마찬가지이다"(Die "ökonomische" Trinität ist die immanente Trinität und umgekehrt).[126]

라너는 구원경륜적 삼위일체와 내재적 삼위일체의 동일성을 주장하였다. 그는 신스콜라 신학의 삼위일체론을 비판하였는데, 지나치게 하느님에 대한 개념적 이해만 강조하였다고 생각했기 때문이다.[127]

라너는 무엇보다 "삼위일체는 구원의 신비"[128]라고 이해했다. 이것은 라너 삼위일체론의 핵심 명제이고, 그는 삼위일체 신비를 무엇보다

126 K. Rahner, "Der dreifaltige Gott als transzendenter Urgrund der Heilsgeschichte", in: *Mysterium Salutis. Grundriss Heilsgeschichtlicher Dogmatik*, Ⅱ, Hg. J. Feiner/M. Loehrer, Einsiedeln–Zuerich–Freiburg, ^{3}1978, p.328.

127 노우재, 「칼 라너의 삼위일체론에 대한 연구」, 『가톨릭신학과사상』 (7), 가톨릭대학교출판부, 2012, 159~162쪽.

128 K. Rahner, "Der dreifaltige Gott als transzendenter Urgrund der Heilsgeschichte", p.327.

도 구원의 신비의 맥락에서 이해하려고 노력했다. 그리고 라너 신학의 근간은 초월론적 혹은 선험적 방법론을 통한 '초월신학'(超越神學, Transzendentaltheologie)이다. 라너는 신학의 인간학적 전환 필요성을 역설하면서 초월신학을 정립하고자 노력하였으며, 이 신학사상은 '초월철학'(Transcendentale Philosophie)의 방법론에 기반하고 있다.

칼 라너의 신학은 스콜라 신학의 전통적인 방법론에서 벗어나고자 했다. 전통적 스콜라 신학이 주로 하느님 존재의 자명성, 교회 전승과 교도권의 가르침 등에 의존하여 신앙의 타당성을 주장했기에, 라너는 그리스도인의 신앙을 고유한 특성에 손상됨이 없이 오늘날 인간의 이해지평에 맞는 신학적 방법론을 추구하고자 했다.

초월론적 반성을 통해 형이상학적 사유를 근거 짓고자 했던 일련의 사상가들이 있었고, 이들을 독일의 '마레샬 학파'라고 불렀다. 이들은 벨기에 출신 예수회원인 마레샬(Joseph Maréchal 1878~1944)의 연구 작업에서 영감을 얻은 일련의 학자들, 칼 라너, 요한 밥티스트 메츠(Johann Baptist Metz), 발터 브루거(Walter Brugger), 에미리히 코레트(Emerich Coreth) 등이다. 특히 라너는 칸트의 초월철학적 접근 방식을 더욱 발전시켜 나간 마레샬의 생각과 하이데거의 존재철학적 사유의 종합을 시도하여 큰 성과를 이뤘다.[129] 마레샬은 토마스 아퀴나스의 철학과 독일 관념론과의 대화를 모색했던 사람이다. 마레샬의 영향을 받은 라너가 전개했던 '초월론적 인간학적'(transzendental-anthropologisch) 사유는 무엇보다 먼저 하이데거와 칸트의 철학을 연

129 O. Muck, 「독일의 마레샬 학파; 형이상학으로서의 초월철학」, 김진태 역, 『가톨릭신학과사상』(24), 가톨릭대학교출판부, 1998, 171쪽.

구하고, 여기에 특히 토마스 아퀴나스의 형이상학에 대한 새로운 이해가 깊은 영향을 준 것이다.

라너는 인간이 신을 인식하고 믿을 수 있는 가능성을 인간의 자기이해의 선험적 인식구조와 내부조건들을 해명하고 탐구하는 신학을 발견하고자 했다. 그래서 라너는 마레샬을 통해 배운 초월론적 사고를 기반으로 하이데거에게서 배운 실존적-현상학적(existential-phaenomenolpgisch) 연구 방법론을 접목했다.[130] 라너에 따르면 인간의 인식은 우선적으로 경험의 세계 안에서 이루어지며, 형이상학적인 것은 모두 다 오직 세상 안에서 그리고 세상에 비추어 인식될 뿐이라는 것이다. 동시에 그는 칸트가 이성을 시공간 안에서 가능한 경험의 대상들로 제한시킨다는 사실과 하이데거가 존재를 인간의 존재에로의 태도(Verhalten)라고 특징지을 수 있는 시간성(Zeitlichkeit) 혹은 역사성(Geschichtlichkeit)과 결합시켜 버린다는 사실에도 주목하였다.[131] 존재를 규명하기 위해서 라너는 칸트와 하이데거의 도움을 받아 초월론적 방법론은 추구했지만, 하느님과 인간의 관계 이해와 관련해서는 다른 입장을 취했다.

라너는 인간의 존재에 대한 질문을 사변적 발전의 기점으로 삼고 인식과 '자기한테 있음(Beisichsein)'으로서의 존재의 규정에 이른다.[132] 이것은 '존재(Sein)'와 '인식(Erkennen)'의 원천적 단일성에 대한 라너의

130 O. Muck 위의 글, 189쪽

131 O. Muck 위의 글, 190쪽.

132 심상태, 『익명의 그리스도인: 칼 라너 학설의 비판적 연구』, 바오로딸출판사, 2001, 55~66쪽.

초월철학적 기본 통찰에 근거해서 모든 존재론적 관찰을 형이상학적 문제로 변환시킴으로써 구체화되었고, 여기서 바로 존재론의 인간학적 전환이 성취되었다. 라너는 존재론을 초월적으로 정립하기 위해 하이데거처럼 인간의 존재 물음을 기점으로 삼는다. 라너는 존재를 향한 인간의 개방성, 즉 인간의 인식을 전적으로 가능하게 해 주는 것인 존재를 향한 인간의 개방성이 인간에게 하느님을 지시해 주고, 알려줄 수 있다고 생각했다.

라너는 그의 저서 『세계 내 정신』(Geist in Welt, 1939)에서 인간이 인식하는 주체로서 자기를 이해하는 존재라고 규정했다. 즉 인간은 본성적으로 묻는 존재이고, 무엇인가 생각하고 원하는 존재라는 것이다. 이러한 물음은 인간이 원하는 바가 세상 안에서 성취되지 못한다는 한계를 깨닫게 하는 인식을 품고 있고, 따라서 인식의 움직임은 필연적으로 유한성의 체험이자, 동시에 이러한 유한을 뛰어 넘는 무한자에 대한 물음으로 확대되는 정신의 초월에로의 움직임을 체험한다고 본다.[133] 세계 내 정신으로서의 인간의 초월성이 의미하는 바는 인간은 존재 일반, 즉 존재의 목표이자 원천을 향해 무한히 개방되어 있는 정신적 존재(Geist)라는 것이다.

라너는 초월론적 방법론 (Transzendentale Methode)을 통해 인간 인식 혹은 그리스도교 신앙의 가능성에 대해 연구했다. 그는 하느님을 인식할 수 있게 해 주는 인간 내부의 원천적인 조건을 '초월'이라 규정한다. 인간은 실존적으로 이미 하느님의 은총을 소유하고 있기 때문에 결

133 송용민, 『신학, 이해를 찾는 신앙: 기초신학의 길잡이』, 인천가톨릭대학교출판부, 2012, 188~189쪽.

국 초월은 인간이 자기 안으로, 자기근원으로 돌아갈 때 확인되는 것이며, 이것이 그가 말한 인간의 원초적 자기귀환으로서의 인간의 본연의 태도라고 말할 수 있다는 것이다.[134] 라너는 자신의 인간학적-초월론적 신학을 통해서 전통적인 그리스도교 신학의 문제점을 극복하고 인간의 본성적인 하느님 지향의 초월성을 인간의 현존재 분석과 초월론적 방법을 통해서 해명하고자 하였다. 하느님의 계시는 외부에 주어지는 것이지만, 동시에 이것은 인간의 내적 구조와 합치하기에, 내재적-초월적인 인간의 실존논리를 신학에 적용함으로써 현대의 이해지평에서 하느님 계시의 가능성과 인간의 계시 수용 가능성을 규명하고자 하였다.

2.2. 라너의 '초월론적 삼위일체론' 특성과 비판

제2차 바티칸 공의회의 정신에 따라 새로운 신학 교재의 필요성을 절감한 일군의 신학자들이 공동 작업을 통해서 *Mysterium salutis*(구원의 신비)라는 방대한 교의신학 서적들을 15년 이상에 걸쳐 출간하였는데, 그 가운데 삼위일체론 부분은 라너가 담당하였다.[135] 라너는 제1차 바티칸 공의회에서 제2차 바티칸 공의회 직전까지 교회의 공식 입장과도 같았던 신스콜라 신학을 통한 삼위일체론의 한계를 직시하고, 앞으로의 삼위일체론은 구원경륜적 차원, 즉 구원의 역사를 통해 주어진 체험에 기반해서 심화, 발전되어야 한다고 확신했다.[136] 라너는 삼위일체

134 송용민, 앞의 책, 195쪽.

135 A. Ganoczy, 『교의와 교의신학』, 전헌호 역, 분도출판사, 1993, 267~272쪽.

136 노우재, 「칼 라너 삼위일체론에 대한 고찰」, 『가톨릭신학과사상』 (70), 가톨릭대학교출판부, 2012, 156쪽.

신비를 그리스도교 신앙의 중심이라 생각하고, 삼위일체론에 근거하여 자신의 신학을 전개하였다.

라너는 전통적 삼위일체론의 문제점을 지적하였는데, 이는 내재적 삼위일체와 경륜적 삼위일체를 분리하였다는 점과 '위격'(Persona) 개념의 존재론적 한계에 관한 내용이다.

오늘날 삼위일체론을 적합하게 이해하기 위해서 라너는 먼저 구원 경륜적 차원에서 삼위일체론을 전개해야 한다고 주장하였다.

'경륜적 삼위일체는 내재적 삼위일체이다'라는 명제는 은총론과 관련된 신학 안에서 가장 분명하게 드러나는데, 성삼위 하느님의 각 위격은 자신의 위격적 구체성과 상이성 안에서 무상적 은총으로 구원 역사 안에서 살아가는 인간에게 스스로 전달되기 때문이다.[137] 그래서 라너는 '은총' 개념을 계시와 인간구원의 핵심으로 제시하였고, 삼위일체론적으로 해석하고자 하였다. 구원은 '하느님의 자기전달'(Selbstmitteilung Gottes)인 은총을 통해 가능한데, 이는 삼위일체 안에서 실현되고 완성되었다. 성자와 성령을 통해서 삼위일체 하느님이 인간에게 전달되었고, '구원 현실'과 '은총 경험'에서 이해가 가능하다는

137 K. Rahner, "Der dreifaltige Gott als transzendenter Urgrund der Heilsgeschichte", p.336~339. 그리고 카스퍼는 '내재적 삼위일체와 경륜적 삼위일체의 동일성이 믿을 교리로 선언된 경우가 적어도 한 번 있고, 그것이 바로 로고스의 육화, 즉 위격 결합이라고 지적했다.' 예수 그리스도 안에서 인간이 된 존재는 삼위일체 중 두 번째 위격인 로고스라는 사실에 주목하였고, 로고스는 그저 예수 안에서 존재하기만 하는 것이 아니라, 예수의 인간 본성을 지배하는 위격 자체라고 하였다. 여기서 인간 본성은 인간의 외형 뿐 아니라, 로고스의 실제적인 상징을 의미한다. 로고스의 육화 안에서 내재적 삼위일체와 경륜적 삼위일체는 하나가 된다(W. Kasper, 『예수 그리스도의 하느님』, 김관희 역, 수원가톨릭대학교출판부, 2015, 609쪽 참조).

것이다.

라너는 하느님은 은총 자체이시고, 성자의 육화는 '행해진 진리'(getane Wahrheit)이며, 성령은 하느님의 자기전달을 실행하는 힘이자 사랑이라고 설명한다.

> "달리 표현하여 보면, 이러한 삼중 자기전달은 그 안에 하느님이 현존하시는 삼중의 관계 방식 안에서 생겨나는 한 분 하느님의 자기 전달이다. 아버지는 당신 자신을 우리에게도 아버지로서 전달하신다. 이는 정확히 다음 사실에 말미암고 또 바로 그 때문이다. 먼저, 그분은 그 자체로(본질적으로) 당신 자신에 대해 계신 분으로서 스스로를 표현하시며, 바로 그렇게 아드님을 당신의 고유한 위격화된 자기현현으로서 전달하신다. 그리고 아버지와 (아버지에게서 부여받는) 아드님은 사랑 안에서 서로 수용하고 또 서로를 지향하고 서로에게 도달하시며, 바로 그렇게 당신 자신을 사랑으로 수용된 분, 곧 성령으로서 전달하신다. 하느님은 삼중 방식으로 우리와 관계 하신다. 우리에 대한 이러한 삼중의 자유롭고 무상적인 관계는 단지 내적 삼위일체의 모상이나 유비만이 아니라 삼위일체 자체이다"[138]

하느님의 자기전달이 예수 그리스도 안에서 현현되고, 성령을 통해 전달되고, 하느님의 자기전달이 초월적으로 성령 안에서, 역사적이고 종말론적으로 성자 안에서 발생했다는 것이다.

라너는 구원 역사 이해가 삼위일체 이해에 중요한 점이라고 강조했다. 성자와 성령의 파견, 즉 하느님의 내재적이고 구원경륜적인 자기전달이 하느님 자체에 근원을 두고 있다는 사실을 강조하였다. 구약의

138 K. Rahner, "Der dreifaltige Gott als transzendenter Urgrund der Heilsgeschichte", p.337(번역은 다음을 참조. P. Burke, 「칼 라너의 삼위일체론에 대한 비판적 이해」, 『신앙과 삶』(26), 부산가톨릭대학교출판부, 2012, 125~126쪽.

하느님은 말씀에 의해 중재되고 영으로 매개되어 백성들과 관계를 맺고 계약을 체결하셨는데, 라너는 역사에 드러난 경륜적 삼위일체가 바로 내재적 삼위일체와 동일하다고 주장한다. 구원경륜적 삼위일체와 내재적 삼위일체의 동일성을 삼위일체의 원리로 규정하였다. 하느님의 자기전달은 인간구원을 지향하고, 삼위일체 신학을 인간 구원의 신비로 이해하였다.

라너는 삼위일체를 구세사적으로 이해하였고, 바로 초월론적 삼위일체를 통해 심리학적 삼위일체론이 지닌 약점을 극복하려고 시도하였다.

> "심리학적 삼위일체론은 … 인간의 인식과 사랑의 모델을 요청하는데, … 유한 인식으로서 인간 인식의 모델 이상이라고 분명히 알려주지 않은 채 이를 다시 하느님께 적용한다. 다른 말로 하면, 하느님 안에서 인식과 사랑은 왜 '말씀'(Verbum)과 또 '사랑하는 분 안에서 사랑받는 분'(amtum in amante)의 '실효적인 발출'(processio ad modum operati)을 요청하는지 설명하지 못한다"[139]

라너는 심리학적 삼위일체론의 모델을 인간 정신과 정신의 행위들

139 K. Rahner, "Der dreifaltige Gott als transzendenter Urgrund der Heilsgeschichte", p.395. 라너는 심리학적 삼위일체론이 구원 경륜에 의거하지 않으면 문제가 생긴다고 지적했다. 즉 하느님 안의 인식과 사랑이라는 두 가지 정신 행위가 두 가지 발출을 형성하고, 또 '세 가지 구별되는 존속방법'(drei distinkten Subsistenzweisen)을 구성한다고 진술한다면 문제가 발생한다는 것이다. 인간 심리학의 모델에는 인식 행위나 사랑이 다른 어떤 존재자를 형성하거나 설정하는 경우가 없는데, 이 모델을 하느님께 적용하여 하느님의 인식은 로고스를 발출하고 하느님의 사랑은 영을 발출한다고 말하기 때문이다. 심리학적 모델에 따르면 아버지는 인식하면서 말씀하신다고 설명할 수 있을 뿐, 말씀을 통해 인식한다고 설명하기는 어려운 부분이다(노우재, 「칼 라너 삼위일체론에 대한 고찰」, 『가톨릭신학과사상』(70), 가톨릭대학교출판부, 2012, 181~182쪽 참조.).

에 대한 추상적인 성찰에서 찾지 말고, 구원 역사의 구체적인 경험과 체험 안에서 찾아야 한다고 주장하는 것이다. 라너는 구원 역사에서 출발하는 동방 교부들의 삼위일체론과 심리학적이고 인간 내면적인 차원에서 출발한 서방교회의 삼위일체론의 통합과 결합을 추구하였다.

그리고 또한 라너는 기존의 전통적인 위격 개념인 'Persona'에 대한 대안으로 '존속방법'(Subsistenzweisen)이라는 개념을 제안하였다. 그는 삼위일체의 올바른 이해를 방해하는 전통 신학의 Persona 개념의 폐지를 주장하는데, Persona의 존재론적 개념은 철학적, 스콜라신학적 사고방식일 뿐 효용 가치 없다는 것이다. 오히려 Persona 개념을 통해 삼신론 혹은 유일위격신론에 빠질 위험이 있다는 것이다.[140] 하느님은 위격적인 존재이지, '위격' 그 자체는 아니라는 주장이다. 그래서 라너는 Persona 개념을 대체하고자 하였고, '존속방법'이라는 새로운 개념을 제안했다. 이 개념은 기존의 '한 하느님 본성 안의 세 위격'이라는 표현 대

140 라너는 '페르소나'(persona) 개념의 문제점을 지적하면서, 이 개념이 삼위일체 신학에서 의도하는 바를 표현하는데 적합하지 않다고 주장하였다. 라너에 따르면 '페르소나' 개념은 신약성경이나 초기 삼위일체 신학에서 사용되지 않았고, 그래서 그 개념을 사용하는 것이 절대적이지는 않다고 비판적인 시각을 취할 수도 있다. 삼위일체 하느님을 믿는 신앙은 사실 이 개념 없이도 가능하다. 더군다나 삼위일체 교의에서 '페르소나'라는 구체적인 개념은 '인격성'과는 달리 구별 자체를 의미한다기 보다는 구별된 이들을 형상적으로 의미한다는 점에서 적합하지 않다는 것이다. 하느님께 관련하여서 세 페르소나들이라고 말할 수 없다는 것이다. 또한 일상적으로 세 페르소나들이라고 말할 때 우리는 페르소나 개념을 '관계적 본성'이라고 규정하는데, 이 맥락에서 본성은 복수적인 것이어서 삼위일체에 대하여는 적용될 수 없다고 한다. 라너는 구체적으로 다음과 같이 진술하였다. "아무튼 '세 페르소나들' 개념 사용에 대해 올바로 알아듣고자 한다면, 우리는 구원 역사의 본원적 경험으로 항상 되돌아가야만 한다 (…) (세 페르소나들이라고 말하는) 일반화는 분명 처음부터 논리적인 해설이어서, 여기에는 본래의 경험에 포함되지않는 새로운 인식이 추가되지 않는다" (P. Burke, 「칼 라너의 삼위일체론에 대한 비판적 이해」, 『신앙과 삶』 (26), 가톨릭대학교출판부, 2012, 134~135쪽 참조.).

신 '세 가지 서로 다른 존속방법'(drei distinkten Subsistenzweisen) 안에 '현존하는 유일한 하느님 실존'을 주장하는 것이다. 라너는 피조물에 대한 하느님의 자기전달이 '자유롭고' 또 '무상적으로' 이루어진다고 밝히면서, 내재적 삼위일체를 구원경륜적 삼위일체의 초월적 기반으로 진술하였다. 그리고 하느님께서는 구원 역사 안에 당신 자신을 제공하시면서도 하느님은 여전히 하느님으로, 인간이 장악할 수 없는 신비로 남으시며 세상 과정 안에 소진되지 않으신다고 강조한다. 라너는 하느님의 위격에 대하여 개념화하면서 구원경륜적 삼위일체론에서는 '세 가지 상이한 현존방법'(drei verschiedenen Gegebenheitsweisen)을 말하고, 내재적 삼위일체론에서는 '세 가지 구별되는 존속방법'(drei distinkten Subsistenzweisen)을 말하면서, 내재적 삼위일체론과 구원경륜적 삼위일체론의 구별을 설정하고 있다.[141]

그리고 라너가 사용한 '방법'(Weisen)이라는 표현은 세 가지 방식으로 구별되는 하느님이 '삼중 인격적인' 하느님으로 보일 가능성도 있지만, 반대로 이 '삼중 인격성' 개념은 동시에 하느님의 일치를 확인하게 해 줄 수도 있다.

초월론적으로 부여된 은총의 우선성이 부각되어 강조된 라너의 삼위일체론은 그리스도교 신학 안에서 중요한 가치가 있다. 그에 따르면 계시는 하느님이 인간에게 스스로를 은총으로 전달하시며 당신 자신을 알려주시는 것이고, 인간 편에서 이런 하느님의 자기전달을 수용하면서 발생하는 인격적인 관계를 의미하기에, 일체이시자 삼위이신 하느

141 노우재, 앞의 책, 184~185쪽.

님은 은총 안에 머무는 사람에 의해 경험될 수 있다고 주장하였다. 따라서 구원경륜적으로 체험된 삼위일체 하느님을 통해서 내재적 삼위일체 하느님의 가장 깊은 본질을 올바르게 이해할 수 있다는 것이다.

라너의 주장 중, 경륜적 삼위일체와 내재적 삼위일체 사이에 내밀하고 심오한 관계가 있다는 것, 그리고 전자는 단순히 후자의 모상이 아니라고 한 것은 논리적 결론이라고 평가할 수 있다. 경륜적 삼위일체는 내재적 삼위일체의 실제적 현현이라 주장하는 것은 가능하다. 각 위격의 발출은 내재적 차원의 발출이 경륜적 차원에서 다시 반복된 것이라고 볼 수 있다. 하지만, 경륜적 삼위일체는 내재적 삼위일체와 동일하지만, 그 역은 성립되지 않는다. 그 이유는 후자는 영원부터, 전자는 시간적으로 존재하기 때문이다. 시간 안에 실현된 것과 영원 안에 실현된 것은 서로 다를 수 있기에 라너의 주장이 뒷받침할만한 근거가 미흡하다.

그리고 Persona 개념 대신에 '존속방법'이라는 새로운 개념으로 대체하자는 주장에 대해서는 부정적 의견이 다수이다. 과거 교부들과 공의회는 삼위일체 정식을 고안해 내면서 본질이나 본성 등의 개념을 통해 하느님 일치성 등을 명확히 설명하고자 노력하였다. 하지만, 어떤 단어도 양태론과 삼신론을 벗어나고, 삼위성과 일치성을 동시에 드러낼 수 있는 개념은 없었다. '세 가지 존속 방법'도 한 실재의 세 표현방식(예를 들어, 양태론)이나 서로 구별되는 세 실재의 표현방식(예를 들어, 삼신론)으로 오해 될 수 있다. 아직 인간의 언어로 삼위일체 신비를 다 담아 낼 방법을 발견하지 못 했다는 것이 정확한 진단일 것이다. 따라서 라너에 의해서 전개된 삼위일체 신비에 대한 근대적이고 초월론적 이해 시도는 그리스도교 신학의 발전의 전기가 마련되었고, 삼위일체 하느님의 신비에 대한 새로운 이해의 장이 마련된 것은 분명하지만, 라너의 시도 역시 인간의 언어로 삼위일체 하느님의 신비를 온전히 설명하는 데에는 분명한 한계가 있었다.

제2부

그리스도교의 신론과 무신론

하느님에 대한 신앙은 그리스도교 신앙의 근간이다. 세상의 창조주이시고 구세주이시며 완성자이신 하느님에 대한 인식과 신앙은 그리스도교의 출발점이자 핵심이자 결론이다. 따라서 신학은 계시에 근거해서 하느님의 존재와 현존 방식에 대한 물음과 대답을 추구하는 것을 목표로 한다. 하지만 오늘날 그리스도교의 신론은 거대한 도전에 직면해 있다. 근대 이후 고도로 발전해 가는 과학과 기술은 급격한 세속화를 이루었고, 세속화된 사회에서 하느님에 대한 물음은 차츰 사라져 가거나 불필요하게 여겨진다. 그리고 인간의 주체성과 자율성이 확립되고 중시되는 사회에서 하느님이라는 절대적 가치 역시 상대적 진리로 여겨지고 있다. '신의 죽음' 혹은 '신의 부재'라는 주장은 무신론자들 뿐 아니라 그리스도교 신학의 영역 안에서도 다뤄지고 있다.

제2부에서는 먼저 하느님의 존재와 본질, 그리고 속성에 대한 그리스도교의 신론에 대해서 기술하고자 한다. 그리고 이후에 초기 교회의 이단들에 대해서 논하고자 한다. 오늘날 수많은 이단들은 거의 모두 초기 교회 이단들의 변형된 형태일 뿐이기에, 초기 교회 이단들의 주장과 특성을 이해한다면 거의 모든 그리스도교 이단들을 이해할 수 있을 것이다. 그러고 나서 근대 이후 무신론의 경향을 살펴보고, 특히 대표적인 무신론적 경향의 사상가들과 그들의 주장을 알아보고자 한다. 그리고 마지막으로 무신론에 대한 그리스도교의 응답을 통해 정리하고자 한다.

제7장
그리스도교의 신론

1. 신에 대한 물음의 다양한 형태

1.1. 유일신론(唯一神論, Monotheismus)

유일신론의 기본 구조는 하느님은 한 분(one)이시고 유일(only, unique)하시다는 것, 즉 "신(theos)=하나(mono)"이다. 종교는 신화적 단계, 신비적 단계, 계몽적 단계로 발전된다. 대부분의 종교는 고대형태를 띈 신화적 단계에서 사라지거나, 불교나 힌두교와 같이 영적 체험을 최고의 경지로 보는 신비적 단계에 머문다. 계몽적 단계의 종교는 신앙의 핵심 진리가 이성적으로 이해 가능한 종교로서, 유일신론을 인간의 종교적 의식의 진화과정에서 가장 발달한 마지막 단계에 해당된다. 대표적인 유일신교는 유다교, 그리스도교, 이슬람교이다. 이 세 종교에서 보이는 것과 같이 일신교의 신은 초월적이며 인격적인 성격을 가지고 있다. 초월적이라는 것은 신과 우주 또는 신과 인간이 기본적으로 다른 두 실재로서 창조주와 피조물, 무한자와 유한자 등의 관계 속에 있다는 것을 의미한다. 그리고 이러한 관계 속에서 신은 자신의 의지를 실현시키기 위해서 예언자나 사건 그리고 성경 등을 통해서 인간의 역사에 관여하는 인격적인 존재로 설명된다.

유일신론은 하나의 신만을 인정하기 때문에 여러 신이 존재한다고 믿는 다신교와 대립된다. 유일신론과 단일신교 등의 종교를 지칭하는 단어들은 종교사 연구의 발달 과정에 따라 인위적으로 만들어졌기 때문에, 명확한 개념이 모호할 수 있다. 단일신론(henotheism)은 다신교와 일신교 사이의 개념으로서 여러 신들의 존재를 인정하면서도 하나의 신을 숭배하는 신앙이고, 교체신론(kathenotheism)은 최고로 여겨지는 신이 경우에 따라 교체되는 신앙으로 이 둘은 유일신과 구분된다. 또한 유일신론 신관념은 세상을 하나의 기본적이고 동일한 원리에 근원하고 있다고 보는 일원론(monism)과는 구별된다. 그리고 세상의 궁극적인 실재를 도(道)나 브라만 등의 비인격적인 실재로 상정하는 동양적인 사고나 범신론적(Pantheismus)인 사고와 다르다.

1.2. 다신론(多神論, polytheismus)

복수의 신들을 동시에 숭배하는 종교를 말하며, 일신교와 대비된다. 만물에 정령이 머문다는 애니미즘도 일종의 다신교라고 할 수 있는데, 일반적으로는 자연현상의 인격화나 인간생활의 투영에 의해서 다양한 개성이나 모습이 부여된 신에 대한 신앙을 말한다. 일신교가 사막의 종교인데 반해서 다신교는 농경사회에 많이 보이며, 배우신이나 친자식처럼 지상적·현세적 성격을 다분히 가지고 있다.[142]

① **범신론(汎神論, Pantheismus)**[143]

범신론은 세계 밖에 별개로 존재하는 인격신이 아닌 우주, 세계, 자연의 모든 것과 자연법칙을 신이라 하거나, '신이 곧 만물이고, 만물이 곧 신'이라고 보는 관점으로, 범일론(汎一論), 또는 만유신론(萬有神論)이라고 부른다.

범신론의 기본 구조는 "모든 것(pan)=신(theos)" 즉, 일체의 것은 신이며 신과 세계는 하나라고 본다. 범신론은 크게 관념론적 범신론과 유물론적 범신론으로 나뉜다.

관념론적 범신론은 신을 유일성, 전체성, 절대정신 등으로 간주하면서 세계가 이러한 신으로부터 발생했다고 생각하며, 세계가 그 자체로 신은 아니지만 신에 근원을 갖는다고 믿는다. 즉 신만이 실재적이며, 세계는 신의 표현 또는 유출의 총체에 지나지 않고, 그 자체로서는 실재성을 가지지 않기 때문에 무세계론에 연결된다. 신과 세계를 '절대적으로'가 아니라 '상대적으로' 일치시키고 신과 세계 사이에 어떤 연관성을 가정하는 것이다. 물론 이 경우에 우위를 차지하는 것은 신이다. 그러므로 관념론적 범신론은 철학화된 종교적 사유라고 할 수 있다.

142 "범신론", 『종교학대사전』, 종교학사전편찬위원회, 1998, 227쪽.

143 범신론에 대해서는 다음의 논문을 참고하였다. 이정, 「〈Ethica〉에 나타난 스피노자의 신에 대한 고찰: 데카르트와의 비교를 중심으로」, 석사학위논문, 인천가톨릭대학교, 2009.

유물론적 범신론은 신과 세계를 절대적으로 일치시킨다. 세계만이 실재적으로, 신은 존재하는 것의 총체에 지나지 않는 하나의 형식에 불과하다. 세계가 신에 의해 창조되었다는 창조설을 철저하게 거부하는 유물론적 범신론은 무신론과 연결되지 않을 수 없다.

범신론적 사상은 인도와 중국의 고대 사상에서 발견되며, 동양의 주자학과 고대 서양의 스토아 철학 역시 뛰어난 범신론적 체계를 지녔다고 볼 수 있다. 신플라톤주의는 범신론은 아니지만, 후세의 범신론에 큰 영향을 미쳤다. 중세에는 니콜라우스 쿠사누스가, 르네상스 시대에는 신플라톤주의의 영향 하에 P. 폼포나치(Pietro Pomponazzi, 1462~1525)나 G. 브루노(Giordano Bruno, 1548~1600)의 범신론이 전개되었다. 무엇보다 범신론은 스피노자(Baruch de Spinoza, 1632~1677) 철학에서 가장 완전한 체계를 구축하였다. 근세에 들어 범신론은 그리스도교의 정통에 어긋난 무신론으로 비판되었고, 신과 세계를 하나로 일치시키며 유물론적 무신론의 입장을 취한 스피노자는 극악의 무신론자로 간주되었다.

1785년, F. H. 야코비(Friedrich Heinrich Jacobi, 1743~1819)와 M. 멘델스존(Moses Mendelssohn, 1762~1786)의 사이에서 G. E. 레싱(Gotthold Ephraim Lessing, 1776~1778)이 스피노자주의자였는지 아닌지에 대해서 논쟁이 일어나서, 칸트철학의 평가와 함께 독일 지식인의 비상한 관심을 끌고, 헤르더(Johann Gottfried von Herder, 1744~1803), 괴테(Johann Wolfgang von Goethe, 1749~1832) 칸트(Immanuel Kant, 1724~1804)도 포함해서, '신, 즉 자연'이라는 스피노자 사상의 재평가를 둘러싼 대논쟁으로 발전하고, 그 과정에서 스피노

자의 명예회복이 행하여져서, 괴테나 헤르더는 그의 영향 하에 범신론적 사상을 형성했는데 이를 범신론 논쟁이라고 한다. 이 논쟁은 독일낭만주의와 피히테(Johann Gottlieb Fichte, 1762~1814), 셸링(Friedrich Wilhelm Joseph von Schelling, 1775~1854), 헤겔(Georg Wilhelm Friedrich Hegel, 1770~1831)의 철학 형성에 매우 큰 의의를 가지고 있다.[144]

② 범재신론(汎在神論, Panentheismus)

범신론이 '모든 것이 신'이라는 입장이라면, 범재신론은 '모든 것(pan)이 신(theos) 안(en)에 있다'는 사상이다. 범재신론에서 신과 만물의 관계는 'all(범) ≤ God(신)'으로 도식화 할 수 있다. 'all = God'이 만물에 대한 신의 내재성을 의미한다면, 'all 〈 God'은 만물에 대한 신의 초월성을 의미한다.[145] 신은 모든 것 안에 있으면서 모든 것보다 더 큰 범주이기에 '전체'이다.

신의 내재성과 초월성을 담아내고 있는 범재신론은 그리스도교와 함께 이해될 수 있는 부분이 있고, 동시에 적용될 수 없는 부분이 있다. 그리스도교 신앙과의 관계에서 범재신론의 가장 큰 한계는 그리스도교의 '인격적 하느님'이 설명되지 않는다는 점이다. 그리스도교에서는 하느님만 오직 유일하신 하느님이시다. 이스라엘의 역사 안에서, 이스라엘 백성과 대화하시고, 예수의 육화로 인간과 함께하시고, 성령으로 인간 안에 현존하시는 그리스도교의 하느님은 인격적 하느님이다. 그러

144 "범재신론", 『종교학대사전』, 종교학사전편찬위원회, 1998, 440쪽.

145 이찬수, 「오늘 우리에게 신이란-범재신론 이해하기」, 『갈라진 시대의 기쁜 소식』, 우리신학연구소, 2013, 60~73쪽.

나 범재신론은 비인격적 하느님 개념이다. 분명 세상 모든 것은 하느님의 창조물이기에 만물을 통해 하느님을 알 수 있고, 볼 수 있다(일반계시 혹은 자연계시). 그러나 성전과 성경과 같은 구체적이고 특별한 계시를 통해서 보다 더 하느님을 확실하고 분명하게 인식할 수 있다(특별계시 혹은 초자연계시). 그리스도교는 계시를 통한 진리 이해, 그리고 계시를 통한 초월적이며 동시에 인격적인 하느님 이해를 강조한다. 범재신론의 개념 중에 그리스도교에 적용 가능한 부분도 있지만, 범재신론의 신 이해 과정에서는 예수 그리스도의 십자가 구원 사업과 구원의 보편적 성사로서의 교회가 없어도 된다는 것이다. 범재신론에 의하면 하느님의 질서와 섭리가 이미 갖춰져 있기 때문에 만물은 자신 안에 스스로 구원될 능력을 가지고 있다고 할 수 있다. 자연 질서 안에서 스스로 정화되고 완성될 수도 있다는 것이다. 범재신론을 주장하는 사람들은 우리 안에 신성 속성이 내재해 있기에 교회의 중재 필요성을 중요시하지 않는다. 그들의 주장이 발전하면 그리스도의 십자가 사건, 교회의 성사는 굳이 없어도 되는 것이고, 결국엔 하느님조차도 필요 없어진다.

범재신론적 특성이 자연과학적으로 설명되고 발전된 것이 바로 화이트헤드(Alfred North Whitehead, 1861~1947)가 주창한 '과정신학'(過程神學, Process Theology)이다. 이는 우리가 살고 있는 세계의 역동적이고 진화적인 성격을 주제로 삼는 세계관, 즉 세계는 불변하는 고정적 실재가 아니라 끊임없이 변화하는 운동 과정이고 역동적 실재라는 관념이다.[146] 화이트헤드에 의하면 우주는 신 안에서 이루어질 궁극적 단

146 W. Pittenger, *Meland, Process thought & Significance of Christ*, in Theology, Process edited by Ewert H. Cousins, Newman Press, 1971, p. 205.

일화를 향해 전진하는 과정으로써 세계는 동적인 사건과 변천하는 역사로서 형성된다. 그러므로 '존재와 본질'보다는 '되고 있음과 행동'이 더욱 중요시된다. 세계를 움직여서 새로운 단계로 가게 하는 근본적인 힘은 강제력이나 폭력이 아니라 사랑의 설득, 신의 힘이다. 과정신학에 의하면 신도 이 세계와의 관계 속에서 끊임없이 미래의 가능성을 향해 새롭게 결단되어 변화해 가는 존재로 설명된다. 과정신학은 근대 이후 자연 법칙을 통한 하느님 이해로써, 화이트헤드와 하트숀의 영향을 받아 형성된 특정한 신학 운동, 신학적 경향을 가리킨다. 과정 신학은 아직 완전한 구원에 이르지 못한 인간과 세계의 진화적 성격을 강조하여, 신(神)도 생성, 변화, 발전, 소멸하는 세계와의 영적 교류를 통해 발전과정에 있다고 주장한다.

이와 같은 자연법칙을 통한 범신론적 하느님 이해는 초자연적 계시와 하느님의 인격적 특징을 도외시함으로써, 유물론이나 유신론 심지어 무신론으로 변질될 위험을 지닌다. 따라서, 범신론과 범재신론적 주장과 결과를 그리스도교에서 고려할 여지가 있기는 있지만, 이 둘의 결론은 결국 무신론으로 이어질 수 있다는 점을 간과해서는 안 된다. 프란치스코 교황의 회칙 『찬미받으소서』에도 범재신론적 성격을 띤 내용이 간혹 들어있다. 이런 내용의 신학적 해석에 있어서는 신중하게 접근할 필요가 있다.

표 11. 범재신론과 그리스도교의 존재론적 하느님 이해 비교

범재신론	존재론적 하느님 이해
공통 인식: 세상 모든 존재는 하느님을 향유	
1)모든 만물은 자기를 유지하는 자가 능력이 있다. 2) 모든 만물은 구원 능력이 있으므로 3)자연신학, 자연법칙으로 세상을 이해할 수 있다. ⇓ 성사의 은총 굳이 필요로 하지 않음	1)세상은 죄 때문에 치유되어야 하며, 2) 스스로의 힘으로는 완성될 수 없다. ⇓
⇒ 현대의 다양한 신학 경향 중에 모든 만물 안에서 활동하시는 성령의 역할이 지나치게 강조되는 경향이 있다.	예수 그리스도의 구원, 교회와 성사 필요 ⇒ 예수 그리스도가 구원 사건의 중심

1.3. 이신론(理神論 Deismus)[147]

이신론 혹은 자연신론(自然神論)은 신이 천지창조의 주체이기는 하지만 창조 행위 후에는 인간세계에 대한 자의적 개입을 중지하고, 자연에 내재하는 합리적 법에 의해서만 우주를 통치하는 것으로 여기는 합리주의 신학의 종교관이다.

계몽주의 영향으로 발달한 이 신조는 최초 17세기의 철학자 챠베리의 허버트(Herbert of Cherbury, 1583-1648)에 의해 정식화되었다. 이후 1696년에 톨랜드가 『그리스도교는 신비적이 아니다』를 간행하자,

147 이신론에 다음의 책을 참고 하였다. 이태하, 『근대 영국철학에서 종교의 문제, 이신론과 자연종교』, 북코리아, 2018, 31~37쪽; "이신론", 『종교학대사전』, 종교학사전편찬위원회, 1998, 1057~1058쪽.

국교회의 호교론자가 이에 공격을 가하였고, 이를 계기로 발발한 이신론 논쟁으로 세간의 주목을 모으게 되었다. 이 논쟁에 등장한 대표적인 이신론자로서는 『천지창조처럼 오래된 그리스도교』(1730)의 저자 틴들(Matthew Tindal, 1653~1733), 『자유사상에 대해서』(1713)의 저자 콜린즈(John Anthony Collins, 1676~1729), 당시의 거물 종교가로 문필가인 볼링브룩(Viscount Bolingbroke, 1678~1751) 등이 알려져 있다. 이어 프랑스에 이입되어 볼테르(Francois-Marie Arouet, 1694~1778)와 디드로(Denis Diderot, 1713~1784) 그리고 루소(Jean Jacques Rousseau, 1712~1778) 등이 제창하여 유럽 각지에 퍼졌다.

유신론은 기본적으로 신과 인간의 직접적인 소통을 인정한다. 따라서 소통의 증표로서 자연법칙에 대한 신의 개입을 허용하는 특별계시, 기적, 섭리를 인정하며, 이러한 계시와 기적을 근거로 각종 종교적 의식과 의례를 신자들에게 요구한다. 반면, 이신론의 신은 인간과 소통하지 않는다는 점에서 사실상 '부재하는 신'(Absentee God)이기 때문에 자연의 질서에 반하는 모든 이적과 기적, 부활과 재림들 모든 비합리적인 기술을 부인할 뿐 아니라 이들에게 기초한 모든 형태의 종교적 교리와 의례 또한 부인한다. 이러한 점에서 이신론자들은 사실상 무신론자라는 비판을 받기도 한다.

철학사의 관점에서 볼 때 이신론이란 개념은 일의적인 의미를 지니고 있지 않다. 17~18세기 대표적인 변증론자였던 사무엘 클라크(Samuel Clarke, 1675~1729)는 이신론은 네 가지 유형으로 분류하였다. 첫째, 최고 존재인 신이 세상을 창조했지만 더 이상 세상에 관여하지 않는다고 보는 이신론. 둘째, 신이 세상을 창조했을 뿐 아니라, 세상의 모든 것에 간접적으로 관여하는 최고 존재이지만, 도덕적 존재는 아니라고 여기는 이신론. 셋째, 신이 세상을 창조하고 모든 것을 간접적으로 관여하는 최고 존재일 뿐 아니라 도덕적 존재라고 보지만, 내세에서 인간의 행적에 대해 보상과 징벌을 하지 않는다고 여기는 이신론. 넷째, 세계를 창조하고 지배할 뿐 아니라 내세에서 상벌을 주는 신을 믿지만 그 신이 이성에 반하는 방식으로 세상을 지배한다고 보지 않는 이신론이다.

표 12. 이신론의 유형

구분	창조주 존재 인정	세상에 개입	도덕적 존재	내세에 대한 판결	분류
첫 번째	○	×	×	×	유사 무신론
두 번째	○	○	×	×	역사적 이신론
세 번째	○	○	○	×	역사적 이신론
네 번째	○	○	○	○	역사적 이신론

첫 번째 이신론은 '부재하는 신'을 믿는다는 점에서 사실상 무신론과 별반 차이가 없지만, 그 외의 이신론들은 신이 자연의 운행과 인류의 역사에 개입하는 현존하는 존재이지만 그 개입이 자연적인 방식으로 일어나기에 쉽게 눈에 띄지 않는다고 존재하는 역사적 이신론이다. 클라크는 네 가지 이신론 중에서 마지막 이신론을 유일하게 참된 이신론이라 말한다. 이 이신론 유형들에서 주목해야 하는 것은 다음의 세 가지 공통점이다. 첫째, 최고의 존재자이자 창조주로서의 신을 믿으며(무신론이 아님), 둘째, 신은 자신이 창조한 세계와 독립하여 존재하며(범신론이 아님), 셋째, 자연의 법칙을 깨는 신의 섭리와 기적을 인정하

지 않는다(유신론이 아님).

이신론에는 역사적 이신론 외에도, '구성적 또는 건설적 이신론'(Constructive Deism)과 '비판적 또는 파괴적 이신론'(Critical or Destructive Deism)이 있다. 건설적 이신론은 신의 존재와 본성에 대해 언급하는 한편 이신의 존재에 대한 믿음을 기반으로 하는 자연종교의 원리를 담고 있다. 이에 반해 비판적 이신론은 건설적 이신론을 지원할 목적으로 기성종교의 교리나 의례의 불합리함을 지적하거나 또는 성경의 신뢰성에 의문을 던지는 성서 비판에 주력하는 이신론을 말한다.

이신론과 신학은 절대 존재에 대한 단일성과 유일성을 확신한다는 공통점을 지니지만, 이신론의 근거는 '이성'인 반면, '신학'의 근거는 '계시'라는 점에서 분명하게 구분된다. 또한 인간을 위해 신을 이용하는 이신론의 태도는 신에게 순종하고 귀의하는 신앙과도 구분된다.

2. 한 분 하느님에 대한 신앙

예수 그리스도를 통해 그리스도교 신앙이 생겨난 이후, 초기 교회에 형성된 신론은 종교적으로는 이스라엘의 영향이 있었고, 사상적으로는 그리스 철학의 영향이 있었다.

먼저, 그리스도교의 하느님에 대한 신앙 고백은 이스라엘의 신앙 고백과 연관이 있다.

"이스라엘아, 들어라(שמע ישראל, Schema Israel)! 주 우리 하느님은 한 분이신 주님이시다"(신명 6,4). 이는 유대교 신앙의 핵심적인 주장으로 이해할 수 있다. 하느님의 유일한 현존은 십계명의 1계명에서도 강조된다(신명 6,4–9; 13,21; 민수 15,37–41). 하느님과 계약을 맺은 백성은 유일하고 초월적이며 절대적인 하느님에 대한 신앙을 확신하고 강조하고 계승하고 있다.

그리스도교의 신경은 이스라엘 신앙고백의 첫마디를 계승하고, 유일신을 믿으며 겪어야 했던 이스라엘의 신앙 체험과 투쟁을 연계한다. "Credo[148] in unum Deum"(한 분이신 하느님을 저는 믿나이다). 이스라엘의 유일신 사상은 그리스도교에 동일하게 적용된다.

이스라엘 신앙의 투쟁은 무엇보다 우상과의 투쟁이었다. 우상(偶像, Idol)이란 하느님이 아닌 것을 마치 하느님처럼 여기는 것이다. 이단에 맞서는 구약의 이스라엘 백성의 투쟁이나 신약의 교회도 같은 맥락의 노력으로 볼 수 있다. 이스라엘의 믿음은 다른 종족들의 믿음과 대결에서 형성, 과감한 선택과 해석, 연결과 개혁의 총합이다.

또한 이스라엘의 신앙은 역사적 특징을 가지고 있다.

신앙 안에서 역사란, 세상 창조 때부터 시작된 인간의 역사, 구세사, 구원의 역사, 구원경륜을 말한다. 이스라엘은 초월적인 하느님을 구체적인 역사 안에서 체험했다. 구체적인 시공간인 역사 안에서 하느님의 계시를 받았고, 역사 안에서 하느님과의 계약을 실천하였으며, 역사 안에서 이교도와 접촉하면서도 한 분 하느님이심을 증거하였다. 그들의 신앙은 깨달음을 통해 얻은 결과물이 아니라, 역사 안에서 구체적

148 신앙은 공동체적 특징을 지닌다. 그럼에도 불구하고 '신경'에서 '우리는 믿나이다'(credemus)를 사용하지 않고, 1인칭인 '나는 믿나이다'(credo)를 사용하는 까닭은, 신경이란 것이 초대교회의 세례식 안에서 개별적인 신앙을 고백하기 위한 기도문이었기 때문이다.

이고 실천적이며 경험적으로 주어진 것이다.

그리고 이스라엘 신앙의 역사적 특성은 그리스도교와 직접적으로 연결된다. 하느님의 말씀이자 내재적 삼위일체 하느님의 제2위격인 예수가 인간의 역사 안으로 직접 들어오셨다. 예수는 역사적이고 구체적인 진리, 즉 육화된 진리이고, '보편적 구체성'(Universale Concretum)[149]을 지닌 진리이다. 이 진리를 향한 그리스도교 신앙 역시 역사적이다.

이스라엘이 역사 안에서 하느님을 만난 체험의 기록이 율법(תורה, Torah)이라면, 그리스도교가 역사 안에서 하느님을 만난 체험의 기록은 복음(Evanglium), 즉 예수 그리스도의 말씀과 행적 자체이다.

유대교의 유일신론과 달리 다신교의 특징은 밥의 숭배, 애정(eros)의 숭배, 권력의 신격화 등이다. 밥의 숭배는 곧 물질을 의미하고, 애정의 숭배는 질서 없는 욕망을 추구하게 되는 경향을 말하고, 권력의 신격화의 예는, 탈출기에 등장하는 이집트의 파라오와 같은 경우이다. 예전에 다신교에서 드러났던 특징이 곧 오늘날 이단의 특징이라고 할 수 있는데, 이것을 뛰어넘는 것이 하느님에 대한 신앙이며, 그 증거가 바로 이스라엘의 신앙이다.

다신교와 물신숭배(mammon)를 거부한다는 것은 하느님을 내 뜻대로 움직이겠다는 인간 욕구와 인간 중심적 태도를 넘어선 것이다. 배금주의(mammonismus, 물질만능주의)와 이기주의에 대응하기 위한 이 시대의 해답도 다르지 않다. 유일한 신이며, 진정으로 우리를 구원하

149 예수 그리스도가 보편적이고 구체적인 진리(Universale Concretum)라는 내용에 대해서는 다음의 논문을 참조. Cho, Benedikt Hankyu, *Universale Concretum. Die Bestimmung des unterscheidend Christlichen in den gesammelten Werken von Joseph Ratzinger*, Sankt Ottilien, EOS Verlag, 2015.

실 수 있는 하느님만이 유일한 답이다. 이스라엘은 다신교와 물신 숭배를 거부하였고, 유일신 하느님에 대한 신앙을 고수하였으며, 하느님 능력의 절대성을 고백하였다. 그리고 이스라엘의 신앙은 그리스도교에서 계승되었다. 구약의 하느님 백성과 신약의 새 하느님 백성은 거대한 공통점과 연속성을 갖는데, 창조주 하느님에 대한 유일신 신앙, 하느님과 맺은 계약, 인간은 하느님의 모상이라는 창조적 인간관 등이고, 차이점이자 비연속성은 바로 예수 그리스도이시다.

3. 구약성경의 신 신앙 - 불타는 가시덤불 이야기

구약성경에 따르면 'El' 혹은 'Elohim'(=주님)은 이스라엘 선조들이 부르던 하느님 호칭이고, 'JHWH'(야훼)는 모세를 통해 계시된 하느님의 이름으로 구약의 신 개념 전체는 이 두 종류의 이름으로 표현되었다.[150]

구약적 신 이해와 신 신앙에 대한 신앙고백의 핵심적 발언은 '불타는 가시 덤불'(탈출 3장) 이야기이다. 이 이야기를 보면 모세에게 주어진 하느님의 명칭의 계시와 때를 같이하여 앞으로 이스라엘을 지배할 신 개념의 결정적 기초가 담겨있다. 이 구절은 가시덤불의 불길 속에서 발현하는 신에 의해 모세가 이스라엘의 영도자로 불리는 과정을 그리고 있고, 이 과정에서 모세는 자신에게 권한을 주는 그 대상이 누구인

150 J. Ratzinger, 『그리스도 신앙 어제와 오늘』, 장익 역, 분도출판사, 2000, 118~120쪽.

지 밝히고자 한다.

> 모세가 하느님께 아뢰었다. “제가 이스라엘 자손들에게 가서, ‘너희 조상들의 하느님께서 나를 너희에게 보내셨다’ 하고 말하면, 그들이 저에게 ‘그분 이름이 무엇이오?’ 하고 물을 터인데, 제가 그들에게 무엇이라고 대답해야 하겠습니까?” 하느님께서 모세에게 “나는 있는 나다” 하고 대답하시고, 이어서 말씀하셨다. “너는 이스라엘 자손들에게 ‘있는 나’께서 ‘나를 너희에게 보내셨다’ 하여라.” 하느님께서 다시 모세에게 말씀하셨다. “너는 이스라엘 자손들에게, ‘너희 조상들의 하느님, 곧 아브라함의 하느님, 이사악의 하느님, 야곱의 하느님이신 야훼께서 나를 너희에게 보내셨다’ 하여라. 이것이 영원히 불릴 나의 이름이며, 이것이 대대로 기릴 나의 칭호이다”(탈출 3,13-15).

이 구절에서는 분명 ‘야훼’라는 하느님의 이름이 이스라엘 위에 확립되고 있다. 중요한 점은 이 상황에서 ‘야훼’라는 하느님 이름의 계시와 함께 이스라엘이라는 민족 형성, 그리고 더 나아가 하느님과의 계약 체결에 그 기원이 되는 사건이 벌어졌다는 것이다.

왜 모세는 하느님께 다른 것들을 청하지 않고, 하느님의 이름을 물었을까?

모세는 이스라엘을 대표하는 인물이다. 그리고 이스라엘은 하느님이 선택하고 하느님과 계약을 맺은 백성이다. 이스라엘의 신 신앙은 초월적이고 동시에 역사적인 특성을 가지고 있고, 여기에다 또 중요한 점이 바로 인격적 특성을 지닌다는 점이다. ‘야훼’ 이름의 의미에 대해서 정확한 의미 파악은 불가하지만, 동시에 모세 이전에, 이스라엘 밖에서 야훼라는 이름 고증 또한 불가하다고 한다. 모세는 하느님 이름 계시에 기여하였고, 고유한 하느님 이름을 통해 이스라엘 민족에 희망을 주었다고 한다. 하느님은 모세에게 당신의 이름을 계시함으로써, 모세와 이스라엘 백성에게 인격적인 관계를 맺어 주셨다. 인격적이라는 것은 다름 아니라 하느님과의 인간적인 관계 맺음, 즉 하느님의 이름을 부를 수 있고, 기도할 수 있고, 대화할 수 있고, 관계를 맺을 수 있다는 것을 의미한다. 이름 안에는 그 사람의 존재가 담겨있고, 그 사람과 나와의 관계가 담겨있다. 하느님의 이름을 통해 우리는 하느님과 인간의 관계를 설명할 수 있다. 따라서 모세에게 JHWH, '나는 있는 나다'라는 하느님의 이름이 계시된 사건은 이집트 탈출이라는 사건의 예비 단계로 이해될 수 있고, 하느님과 이스라엘 백성 사이에 벌어진 가장 상징적인 사건 중의 하나라고 볼 수 있다. 하느님의 자기현현(顯現), 즉 하느님에 의해 하느님이 드러나게 된 이 사건은 이스라엘뿐 아니라, 온 인류에게 가장 결정적인 사건일 것이다. 하느님의 결정적 자기 계시가 드러남으로써, 이는 모든 계약 체결의 기원이 되고, 하느님의 이름을 통해 구약의 모든 신 개념이 드러나게 되었다.

'야훼'라는 하느님 이름의 결정적 계시가 이스라엘에 주어졌다. 그리고 이스라엘 민족 형성과 계약체결의 기원에 근거를 둔다는 점이 확인된다.

> "이 내용상의 의미부여는 무슨 뜻인지 알 수 없는 '야훼'라는 말이 '하야' (haja), 즉 '있다'라는 어근에서 유래한다는 점을 통해서 성립된다고 한다. 히브리어 자음 구성 요소로는 적어도 가능한 풀이다. 이것이 실제로 야훼라는 이름의 유래에 언어학적으로도 해당되는지에 대해서는 적어도 의심의 여지가 있다 … '야훼'라는 이름을 '있다' – '내가 있노라' –는 말로 푼

데 이어 또 하나의 해석이 이 연사에서 시도되고 있다. 곧 야훼는 선조들의 하느님, 아브라함의 하느님, 이사악의 하느님, 야곱의 하느님이라는 풀이가 그것이다. 이 말의 뜻은 이렇게 불리는 하느님이 바로 '엘'(El) 및 '엘로힘'(Elohim)으로 불리어 오던 이스라엘 선조들의 하느님과 근본적으로 같은 분이라고 함으로써 '야훼'라는 말의 이해를 넓히고 심화하는 것이다."[151]

'야훼'라는 이름을 계시해 주셨는데, 이 단어를 통해 당신이 '있음'(존재), 그리고 '조상들의 하느님'이라고 알려주신다. '있음'은 하느님의 가장 근본적인 속성이다. 이 말은 하느님이 시공간에 존재시며, 동시에 시공간을 초월하여 존재하시는 분임을 의미하며, 나아가 모든 곳에 존재하신다는 것을 뜻한다. 그리스 철학에서는 신 개념을 '제1원인', '절대자', '초월자', '모든 근거 중의 근거' 등으로 표현한다. 이 철학적 신 개념은 '야훼'라는 하느님 이름이 지니는 의미와도 일치한다. 그리고 '야훼'는 동시에 아브라함, 이사악, 야곱의 하느님으로, '엘' 혹은 '엘로힘'이라 불리던 선조들의 하느님과 같은 분으로 계시되었다. 하느님은 세상을 창조하신 분으로써, 세상 창조 때부터 있었던 계약이 아브라함을 통해 드러났고, 모세를 통해 구체화되었다. 즉 '야훼'라는 이름 안에서 계약의 연속성과 지속성을 확인할 수 있다.

존재 개념을 하느님 이름으로 대입한 것은 그리스 철학의 전통과 부합된다. 교부들 역시 성경의 진술과 철학적 통찰이 일치한다고 확신했다. '70인역' 번역자들 또한 그리스 문화와 철학의 영향을 받았다. 그리스도교의 특징 중 하나는 이성적, 합리적으로 신앙과 하느님을 이해

151 J. Ratzinger, 앞의 책, 119~120쪽.

한다는 것이다. 2~4세기에 신학이 철학을 통해 보편화되는 과정을 거치게 되는데, 특히 알렉산드리아에서는 철학의 절대자 개념, 즉 세상의 모든 것의 근거가 성경의 하느님과 일맥상통함을 강조하며, 예수 그리스도를 로고스(Logos) 개념으로 설명하였다. 유대교 신앙이 그리스 철학을 통해 보편종교화 됨으로써 그리스도교는 그 정체성을 견고히 할 수 있었다. 즉, 그리스도교의 신학적 하느님 상(Hebraism)은 철학적 하느님 상(Hellenism)과 반대되지 않고 오히려 그것을 보완하고 포괄한다. 그리고 '야훼'라는 이름의 의미는 가브리엘 천사가 알려준 예수의 이름인 '임마누엘'(Immanu(=with us) + El(=God))과 공통점을 지닌다. 하느님은 언제나 모든 시대, 모든 사람들과 함께 하시는 분이시다.

신앙의 하느님과 철학의 하느님이 보편적으로 일치된다는 그리스도교의 가르침과 대부분의 신학자들은 견해가 일치하지만, 신앙의 하느님이 철학적 개념으로 환원될 수 도 있다고 우려하는 이들도 있었다. 반대 입장을 대표하는 사람으로 스위스 개신교 신학자이자, 변증신학의 기초를 세운 에밀 브룬너(E. Brunner, 1889~1966)를 꼽을 수 있다.

변증신학(변론+증명)이란, 그 당시에 학문의 주류를 이루던 자연과학, 유물론, 진화론 등의 입장에 대해서 그리스도교 입장에서 신을 변론하려는 신학이고, 개신교에서 활발하게 이루어졌었다. 19~20세기 초는 개신교 신약성서학자인 불트만(R. Bultmann 1884~1976)을 중심으로 실존주의와 비신화화(非神話化, 혹은 탈신화화 Enmythologisierung, 그리스도교에서 신화(Mythos)적인 면을 제거하려던 시도)가 유행하던 시기였다. 이 영향으로 개신교에서는 자유주의 신학이 유행하였다. 그 결과 신앙의 내용을 보다 학문적, 이성적으로 이해하려는 시도들이 생겨났는데, 예를 들어 역사비평을 통한 성경 해석으로 신화적인 면을 제거하고, 예수를 실천적, 윤리적인 면에서 뛰어난 인물로 보려하는 경향이 있었다. 이러한 관점 하에서 성경은 윤리적으로 살 수 있는 올바른 지침서가 되고, 예수는 닮아야 할 모범적인 인간으로 해석될 뿐이다. 변증신학에서는 이러한 자유주의 신학의 인간 중심적 경향을 반대하며, 하느님 중심성과 절대성과 초월성을 강조하였다.

변증신학의 가장 대표적 학자는 스위스의 개신교 신학자 칼 바르트(K. Barth, 1886~1968)이다. 그는 『교회 교의학』(Dogmatik)이라는 방대한 신학 서적을 저술하였고, 개신교의 칼 라너라고 불리울 만큼 엄청난 학문적 업적을 세웠다. 가톨릭 신학자 중에 한스 큉이나 발터 카스퍼 등은 바르트의 영향을 많이 받았다. 칼 바르트는 인간은 죄인이며 하느님 중심성과 절대성이 강조되어야 한다고 주장한다. 그는 이성의 역할을 제한한 것은 아니지만, 신앙의 절대적 우위성과 절대성을 강조하였고, 그리스도교의 핵심은 다름 아니라 사람이 되신 하느님의 말씀 예수 그리스도라는 '그리스도 중심적인 신학'을 전개하였다.

4. 그리스도교의 하느님 이해

4.1. 이스라엘의 역사를 통해(종교적 개념)

역사란 시공간 안에서 실제적이고 구체적으로 일어난 것을 의미한다. 이스라엘의 역사는 바로 하느님의 역사이자 구원의 역사이고, 그 자체로 구세사이자 구원경륜이 담긴 역사이다. 이스라엘 백성은 구체적인 역사 안에서 그들을 선택하시고, 그들과 계약을 맺으시는 하느님을 만났다. 율법(토라, Torah)이란 다름 아니라 바로 하느님을 만났던 구세사의 체험이고 기록이다. 율법이란 이스라엘 백성에게 구세사의 산물이다. 모세 오경(토라)에는 구세사 안에서 겪었던 하느님 체험이 담겨있기 때문에, 이스라엘 백성에게는 무엇보다 더 중요한 것이다. 구약에서는 하느님의 계시 자체가 율법인데, 그들은 율법을 통해 자신들이 선택된 백성임을 자각하였고, 율법 준수를 통해 계약 관계가 유지되었다. 구약성경의 창조, 구세사, 계약 관계를 통해 이스라엘의 하느님에 대한 이해의 근거가 되고 그리스도교의 신 개념의 기원이 되었다. 구약의 하느님 백성에게는 창조와 역사를 통해 전달된 야훼(JHWH) 하느님의 계시가 중심인데, 이는 하느님이 당신 자신에 관하여 알려 준 것이다. 그래서 칼 라너는 계시를 '하느님의 자기 전달'(Selbstmitteilung Gottes)이라고 표현하였다.

하느님에 대한 이해를 이스라엘은 진리의 계시를 책이나 이론이 아니라, 구체적인 역사로서의 진리로 이해했다. 이것은 유대교와 그리스도교 사이의 중요한 공통점이자 연속성이다. 반면 이슬람교는 '책의 종교'(Buchreligion)로써, 가브리엘 천사가 마호메트에게 전한 하느님 말씀이 바로 코란(혹은 꾸란) 자체이고, 계시 자체이므로, 해석하거나 첨언하는 것이 불가능하다.

그리스도교 역시 역사적 체험을 통해 진리이신 하느님 말씀을 이해한다. 구약의 이스라엘 백성이 체험한 하느님을, 육화된 말씀이신 그리스도를 통해 체험한다는 면에서 유대교와 공통점과 연속성을 지닌다. 그리스도교는 이스라엘의 고유성과 독특성을 인정한다.

그렇다면, 하느님과 계약을 맺은 유대인은 그리스도교 선교의 대상인가?

그리스도교 구원론은 하느님은 세상 모든 사람의 구원을 바라신다는 점, 즉 하느님의 보편적 구원 의지를 이야기하고, 동시에 예수 그리스도만이 유일하고 보편적인 구원자, 즉 예수 그리스도를 믿어야 구원을 받을 수 있다고 믿고 가르친다. 그렇다면 그리스도를 믿지 않은 이들, 특히 유대인들의 구원 문제에 대해서 어떻게 설명할 수 있을까? 유대인들도 예수 그리스도에 대한 명시적 신앙고백이 있어야만 구원을 받게 되는 것일까?

하느님의 첫 계획은 이스라엘을 통해 온 세상을 구원하는 것이었다. 계약을 맺은 하느님 백성이 먼저(exclusive), 그리고 이후에 하느님 백성이 구원의 도구가 되어서 모든 사람들(inclusive)을 구원되기를 바라셨다. 이스라엘 백성은 역사 안에서, 그리고 하느님과 맺은 계약 안에서 하느님의 뜻을 이해하고 받아들일 수 있었다. 그러나 그 계약은 결국 완성되지 못했고, 예수 그리스도에게서 새로운 계약이 시작되었다. 따라서 세상의 모든 사람들은 예수를 주님으로 믿고 고백함으로써 구원을 받는다. 그렇다면 옛 계약의 백성을 어떻게 되는가? 유대인의 구원 문제와 관련해서 사도 바오로는 로마서 9–11장에 걸쳐 이 문제를 다루고 있다. 사도 바오로의 결론은 옛 계약은 여전히 유효하다고 한다. 비록 이스라엘은 불충을 저질렀지만, 하느님의 신실하심은 변함이 없기에 한 번 맺은 계약은 여전히 유효하다는 것이다.

“그들은 복음의 관점에서 보면 여러분이 잘되라고 하느님의 원수가 되었지만, 선택의 관점에서 보면 조상들 덕분에 여전히 하느님께 사랑을 받는 이들입니다. 하느님의 은사와 소명은 철회될 수 없는 것이기 때문입니다”(로마 11, 28–29).

하느님은 한 번 맺으신 계약을 거두지 않으시기에, 하느님께서 이스라엘과 맺으신 계약은 여전히 유효하고, 이 옛 계약은 신약의 근거와 기준이 되는 것이기도 하다. 가톨릭교회는 유대인들이 맺은 계약이 여전히 유효하다는 면에서 그 특수성을 인정한다.

“먼저, 계약과 약속이 주어졌던 저 백성이 참 그렇다. 인성으로 말하면, 그리스도께서 그 백성에게서 태어나셨으며(참조 로마 9,4–5), 선택에 따라 보면 그 백성은 조상 덕택으로 하느님의 가장 큰 사랑을 받았다. 하느님께서는 한 번 주신 선물이나 소명을 다시 거두지 않으시기 때문이다(참조 로마 11,28–29)”(「교회헌장」 16항).

가톨릭교회는 이스라엘 백성이 예외적으로 예수 그리스도에 대한 명시적 신앙을 고백하지 않고도 구원의 길이 있음을 밝히고 있다.

4.2. 로고스, 진리 개념을 통해(철학적 개념)

초기 그리스도교는 그리스 문화의 언어와 철학 안에서 신앙을 이해하였다. 그래서 이성이 바탕이 된 계몽화된 종교가 되었고, 다른 신화적, 신비적 종교들과 구분되었다.

보통 종교의 발전 단계를 ① 신화적 단계 → ② 신비적 단계 → ③ 계몽화된 단계로 구분하는데, 그리스도교는 신화적 단계를 벗어나 철학적, 학문적 숙고의 과정을 거친 계몽화된 종교라고 이해한다.[152] 이는 그리스도교의 핵심적인 특징 중 하나이다. 그리스도교를 계몽화된 종교라고 하는 것은 그리스도교가 그리스 철학의 도움을 통해서 합리적이고 보편적인 의미의 종교가 되었다는 뜻일 뿐, 철학적 사조로서의 '계몽주의'와는 구분되는 것이다. 근대의 시작이었던 '계몽주의'(Aufklärung, auf(-위에) + klar(밝은, 명확한))는 인간을 자연과학적 사고방식을 통해서 미몽에 머물게 하는 중세적 사고방식에서 벗어나자고 하는 노력이었다.

신약성경 중 네 번째 복음서는 예수 그리스도를 '로고스'(λόγος lógos), 즉 하느님의 말씀이라고 이해하였다. "한 처음에 말씀이 계셨다"(요한 1,1). 로고스라는 개념은 지극히 그리스 철학적인 개념이지만, 그리스도 신앙이 신학화 되어갈 때 성경 안에서 예수를 발견하는 가장 중요한 원리가 되었다. 이 로고스가 의미하는 것은 무엇인가? 성경에서 의미하는 로고스란 모든 존재의 전제이며 근거인 창조적 사유이고, 모든 것을 유지하며 포괄하는 존재이자 의식이며 자유이고 사랑을 의미한다.[153]

요한복음 사가는 로고스라는 철학적 개념을 예수에게 적용시킨다. 예수의 가장 사랑받던 제자는 자신이 이해하고 인식했던 예수의 모습을 철학적 개념을 통해서 자신만의 방법으로 고백한 것이다. 요한복음 1장 1절은 마치 창세기의 시작을 연상케 한다. 구약의 창세기가 하느님

152 J. Ratzinger, 『신앙 · 진리 · 관용: 그리스도와 세계의 종교들』, 정종휴 역, 가톨릭대학교출판부, 2009, 27~32쪽.

153 J. Ratzinger, 『그리스도 신앙 어제와 오늘』, 장익 역, 분도출판사, 2000, 161쪽.

말씀을 통한 세상의 창조와 첫 시작을 알려준다면, 요한복음의 서문은 말씀이신 그리스도를 통한 새로운 세상의 시작을 알려주는 듯하다.

그리스 철학과 그리스도교 신앙의 관계, 즉 이성을 통한 신앙과 하느님 이해에 있어서 그리스도교는 신앙과 이성의 조화를 강조하고 있다. 신앙 이해에 있어서 이성은 그 자체가 목적이 아니라 신앙을 올바로 이해하기 위한 도구이다. 강을 건넜으면, 강은 건너게 해 준 배를 버리고 떠나야지, 배를 지고 가는 법은 없는 것처럼 말이다. 하느님은 초월적이고 완전한 대상이므로, 인간이 어떤 식으로든지 완전히 이해하는 것이 불가능하다. 따라서 인간은 언제나 이성과 함께 신앙이 필요하다.

"신앙과 이성은 인간 정신이 진리를 바라보기 위해 날아오르는
두 날개와 같습니다."
(성 요한 바오로 2세 회칙 「신앙과 이성」(Fides et Ratio 1998) 서론)

올바른 신학과 신앙을 위해서는 지나치게 이성에 근거하여 계시의 초자연적 특성을 거부하는 이성주의(Rationalismus)를 경계하고, 지나치게 신앙에만 근거하여 이성의 중요성을 인정하지 않는 신앙주의(Fideismus)를 극복해야 한다. 그래서 교회는 "알기 위해서 믿고, 믿기 위해서 이해하라(Crede ut intelligas, intellige ut credas)"고 가르친다. 그러나 그리스도교 신학에서 이성과 신앙은 동일하게 중요한 것이 아니라, 항상 신앙이 이성보다 더 우위에 있다. 특히 근대 이후 자연과학에 기반한 이성에는 비판적인 시각을 가져야 한다.[154] 중세에는 신앙이 절

154 이 문제와 관련해서는 다음의 책을 참조. J. Habermas/J. Ratzinger, 『대화 – 하버

대 우위에 있었지만, 근대 이후에는 인간 이성이 모든 것에 있어 중요한 원리가 되었다. 지나치게 이성의 역할이 강조되고 있다. 하버마스는 근대에서 실용적인 차원에서만 활용되는 도구적 이성은 이성이 지닌 본질 중 매우 일부일 뿐이라고 지적하였다.

그리스도교에서는 신앙의 역사성과 이성성이 중요하다. 역사성은 구약–신약–교회의 연속성 하에 하느님 말씀을 이해하는 것을 뜻하고, 이성성은 합리적·학문적으로 계몽화된 종교적 특성을 뜻한다. 이성과 신앙의 관계에서 그리스도교는 신앙적인 이성과 이성적인 신앙을 추구한다. 신앙 없는 이성은 차갑고 비구원적이며, 이성 없는 신앙은 맹목적이고 비인간적이다. 신앙 없는 이성은 목적만 남게 되고, 이성 없는 신앙은 인간이 지난 몇 천 년 간 쌓아온 것을 모두 무시하고 오직 신앙만 강조할 때, '예수천국 불신지옥' 구호와 같은 종교적 강요 및 한계가 발생된다. 이러한 한계는 이성과 신앙의 조화에 의해 다시 통제되고 절제되어야 한다.

5. 그리스도교 하느님 이해의 기점, 예수 그리스도[155]

5.1. 그리스도교 본질 – 역사적 진리로서의 예수 그리스도

마스 對 라칭거 추기경(현 교황 베네딕토 16세)』, 윤종석 역, 새물결, 2009.

155 본 내용은 이전에 발표했던 본인의 논문을 수정, 편집, 정리한 것이다(조한규, 「보편적이고 구체적인 진리로서 역사적 예수 – 교황 베네딕토 16세의 신학 안에서 그리스도교 본질 연구」, 『신학전망』(194), 광주가톨릭대학교출판부, 2016, 33~69쪽 참조).

세 가지 유일신 종교인 유대교, 그리스도교, 이슬람교는 한 분이시고, 유일한 하느님에 대한 신앙과 관련을 맺고 있고, 각각 유일한 진리가 있다고 확신한다.[156] 라칭거에 따르면, 이 진리는 그리스 철학의 로고스 개념을 통해 이해될 수 있는 것이다.[157] 라칭거는 예수님의 33년간 실제 삶, 죽음, 부활 안에 계시된 진리를 초기 그리스도교가 그리스 문화의 언어와 철학을 통해 이해하고자 했던 것이 우연이 아니라고 주장한다. 로고스 혹은 말씀이라고 이해되는 그리스 철학의 진리가 의미하는 것이 다름 아니라 바로 계시된 진리, 즉 예수 그리스도라는 것이다.[158]

유대교는 유일한 진리이신 하느님의 계시를 자신들의 역사를 통해 전달된 의미 안에서 이해한다. 이 의미는 바로 창조와 역사를 통해 전달된 이스라엘에 대한 야훼(JHWH) 하느님의 자기 전달이다. 그리고 이스라엘이 하느님의 뜻을 인식하고 구체화하는 곳에서 그 의미는 실현된다. 하느님의 뜻은 곧 율법(Torah)이고, 그들은 율법을 통해 스스로 선택된 백성임을 확인하고, 모든 민족들을 시온에 계신 야훼께로 이끌어 가야 한다.

---

156 이와 관련하여 라칭거는 그의 저서 『신앙-진리-관용』(정종휴 역, 가톨릭대학교출판부, 2009) 중 제3장 진리-관용-자유(244~267쪽)에서 자세하게 다룬다. 여기서는 '진리의 문제가 과연 종교에 속하는가'에 대한 물음과 대답을 주제로 독일 하이델베르크 대학교의 종교학자이자 이집트학 학자인 얀 아스만(Jan Assmann)의 견해를 소개하고, 관련된 자신의 주장을 피력하고 있다.

157 J. Ratzinger, Der christliche Glaube und die Weltreligionen, in: Gott in Welt. FG für Karl Rahner zum 60. Geburtstag, hg. v. H. Vorgrimler (Freiburg 1964) II, pp. 287~305.

158 J. Ratzinger, 『신앙 · 진리 · 관용: 그리스도와 세계의 종교들』, 정종휴 역, 가톨릭대학교출판부, 2009, 176~243쪽.

이러한 가정 하에 유대교는 본질적으로 성경책이 중심인 종교는 아니다. 히브리 성경은 율법을 수용하거나 거부하는 과정에서 진리를 체험한 선택된 백성들의 기억을 기록한 것이다. 따라서 히브리 성경이 이스라엘의 역사와 삶을 구체적으로 언급하지 않는다면, 이것은 그저 한 권의 책에 지나지 않을 것이다. 중요한 점은 이스라엘이 오직 자신의 역사 안에서 하느님의 진리를 체험했다는 것이다. 한 권의 책 자체가 아니라, 자신들의 하느님인 야훼와 함께한 선택된 백성의 역사와 체험이 바로 진리의 계시 내지 세상 모든 것의 핵심 의미이다.

라칭거는 이스라엘과 그리스도교 사이의 중요한 연속성에 주목했다. 왜냐하면 그리스도교 역시 진리의 계시를 한 권의 책이나 하느님에 대한 이론 안에서 이해하지 않고, 바로 역사로서의 진리를 제시하고 있기 때문이다. 그러나 이스라엘과는 분명한 차이가 있는데,[159] 그리스도교의 신앙 고백은 이스라엘의 역사 안에 존재했던 한 인물, 즉 30여 년 동안 시간과 공간에 존재하면서 하느님과 관련을 맺었던, 동시에 스스

159 이와 관련하여 라칭거는 다음과 같이 언급하고 있다; "'그리스도교의 믿음은 경전의 종교(Buchreligion)가 아니다'(108항)라고 가톨릭교리서는 간결하게 말한다. 이는 지극히 중요한 진술이다. 믿음은 단순하게 믿는 자를 위한 유일하고 마지막 장소가 될 하나의 책에만 관련된 것이 아니다. 그리스도교의 믿음의 중심에는 하나의 책이 아니라, 한 사람, 예수 그리스도가 있다. 예수님은 하느님의 살아있는 말씀이며, 성서의 말씀 가운데 해석된다. 그러나 성서는 거꾸로 다시 예수님과 함께 한 삶에서만, 그와의 생명의 관계에서만 올바르게 이해된다. 그리스도가 교회, 하느님의 백성을 그의 살아있는 지체, 즉 그의 '몸'으로 지었고, 또한 짓고 있기 때문에, 그와의 관계에 순례하는 백성과 함께하는 것도 속한다. 이 순례하는 백성은 우리가 들은 바대로 성경의 본래의 저자이며 성경을 소유하는 주인이다. 살아 계신 그리스도가 성서 해석의 본래의 기준이라면, 이는 우리가 이 책을, 전 교회의 공동의 동시적이며 통시적(通時的)인 신앙관에서만 올바로 이해할 수 있다는 것을 의미한다. 이와 같은 생명의 연관성을 떠나면 성경은 종류가 다른 문헌들의 모음집에 불과하며, 우리 삶을 위한 현재의 안내자는 아니다" (J. Ratzinger, 『예수 그리스도를 향하여』, 정재각 역, 엠애드출판사, 2007, 171쪽).

로 삼위일체 하느님 중에 한 분이셨던 인간 예수를 향하고 있다. 물론 그리스도교는 예수 그리스도 안에서 드러난 하느님의 자기 계시와 창조와 역사 안에서 있었던 하느님의 계시를 구분한다.

그리스도교 안에서 하느님의 자기 현현이 의미하는 것은 예수 그리스도가 곧 하느님이시라는 것이다. 요한복음서의 도입부는 다음과 같이 시작한다.

"한 처음에 말씀(=로고스)이 계셨다. 말씀은 하느님과 함께 계셨는데 말씀은 하느님이셨다"(요한 1,1)

이 부분에서 하느님의 창조와 역사, 특히 이스라엘의 역사는, 그리스도 안에서 육화(=강생, Inkarnation)된 로고스에 대한 해석을 통해 비로소 의미를 얻게 된다. 예수 그리스도는 이스라엘이 역사 안에서 체험하였던 하느님 계시의 반복이나 단순한 재해석이 아니다. 예수 그리스도는 단지 이스라엘 율법의 인격화된 형태가 아니라, 바로 율법의 유일무이한 기준점이다.[160]

라칭거는 교황 재임 시기 중 예수의 생애에 관한 자신의 책 『나자렛 예수』에서 요한복음 1,18의 내용을 탈출기 33,18-22의 내용과 비교 해석한다.

탈출기 33장에서 "당신의 영광을 보여 주십시오"(18절)라는 모세의 간청이 "그러나 내 얼굴을 보지는 못한다 … 네가 내 등을 볼 수 있

160 J. Ratzinger, Die Vielfalt der Religionen und der Eine Bund (Bad Tölz 1998), pp. 17~45 참조. 그리고 라칭거의 유대교신학 이해와 관련해서는 다음을 참조. K.-H. Menke, "Die älteren Brüder und Schwestern. Zur Theologie des Judentums bei Joseph Ratzinger", in: *IKaZ* 38, 2009, pp.191~205.

을 것이다. 그러나 내 얼굴은 보이지 않을 것이다"(20–23절)라는 대답으로 제시된 반면에, 예수는 "아버지와 직접적인 접촉을 하고, 얼굴을 마주보고 대화를 하며, 아버지의 가슴에 기대어 바라보고" 있다는 점을 강조하고 있다.[161]

이스라엘 역사 안에서 이루어진 계시에 비해 진리 자체이신 그리스도를 통한 계시가 분명히 우위에 있음에도 불구하고, 그리스도교 안에서 진리와 역사의 관계는 언제나 밀접하다. 그러나 아브라함이라는 공통분모를 가진 세 번째 종교인 이슬람은 코란이라는 책이 바로 그 역사를 대체한다. 왜냐하면 코란은 이슬람 전통 안에서 하느님과 함께 하는 인간적 체험의 문자적 기록이 아니라, 하느님의 직접적 가르침 그 자체로 이해되기 때문이다. 따라서 이슬람의 진리는 역사라는 도구를 통해서가 아니라, 책이라는 도구를 통해 조명된다. 이슬람이라는 종교 안에서 진리를 전달하는 책이 진리와 일치한다면, 유대교–그리스도교의 계시 이해와 이슬람의 계시 이해 사이에는 현저한 차이가 있음을 알 수 있다.[162]

라칭거는 자신의 기초신학 저서들을 통해서 가장 핵심적인 사항을 지적한다. 즉, 역사적 예수 안에서 인격화되고 역사화된 진리가 성경의 일부 혹은 성경의 해석과 동일시될 때 문제가 발생한다는 것이다. 성경은 하느님의 말씀이신 예수 그리스도에 대한 기록이 담긴 책일 뿐이고, 오직 예수 그리스도가 하느님의 말씀 자체라는 것이다. 이스라엘이 야

161 Ratzinger/교황 베네딕토 16세, 『나자렛 예수』 1권 – 예수의 세례부터 거룩한 변모까지, 박상래 역, 바오로딸, 2010, 31~33쪽.

162 J. Ratzinger, 『신앙 · 진리 · 관용: 그리스도와 세계의 종교들』, 정종휴 역, 가톨릭대학교출판부, 2009, 157~184쪽.

훼 하느님과 통교하는 바로 그곳에 창조주의 진리가 인간에게 계시되었던 것처럼, 그리스도와 통교하는 교회가 바로 신약성경의 증인들이 증언한 진리를 포괄할 수 있는 곳이다.

교회는 "성경의 살아있는 주체이다. 성경의 말씀은 언제나 교회 안에서 현재화한다. 이 백성은 스스로 하느님에게 속하고, 결국 생동하는 예수 그리스도로부터 받아들여지고, 예수 그리스도로부터 배열되고, 이끌어지고, 영향을 받는다."[163]

독일 본 대학교의 교의신학자 칼-하인츠 멘케(Karl-Heinz Menke)는 이러한 그리스도교적 상황을 그리스도 강생의 수직적이고 수평적인 교차라는 개념을 통해 묘사했다.[164] 수직적 강생은 예수의 강생 역사 자체가 바로 진리임을 의미한다. 수평적 강생은 신앙인들을 말씀의 육화로 이끄는 지속적인 관련을 통해 그리스도 사건을 내재적이고 포괄적으로 확장시키는 것을 의미한다. 이와 관련해서 라칭거는 다음과 같이 언급한다.

> "그리스도인 실존은 다름이 아니라 바로 강생의 신비에 참여하는 것이다. 바오로 사도의 언급과 관련해서 말하자면, 교회가 교회이고자 한다면, 교회는 '그리스도의 몸' (즉, 인간과 하느님 사이의 친교, 말씀의 육화에 인간이 참여하는 것)이다. 이렇게 정의할 수 있다면, 교회와 성찬례의 밀접함, 성사적 친교와 공동체적 친교의 밀접함은 자명하다."[165]

---

163 J. Ratzinger/교황 베네딕토 16세, 앞의 책, 21쪽.

164 K.-H. Menke, *Der Leitgedanke Joseph Ratzingers. Die Verschränkung von vertikaler und horizontaler Inkarnation* (Veröffentlichungen der Nordrhein-Westfälischen Akademie der Wissenschaften. Vorträge G 415) (Paderborn 2008).

165 J. Ratzinger, *Schauen auf den Durchbohrten. Versuche zu einer spirituellen Christologie* (Einsiedeln/Freiburg 1984), p.74.

수직적이고 수평적인 강생이라는 명제는 라칭거의 전체 저술을 통해 그리스도교의 본질로 서술된다. 그리스도교의 본질과 핵심에 대한 신학적 자기 성찰이 담긴 라칭거의 모든 신학적 주제들은 진리(혹은 로고스)와 역사 사이의 불가분리성을 다양하게 표현하는 것이다. 다시 말해서, 예수 그리스도의 '보편적인 구체성'과 교회가 추구해야 하는 '보편적인 구체성'은 언제나 아주 밀접한 관계를 형성하고 있다는 것이다.

그리스도에 대한 믿음은 교회를 위해, 모든 신앙인을 위해 중요하다. 진리의 육화에 대한 믿음은 그리스도 강생의 수직적 차원뿐만 아니라 그리스도인 실존을 위한 수평적 차원에서도 의미를 갖는다.

> "그리스도 신앙이란 … 인간세계와 시간 밖에서 차원을 전혀 달리하는 존재로서 있는 영원한 것만을 단순히 대상으로 하지 않는다. 그리스도 신앙이란 오히려 역사 '안의' 신을, 인간으로서의 신을 대상으로 한다."[166]

5.2. 진리에 대한 물음과 그리스도교의 관계

예수 그리스도가 육화된 로고스로서 "나는 길이요, 진리요, 생명이다"(요한 14,6)라고 말 할 수 있다면, 그리스도는 결국 그리스 철학에서 묘사된 로고스, 즉 실재하는 모든 것의 로고스와 동일한 것이다.

물론 진리개념은 우선적으로 인간의 고유한 인식에 기인한다. 논리적 의미의 진리는 현실에 근거한 인간의 판단과 일치할 때 합당하다. 그럼에도 인식하는 혹은 판단하는 주체와 객관적인 실재 사이에서는

166 J. Ratzinger, 『그리스도 신앙 어제와 오늘』, 장익 역, 분도출판사, 2000, 56쪽.

둘 사이의 완전한 일치가 중요한 것이 아니라, 라칭거에 의해 자주 언급되는 명제인 'veritas est adaequatio intellectus ad rem'(진리는 사태를 향한 지성의 동화), 즉 인식 가능한 대상에 대한 인식자의 추구 혹은 지향 자체가 중요하다는 점이 그의 신학에서 부각된다.[167]

이는 각각의 인식 주체보다는 모든 인식 주체가 가지는 객체에 대한 인식과 판단의 동일함이 중요하다는 것이다. 그러나 진리는 인간에 의해 완전히 인식될 수 있는 것이 아님에도, 보편적으로 타당한 것이어야 한다. 진리는 이성을 가진 모든 인간에게 적용될 수 있어야 한다. 한 인간에게 진리인 것은 결국 다른 누구에게나 진리일 수 있다. 이러한 의미에서 진리는 언제나 절대적인 것이어야 한다. 상대적인 진리라는 것은 있을 수 없고, 인식하는 주체에 따라 진리가 달라지는 경우는 상대주의일 따름이다.[168] 신학적으로 이해하자면 모든 존재자의 인식 가

167 M. Eller, *Veritas creatrix incarnata. Über das Wahrheitsverständnis im theologischen Werk Joseph Ratzingers* (Pontes 53) (Münster 2011)에서 특히 pp.36~39 참조.: 이 책에서는 토마스 아퀴나스에 따르면 진리가 세 가지 관점에서 규정된다고 주장한다(De veritate I,1 참조); 1. 객관적 사실들과의 합치로부터(존재론적 진리), 2. 진리는 사태를 향한 "지성의 동화"라는 정식으로 표현된 것으로 인식 주체로부터(논리적 진리), 3. 진리는 지성을 향한 사태의 동화(veritas est adaequatio rei ad intellectum)라는 정식 안에 표현된 것으로 인식된 객체로부터(존재적 진리) 등으로 구분한다.

168 라칭거는 그의 저서 여러 곳에서 이와 관련된 의견을 개진하였다; "사실 인간에게 참된 인식을 가능케 해주는 것이 신앙의 역할이자 도움이다"(「Pluralismus als Frage an Kirche und Theologie」, in: 『*Wesen und Auftrag der Theologie. Versuche zu ihrer Ortsbestimmung im Disput der Gegenwart*』(Einsiedeln, Freiburg 1993), p.80); "그리스도교 신앙은 본질적으로 그리고 원천적으로 진리와 함께 작용한다"(『*Dogma und Verkündigung*』(München, 1973), p.108); "그리스도교 신앙에 있어서 신앙이 참된 인식에 접근하고자 한다는 점은 본질적인 것이다"(『*Kirche und wissenschaftliche Theologie, in: Theologische Prinzipienlehre. Bausteine zur Fundamentaltheologie*』(München, 1982), p.344); "신앙의 관심 사항은 단순히 공동체에 익숙한 것들이 아니라, 이 공동체가 받아들여야 하고, 또한 유일하고 탁

능성은 모든 사물들이 창조주에 의해 계획되고 실현되기 이전부터 인식될 수 있음을 전제하는 것이다. 따라서 인간의 인식은 바로 창조주의 생각을 숙고함(Nach-denken)을 의미한다는 것이다.

라칭거는 자신의 수많은 저서들에 로마 시대의 작가인 마르쿠스 테렌시우스 바로 (Marcus Terentius Varro, BC +27)가 구분한 '신화적 신학'(theologia mythica vel civillis)과 '자연 신학'(theologia naturalis)을 언급했다.[169] '자연 신학'이라는 용어를 통해 바로는 진리에 대한 비판적이고 철학적인 추구를 지향했다. 반면, '신화적 신학'이라는 개념을 통해서는 정치적이고 개인적인 관심을 가지고 형성된 관계들을 신학적으로 정당화하고자 하는 노력으로 이해했다. 다신론은 결국 신학적 해석과 정당성을 지닌 다양한 형태이다. 라칭거의 지적처럼, 서양 철학은 모든 근거들의 원천 근거에 대한 신화 비판적인 물음과 함께 시작되었다. 이처럼 철학은 신화에 대한 비판적인 성찰에서 출발하였는데, 신화들은 모든 존재하는 것을 신적 권위 안에서 이해하려 하고, 여기에는 그저 단순한 신화적 관심 사항마저 종교화하려는 위험이 상존했다. 이와 관련하여 라칭거는 다음과 같이 주장한다.

월하게 주어진 진리를 향한 의도된 관심이다"(「Kurzform des Glaubens: Über das Verhältnis von Formel und Auslegung」, in: 『Theologische Prinzipienlehre』 (München 1982), p.134).

169 J. Ratzinger, Volk und Haus Gottes in Augustins Lehre von der Kirche. 박사학위논문, 뮌헨대학, 1951. (München 1954) (MThS. S 7), pp.265~276; Die Geschichtstheologie des heiligen Bonaventura. 뮌헨대학 교수자격논문 1955년 (München und Zürich 1959), pp.148~162; Der Gott des Glaubens und der Gott der Philosophen. Antrittsvorlesung in Bonn, 24. Juni 1959 (München/Zürich 1960), pp.23~28; 『신앙-진리-관용』, 185~211쪽.

> "그리스도교 안에서는 계몽이 종교가 되었고, 더 이상 반대의 경우는 존재하지 않는다. 그리스도교는 탈신화화의 승리, 진리와 함께하는 인식의 승리로 이해된다. 따라서 그리스도교는 보편적인 것으로 간주되어야 하고, 모든 인류에게 적용되어야 한다. 다른 누군가를 밀쳐내는 특정한 종교도 아니고, 종교적 제국주의에서 기인한 것도 아니며, 겉모습에 집착하지 않는 진리로서 존재한다. 따라서, 그리스도교는 다신주의의 광범위한 관용에 비하면 때로는 비타협적인 것으로, 반종교적인 것으로, '무신론'으로 보일 수도 있다. 만일 그리스도교가 종교들 중 한 종교인 것이 아니라, 세상 모든 종교들에 대한 인식을 새롭게 하고자 한다면, 그리스도교는 상대성 혹은 타협 가능성이 중요한 것이 아니고, 종교의 정치적 이용도 용납하지 않으며, 국가의 기본 토대를 위협할 수도 있다."[170]

모든 근거들의 근거에 대한 물음은 그리스 철학 안에서는 '이성'과 함께 이루어졌는데, 이 이성이 의미하는 것은 무엇인가? 이성은 인간 외부에 스스로 위치하면서, 인간을 비판적 연구의 장으로 이끌어 내게 하는 인간의 자율적 판단 능력인가?

라칭거는 인간을 역사로부터 이탈시키고, 아울러 역사를 중립적 위치에서 판단하게 할 수 있게 해 줄 것처럼 보이는 관념철학의 환상과 거리를 둔다. 사람들은 소위 프랑크푸르트 학파(Frankfurter Schule)의 특정한 주제들에 자신들이 공감하게 되는 것을 놀라워한다. 호르크하이머(Max Horkheimer), 아도르노(Theodor W. Adorno), 그리고 하

170 J. Ratzinger의 『신앙 · 진리 · 관용』 독일어판인 『Glaube–Wahrheit–Toleranz』(Freiburg, 2003) p.137. 본 논문에서 인용한 본문 부분은 한글 번역본을 따르지 않고 본 저자가 독일어 원서를 직접 번역하였음.

버마스의 다음 주제들에 라칭거는 공감한다.[171] 계몽에 부합하는 인간 주체가 스스로를 모든 속박과 기존에 주어진 것들로부터 해방되고, 오인된 자율성 안에서 모든 것을 굴복시키는 것. 종속으로부터 스스로를 해방시키는 한, 스스로 다른 것을 종속시키게 된다. 따라서 아도르노는 자신의 대표 저서인 『부정의 변증법』(Negative Dialektik)에서 자율적으로 오인된 이성의 비판적 근거를 추천한다. 소위 프랑크푸르트 학파의 2세대인 위르겐 하버마스는 근대의 프로젝트, 즉 스스로 미숙함에서 벗어날 수 있도록 인간을 이끌고자 한다. 하지만, 동시에 이성 이외의 모든 것을 업신여기는 이성의 오만함에 마주하게 된다. 도구적 이성은 하버마스의 주장처럼 대화적 이성을 통해 대체되어야 한다. 오직 이것이 보편적인 가치를 지닐 수 있다. 하버마스의 주장처럼 대화적 이성은 "종교적이고 문화적인 다툼 속에서 진행자의 역할을 할 수 있다. 왜냐하면 이 이성은 형이상학적 사고 이후의 경계에서 법과 윤리에 근거한 보편주의를 제한하고, 선의 고유한 개념 획득을 포기한다."[172]

---

171 "어쨌든 우리의 세속적 합리성은, 아무리 서구에서 형성된 우리 이성에는 분명하게 보이더라도, 모든 이성에 대해서까지 그런 것은 아닌 것이 사실이며, 합리성으로 자기 자신을 자명한 것으로 입증하려 할 때마다 한계에 봉착할 수밖에 없습니다. 그것은 실제로는 특정한 문화적 맥락에 묶여 있기 때문입니다. 따라서 그 자체로는 인류 전체가 체험할 수 있는 것이 아니며, 따라서 인류 전체에게 타당한 것이 될 수 없다는 사실을 인정해야 합니다. 다시 말해 세계 전체를 포괄하고 모든 사람을 통일시킬 수 있는 합리적인 또는 윤리적인 또는 종교적인 세계 공식은 존재하지 않는다는 것입니다. 어쨌든 지금은 성취할 수 없습니다. 소위 '세계 에토스'가 그저 하나의 추상적 개념에 불과한 것 또한 이 때문입니다." J. Habermas/J. Ratzinger, 『대화 – 하버마스 對 라칭거 추기 경(현 교황 베네딕토 16세)』, 윤종석 역, 새물결, 2009, 74~75쪽 참조.

172 J. Habermas, Reaktion auf Anregungen, in: R. Langthaler/H. Nagl–Docekal (hg.): Glauben und Wissen. Ein Symposium mit Jürgen Habermas (Wiener Reihe. Themen der Philosophie 13) (Wien 2007), p.386.

라칭거는 하버마스가 대화적 이성에 연관시킨 낙관주의를 공유하고자 하지만, 아주 제한적이다. 왜냐하면 자유로운 의견 개진을 통해 진리와 같은 주제의 결론에 합의한다는 것은 라칭거가 보기에는 하나의 환상이다. 라칭거는 다음과 같이 주장한다.

> "진리는 합의를 통해 대체되고 있다. 하지만 다시금 묻게 된다: 어떤 합의? 그러면 답한다. 이성적 논증이 가능한 합의. 왜냐하면 그러한 인식론의 독재적이고 엘리트적인 우월함이 간과되지 않을 것이기 때문이다. 하지만 논증 가능한 것들은 합리적 담론으로 이야기하기 쉽지 않은 것들도 '변호해 줄 수' 있어야 한다. 논증 가능하다는 것에 모든 신뢰를 맡길 수는 없다. 합의란 것이 얼마나 깨지기 쉬운 것인지, 그리고 특정한 지성적 상황 안에서 개별적인 단체들이 진보와 책임의 정당한 대표자로서 군림할 수도 있다는 것을 우리는 눈앞에서 확인하고 있다."[173]

라칭거의 견해에 따르면 초월 철학과 대화 이론의 불확실성 앞에서 이성을 보호할 수 있는 것이 바로 신앙이다.[174] '신앙'이라는 단어는 여기에서 어떤 특정한 내용이 아니라, 모든 근거들의 근거, 즉 '하느님'

---

173 J. Ratzinger, 『신앙-진리-관용』(Glaube-Wahrheit-Toleranz) (Freiburg 2003), 독일어판 p.204

174 이 내용과 관련하여 H. J. Verweyen, *Joseph Ratzinger -Benedikt XVI. Die Entwicklung seines Denkens* (Darmstadt 2007), pp.28~34, pp.100~113; U. Ruh, Joseph Ratzinger /der Kritiker der Moderne. In: F. Meier-Hamidi/F. Schumacher (hg.): *Der Theologe Joseph Ratzinger* (QD 222) (Freiburg 2007), pp.119~128; M. Schulz, Wenn das Salz des Evangeliums "dumm" geworden ist. Zu Joseph Ratzingers/Papst Benedikts XVI. Verhältnisbestimmung von Glaube und Vernunft. In: *G. L. Müller* (hg.): Der Glaube ist einfach. Aspekte der Theologie Benedikts XVI. (Regensburg 2007), pp.19~53; P. Hofmann, Fides et ratio: Der Glaube und seine Vernunft. Zu Joseph Ratzingers fundamental theologischem Ansatz, in: *Joseph Ratzinger. Ein theologisches Profil* (Paderborn 2008), pp.139~159.

이라 칭할 수 있는 것에 대한 인식적 주체의 자기 초월을 의미한다.[175] 다신론적 종교들은 처음부터 모든 다양한 주장들의 일치에 대한 물음과 모든 근거들의 근거, 즉 진리에 대한 물음을 포기한다. 진리를 향하고 있는 이성에 대해 묻는 곳에 이미 이성은 하느님을 향하고 있고, 거기에서 이성은 이미 신앙적 이성을 전제한다.

교황으로 선출되기 전에 뮌헨 아카데미에서 하버마스와 나눈 대화에서 라칭거는 '신앙 없는 종교'의 문제점에 대해 이야기했다. 피상적이고 난해한 표현을 통해 라칭거는 진정한 신앙이 없는 고대의 다신교와 같은 종교가 있음을 지적했다. 이미 언급된 '신화적 신학'에서는 특정한 관심 분야, 관계, 규칙 등을 종교적 의미 부여를 통해 정당화시켜주는 것이 중요하다. 진정 신앙이 유효한 곳에서 종교는 그리스 철학의 방식이 적용될 수 있다. 그러므로 유신론은 철학과 종교사의 돌이킬 수 없는 결과이다. 그리고 독일의 종교학자인 얀 아스만이 올바르게 지적하고 있는 것처럼, 참된 종교와 거짓 종교 사이의 차이는 유신론과 관련을 갖는다. 그러나 라칭거는 아스만과의 논쟁을 통해서, 신화 혹은 다신론에 관한 종교사의 길이 유신론으로 정해졌고, 비폭력적 종교가 아닌 폭력적 종교는 올바른 길을 갈 수 없다는 확신에 이르게 된다.[176] 당연히 라칭거는 실재하는 그리스도교가 폭력을 통해 죄지었던 것을 부인하지는 않는다. 따라서 그는 '신앙 없는 종교'의 위험에 대해 언제나 경고한다. 즉, 초월적 하느님이 아니라, 특정한 관심과 취향을 가진 하

175 J. Ratzinger, Volk und Haus Gottes in Augustins Lehre von der Kirche (München, 1954), p.7; Pluralismus als Frage an Kirche und Theologie (Einsiedeln/Freiburg, 1993), p.70.

176 J. Ratzinger, 『신앙-진리-관용』, 244~267쪽.

느님에 고착될 수 있는 그리스도교를 경고한다. 다신론적 경향이 있는 신화의 세계에서 각각의 인간은 잘못된 신성의 표현일 수 있다. 다신론 체계의 규칙은 대체적으로 폭력을 통해 드러난다. 특정한 신은 언제나 폭력이나 전쟁 혹은 파괴를 위해 존재한다. 하느님이 완전한 선이나 사랑과 동일시되는 곳에서는 더 이상 모든 실재가 신들로부터 정당화되지 않는다. 비로소 그곳에서 신적인 것과 실재의 일치가 이루어진다.

라칭거처럼 고대의 다신론적 종교와 아시아의 종교들을 비교한다면, 분명한 사실이 발견된다. 아시아의 종교들은 진리에 대한 물음을 제기한다. 이 종교들은 근거에 대한 물음, 모든 존재자의 출처와 방향에 대해 묻는다. 하지만, 아시아의 고등 종교들의 대답이 유일신 혹은 아브라함에 기원을 둔 종교들의 대답과 비교한다면, 다음의 사항이 비교된다.

> "부처가 밝히고자 한 길은 존재에 대한 갈증에서 유래한 길로서, 우리에게 비존재로 보여지는 열반(das Nirwana), 즉 이 세상에서는 스스로 진리가 아니고, 스스로에서 나와야 진리일 수 있는 것이다. 이러한 의미에서 진리에 대한 물음은 구원에 대한 물음 안에서 해결되거나 혹은 해소된다."[177]

이러한 배경 하에서는 왜 라칭거가 그리스와 히브리 사상의 공존을 세계사의 유일한 사건으로 주시했는지 분명해진다. 이스라엘을 통해 구체화되고 친밀해진 한 분이자 고유한 하느님은 그리스 철학에서

---

177 J. Ratzinger의 『신앙 · 진리 · 관용』 독일어판인 『Glaube–Wahrheit–Toleranz』 (Freiburg, 2003) p.183. 본 논문에서 인용한 본문 부분은 한글 번역본을 따르지 않고 본 저자가 독일어 원서를 직접 번역하였음.

설명된 모든 근거들의 근거이고, 로고스이다. 하지만 이 로고스는 최고의 이념이나 추상적인 것 혹은 일반적인 어떤 것이 아니라, 보편적인 것이다.

모든 근거들의 근거에 대한 물음, 하느님에 대한 물음, 즉 진리에 대한 물음은 무엇보다 아브라함에 기원을 둔 세 종교들에서 제기되었다. 2011년 9월 레겐스부르크 대학교 강연에서 교황 베네딕토 16세는, 이 질문 제기가 세 종교 안에서 동일하게 제기되지는 않는다는 점을 지적했다. 유대교와 그리스도교는 근본적으로 자기들이 모든 근거들의 근거라고 부르는 것, 즉 유대교의 율법, 그리스도교의 예수 그리스도의 인격을 개별적인 어떤 것과 동일시하지 않는다.[178] 율법 혹은 예수 그리스도의 인격 혹은 코란은 모든 근거들의 근거에 대한 물음에 대한 답으로서 분명한 차이가 있다. 유대인의 율법을 단순히 의무와 금지 사항을 모아 놓은 책으로 오해해서는 안 된다. 하느님이 구체적인 상대가 되어

178 Das Hoffen Israels auf den Messias ist "die Erwartung, ja, die Gewissheit, dass Gott selbst in diese Geschichte eintreten und Gerechtigkeit schaffen wird, auf die wir immer nur in sehr un-volkommenen Formen zugehen können. So verbinden sich die drei Dimensionen der Zeit: der Gehorsam gegenüber dem Willen Gottes bezieht sich auf das vergangene Wort, das nun in der Geschichte steht und im Gehorsam jeweils vergegen-wärtigt werden will. Dieser Gehorsam, der ein Stück von Gottes Gerechtigkeit verge-genwärtigt in der Zeit, ist Zugehen auf die Zu-kunft, in der Gott die Bruchstücke der Zeit aufsammeln und sie als Ganze in seine Gerechtigkeit einholen wird. Diese Grundfigur ist im Christentum nicht aufgegeben.…Gehorsam und Verheißung gehören auch für den christlichen Glauben zusammen. Christus ist für den Christen … lebendige Tora, die uns in Pflicht nimmt, die uns verbindlich fordert und doch dabei gerade in den weiten Raum der Liebe und ihre nie erschöpften Möglichkeiten hineinzieht. Er ist so die Gewähr der Hoffnung auf den Gott, der die Geschichte nicht ins Wesenlose des Vergangenen fallen lässt, sondern sie hält und an ihr Ziel bringt"(J. Ratzinger, Der Dialog der Religionen und das jüdisch-christliche Verhältnis, in: *IKaZ* 26 (1997), p.425).

개별적인 삶의 자리로 들어오셨다는 점이 중요한 것이다. 유대교 안에는 진리와 동일시할 수 있는 특정한 '객체'가 없다. 모든 신앙인들은 하느님의 뜻인 율법의 진리를 자기 삶의 모든 부분에 적용시켜야 한다. 그것은 달리 말하면 그리스도교의 입장에서는 삶과 죽음과 부활을 통해 인간 삶의 의미를 알려준 예수에게도 해당된다. 그리스도교에서도 진리는 어떤 객체가 아니라 대화할 수 있고 끝없이 친교를 나눌 수 있는 인격이다.

그리스도교는 폭력을 통해 무언가를 하고자 하는 것이 아니라, 십자가에 못 박힌 사랑과 진리를 동일시하는 것을 모든 역사 안에서 증언해야 한다. 때로 그러하지 못했다는 것은 이론의 여지가 없는 사실인데, 이는 그리스도교의 본질에 기초한 것이 아니라, 그리스도의 이름을 부당하게 사용한 그리스도인들에 의해서 그리스도교의 본질을 모욕하는 것이다.[179]

5.3. 성경에 기록된 창조주에 대한 믿음과 그리스도교의 관계

그리스도교와 진리에 대한 물음이 필수 불가결한 것처럼, 하느님이라고 부를 수 있는 유일한 진리가 모든 실재하는 것들의 근원인가라는 물음 역시 중요하다. 라칭거는 그리스 철학만으로는 최종적인 원인으로서 모든 근거들의 근거에 대한 최종적인 원인을 밝혀낼 수 없다고

179 J. Ratzinger, 『신앙 · 진리 · 관용: 그리스도와 세계의 종교들』, 정종휴 역, 가톨릭대학교출판부, 2009, 212~243쪽.

주장한다.[180] 그리스와 히브리 사상의 종합을 시도하는 곳에서, 예를 들어 중세의 플라톤주의자 알렉산드리아의 필로가 쓴 De oficio mundi에서, 플라톤적이며 아리스토텔레스적 형이상학의 유일신론을 극복하는 것이 성공을 거두지 못했다. 플로티누스가 모든 상대적인 것들에서 온전한 일자의 초월을 추출하고자 시도했음에도 불구하고, 비신적 실재는 오직 신적 일치의 유출로서 설명되고, 따라서 그가 전개했던 철학은 유일신론적으로 남는다. 유일한 일자를 제외하고 존재하는 모든 것은 유일한 일자와 관련을 맺는 한, 단지 존재할 뿐이다.

이스라엘의 하느님은 선의 개념이나 '부동의 원동자'(unmoved Mover) 혹은 유일한 일자가 아니고, 우선적으로 그리고 최종적으로 이스라엘의 동반자이고 보호자이다. 이 하느님은 우선 계약의 하느님으로 체험되었고, 그러고 나서 모든 실재들의 근거로 인식되었다. 이스라엘은 자기들의 하느님을 함께 가는 하느님, 이끌어주는 하느님으로 체험했고, 특정한 장소나 문화에 구속되지 않고 초월적이고 내재적인 하느님으로 알게 되었다.

라칭거는 자신의 대표적 저서인 『그리스도 신앙 어제와 오늘』에서 이스라엘의 원역사(原歷史)에 대해 상세하게 설명한다.[181] 가장 오래된 문헌들에서는 히브리인들이 이집트의 강제 노역에서 시달리다가, 도망을 가게 되었고, 어느 순간 이스라엘이라는 이름을 가지게 된 유목민이라고 서술한다. 이스라엘이라는 이름 안에는 'El'이라는 단어가 포함되

---

180 이와 관련하여서는 P. G. Sottopietra, Wissen aus der Taufe. Die Aporien der neuzeitlichen Vernunft und der christliche Weg im *Werk von Joseph Ratzinger* (EST 51) (Regensburg 2003), pp.34~40에 요약되어 있다.

181 J. Ratzinger, 『그리스도 신앙 어제와 오늘』, 장익 역, 분도출판사, 2000, 129~135쪽.

어 있다. 그 단어는 모든 셈족 언어 안에서 최고의 신을 지칭하는 말이고, 몇몇 전통 안에서 특정한 신을 지칭한다. 'El'의 의미가 네 음절 단어인 'JHWH'와 일치하는 것처럼, 라칭거는 정치적으로, 문화적으로 별 의미 없던 유목 민족이, 초기 그리스 철학이 모든 근거들의 근거를 추구하기 시작하던 때에, 다음과 같은 신학적 확신에 이르게 된 것은 놀라운 사실이라고 강조한다.

1. 이스라엘의 하느님은 다른 어떠한 신들에게 허용되지 않았던 신이다.
2. JHWH는 모든 민족들을 자신의 뜻, 즉 율법을 통해 평화의 질서 안으로 이끌기 위해 아브라함을 선택했고 이스라엘과 계약을 맺었다.
3. JHWH는 역사의 주인이시다.
4. JHWH는 하늘과 땅의 전능한 창조주이시다.

탈출기 3,1-17의 가시덤불 이야기는 'JHWH'의 의미가 무엇인지에 대해 전한다. 탈출기 3,3-13에서 모세가 하느님에 대해 알고자 할 때, 명확하게 드러난다. 이 질문은 다신교적 상상에서 기인한 것으로, 모든 신은 이름과 동일시할 수 있고, 다른 신과 구분될 수 있다는 것이다. 탈출기 3,14에서 모세에게 전해진 하느님의 답변은 이러한 기대를 반영한다. "나는 있는 나다." JHWH는 시공간에 매이지 않고, 아브라함, 이사악, 야곱의 하느님이고, 동시에 현재와 미래의 하느님이기 때문이다

따라서 시공간, 관습, 지역에 묶인 신들은 이스라엘에게 의미가 없다. 만일 불타는 가시덤불 사건 이전에 구체적이고 접근 가능한 존재로서의 신을 '인격'이라는 개념으로 규정한다면, 인간 중심적인 개념으로

신을 변용시킨 것이라는 문제에 직면했을 것이다. 그러나, 유다교적 혹은 그리스도교적 전통으로 언급된 하느님은 결코 개념이나 중립적으로 이해된 절대성이 아니라, 한 인격으로서 존재한다.

관련 전문 서적에서 창조주와 창조 사이의 성경적 관계를 신화적 우주진화론과 그리스 철학에 근거한 일신론과 구분하기 위해서, 이원론이라는 꼬리표를 사용하는 것은 드물지 않다. 그러나 '이원론'이라는 꼬리표를 창조로부터 창조주의 독립을 규정할 때뿐만 아니라, 창조주로부터 창조의 독립을 규정하고자 하는 사람은 어떤 피조물 자체가 언제나 선사된 자체라는 사실을 인식해야 한다. 성경에서 자신의 본질 안에서 창조의 자유는 자유롭게 해주는 창조주로부터의 독립과는 다르다는 것을 의미한다.

칼 바르트(Karl Barth)가 주장한 것처럼 라칭거 역시 하느님과 이스라엘이 맺은 계약이 세상 창조의 근거이고, 동시에 그 역은 성립되지 않는다고 주장한다.[182] 이스라엘은 바빌론 유배 중 창세기 초반부의 창조설화를 구상하고, 정리하기 이전에 이미, 자신들의 하느님을 계약의 하느님으로 체험했다. 그리스도교 신학 안에서 삼위일체 하느님과 일치하는 바로 그 창조주가 자유로운 상대자이고 계약의 파트너이다. 창조주의 로고스 ("하느님이 말씀하셨다, 그리고 … 이루어졌다")는 그리스 형이상학의 로고스 개념과 상통한다.

왜냐하면, "신에 대한 그리스도교 신앙은 무엇보다도 단순한 물질과는 반대되는 말씀 Logos의 수위를 말하는 결단이다. '하느님이 있다

182 J. Ratzinger, 앞의 책, 140~145쪽.

고 나는 믿는다'고 말한다는 것은 말씀이, 즉 생각, 자유, 사랑이 종말에만 있지 않다는, 즉 말씀이 모든 존재의 원천적이며 포괄적 권능이라는 태도 선택이다. 다시 말해 신앙이 뜻하는 바는 사유와 의의가 존재의 우연적 부산물이 아니라 오히려 모든 존재가 그 가장 내적 구조에 있어서도 사유의 소산이라는 판단이다. … 기하학을 한다는 신에 관한 피타고라스(Pythagoras)의 말은 존재의 수학적 구조에 대한 인식을 표현한 것이고 이런 인식은 존재를 상념으로, 사유에 의해 구성된 것으로 이해하도록 가르치고 있다. 그리고 물질도 지성에서 벗어나는 단순한 무의미(Un-Sinn)만은 아니라는 인식을 뜻하며, 물질도 역시 사유적 파악을 가능케 하는 진리와 이해 가능성을 내포하고 있음을 말하고 있다."[183]

성경에도 말씀 혹은 로고스가 다른 모든 실재들로부터 고유한 실재를 분별해주고, 동시에 다른 실재와 연결해 주는 근거라고 알려주고 있다. 그러나 그리스의 로고스와 성경의 로고스 사이의 개념적 일치에도 불구하고, 여전히 중대한 차이가 존재한다. 그 차이는 성경 안에서 증언하고 있는 것, 즉 "객관적 정신이 주관적 정신의 결실이며 주관적 정신의 굴절이라는 확신을 뜻한다. 달리 말해서 (우리가 세상의 기존 구조로 체험하는) '생각됨'(Gedachtsein)이 '생각함' 없이는 가능하지 않다는 확신을 뜻한다."[184]

라칭거가 강조하는 것처럼, 결국 철학사에서 구체적인 차이점은 두 가지이다. 모든 실재는 물질을 거슬러 올라간다는 것(여기서 물질은

---

183 J. Ratzinger, 앞의 책, 154~155쪽.

184 J. Ratzinger 앞의 책, 157쪽.

스스로는 이해될 수 없는, 스스로 존재할 수 없는 실재이다), 혹은 실재 존재하는 것과 고유한 의식을 통해 생각된 것이 동일하다는 관념주의적 해석에 대한 찬성.

그리스도교 신앙은 관념주의적 방식을 단순하게 무조건 따르지는 않는다. 왜냐하면 존재란 모든 지각의식을 포괄하는 현상들이 아니기 때문이다. 오히려 유일한 하느님, 즉 이스라엘에 JHWH라는 이름으로 알려지고, 그리스도교에서 그리스도 안에서 계시된 하느님에 대한 모든 실재적인 것들은 필연적이지 않고, 의도적으로 현존재 안으로 부름 받았다.[185]

창조주는 다른 모든 주체들 중의 하나가 아니다. 창조주는 다른 주체들을 설명하는 표현들을 통해 규정될 수 없다. 그러므로 창조주를 전능함, 무한함, 영원함 등의 개념으로 표현하는 것 또한 문제가 될 수 있다. 왜냐하면 이 개념들은 이스라엘이 경험했던 하느님을 전달할 때, 이미 내용적으로 실현되었다. 하느님 자신이 그의 본질을 규정하는 것이지, 인간의 개념들에 의해 하느님의 전능함, 영원함, 무한함 등이 결정되는 것이 아니다.

하느님은 또한 자기 자신의 무제한성 안에서 제한적으로 존재할 수 있다. 피조물들이 스스로 자유롭게 존재할 수 있도록 하기 위해서,

185 "그리스도교적 신 신앙은 도리어 사물들이 창조적 의식의 상념이고 창조적 자유에서 비롯되며, 모든 사물을 받쳐주는 저 창조적 의식이 생각된 것에 고유한 자립적 존재의 자유를 주었다고 말한다. 이런 뜻에서 신앙은 단순한 관념주의를 능가한다. 위에서도 본 것처럼 관념주의는 모든 현실을 유일한 의식의 내용으로 여기는데 비해 그리스도적 견해로는 모든 것의 근저가 하나의 창조적 자유이고 이 자유는 생각된 것으로 하여금 제 나름으로 존재의 자유를 가지게 하여, 한편으로는 하나인 의식의 상념이면서 또 한편으로는 참된 자존재(自存在)가 되게 한다"(J. Ratzinger, 앞의 책, 159쪽).

하느님은 스스로를 제한시켜야 하는 그런 존재가 아니다. 반대로, 하느님은 자신의 피조물에게 고유한 실재성과 자유를 주실 때, 하느님은 근본적으로 스스로를 동일시하시는 분이다. 하지만, 이러한 행위는 창조주 하느님이 삼위일체 하느님이라는 전제 하에서만 모순 없이 받아들여질 수 있다. 하느님이 단지 그리스 철학의 절대성 내지 필연성, 혹은 헤겔적인 의미의 형이상학의 원리에 따라 시작하거나 움직이시는 분이 아니라는 것을 전제해야 한다.[186] 하느님은 그 자체로 본질적인 새로움을 줄 수 있는 '관계'인데, 이 관계는 가능성들을 통해 존재하고, 생성가능성과 생장가능성을 통해서 규정된다.

> "'아버지'는 순전한 관계개념인 것이다. 오직 타자와의 관계서만 아버지인 것이다. 자신의 내재에서는 단순히 신이다. 위(位)란 연관성의 순전한 관계(relatio)일 뿐 다른 아무 것도 아니다. 관계라는 것은 우리들의 경우처럼 위격에서 보태지는 그 무엇이 아니라 연관성으로만 존립하는 것이다."[187]

창조주 하느님은 삼위일체 하느님으로 이미 존재하고 있고, 창조의 안과 밖에서 스스로를 계시하고 있으며, 자유를 통해 해방하는 자유를 선사하고 있다.

그러므로 라칭거가 설명하고 있는 것처럼, "창조를 이해하기 위한 핵심은 공인(工人)이 아니라 창조적 정신, 창조적 사유다. 이렇게 보면 사유의 개념이 그 어떠한 일원론과도 대립되는 그리스도적 신 신앙의 특징이다. 모든 존재의 태초에 어떤 의식을 보는 대신 다른 자유들을

---

186 J. Ratzinger, 앞의 책, 168~171쪽.

187 J. Ratzinger, 앞의 책, 185쪽.

창조하는 창조적 자유를 보는 것이다. 이러한 의미에서는 그리스도 신앙이 참된 의미의 자유철학이라고 할 수도 있다. 그리스도 신앙의 입장에서는 포괄적 의식이나 유일한 물질성이 현실의 총체적 설명일 수는 없다."[188]

5.4. 하느님의 육화(肉化)와 그리스도교의 관계

라칭거가 지적하는 것처럼, 그리스도교에 대한 주된 공격은 인간 예수의 삶과 죽음을 하느님의 계시 자체와 동일시할 때에 이루어진다. 근대의 주체철학과 언어철학(linguistic turn), 그리고 포스트 모더니즘의 사고 체계 안에서 혹은 세계화된 생활 환경 안에서 진리에 대한 물음은 많은 논쟁을 불러일으키고 있다. 이 문제에 대해서 라칭거는 이미 교황 요한 바오로 2세의 지침에 따라 작성된 신앙 교리성 문헌인「주님이신 예수님: 예수 그리스도와 교회의 구원 보편성과 유일성에 관하여」를 통해 피력하고 있다.

> "하느님에 대한 진리는, 비록 그리스도교 계시라 하더라도, 파악이 불가능하며 말로 표현할 수 없다는 신념, 어떤 사람에게는 진리인 것이 다른 사람들에게는 진리가 아닐 수 있다는 것에 따라 진리 자체에 대하여 갖는 상대주의적 태도들, 서양의 논리적 사고 방식과 동양의 상징적 사고 방식을 근본적인 대립 관계로 설정하는 일, 이성을 이해의 유일한 원천으로 여김으로써, '눈길을 높이 올려 존재의 근원을 명상하는 데로 나아갈 능력을 상실하는' 주관주의, 역사 안에 존재하는 결정적이며 종말론적인 사

188 J. Ratzinger, 앞의 책, 159쪽.

건들을 이해하고 받아들이는 데에서 겪는 어려움, 역사 안에 하느님께서 단순히 출현하신 것으로 축소시켜 버린, 영원한 말씀의 역사적 강생에 대한 형이상학적 차원의 결여, 신학적 연구에서, 그리스도교 진리와 맺는 양립성, 체계적 연관성, 일관성을 고려하지 않고, 철학적이며 신학적인 다양한 맥락에서 무비판적으로 이념을 취하는 사람들의 절충주의, 마지막으로, 성전(聖傳)과 교도권을 도외시하고 성서를 읽고 해석하는 경향이다."[189]

또한 교황으로 피선되기 직전 2003년에 출간한 신학 서적 『신앙-진리-관용』을 통해서, 현재 다양한 논쟁이 이루어지고 있는 상대주의적 견해들에 대해 대답하고 있다. 진리를 초월적인 영역에만 위치시키려는 시도, 반대로 다양한 종교들과 종파들이 초월적인 진리를 상대화시키고자 하는 시도들이 시대정신(Zeitgeist)이라는 미명 하에 이루어지고 있다.

성 아우구스티누스와 성 보나벤투라 연구를 근간으로 하는 라칭거의 신학에는 플라톤주의적 연관성이 있다.[190] 개별적인 것 이전에 보편적인 것이 존재하고, 이데아는 개별적 존재자가 아니라 참된 존재와 동

189 교황청 신앙교리성 문헌 「주님이신 예수님: 예수 그리스도와 교회의 구원 보편성과 유일성에 관하여」(2000), 김웅태 역, 4항.

190 라칭거의 저서 『그리스도 신앙 어제와 오늘』에 대한 발터 카스퍼(Walter Kasper)의 서평 안에 라칭거 신학의 플라톤주의적 특징이 언급되고 있고, 이에 대한 라칭거의 답변에서 라칭거는 자신의 신학에 플라톤의 영향이 분명하게 있음을 언급하고 있다: Kasper, 「Das Wesen des Christlichen」, in: *ThRv* 65 (1969), pp.182~188; J. Ratzinger, 「Glaube, Geschichte und Philosophie. Zum Echo auf 『Einführungin das Christentum』」, in: *Hochland* 61 (1969), pp.533~543; W. Kasper, 「Theorie und Praxis innerhalb einer theologia crucis. Antwort auf J. Ratzingers 「Glaube, Geschichte und Philosophie」」, in: *Hochland* 62 (1970), pp.152~157; J. Ratzinger, 「Schlusswort」, in: *Hochland* 62 (1970), pp.157~159.

일하다는 플라톤주의를 전제하고 있다. 라칭거는 그리스도교 신앙의 핵심을 인간 예수와 내재적 삼위일체의 로고스와의 인격적 동일성 안에서 발견하고, 이에 근거해서 예수의 역사적 보편성과 구체성을 상대화시키려는 경향을 분명히 거부하는 20세기 대표적인 신학자이다.[191] 헬레니즘적인 사고 체계의 혁신으로서 삼위일체론에 관한 인용문들은 라칭거로부터 유래한다.[192] 다수성에 대한 삼위일체 교의(=신적 위격의 삼위성)가 동일한 존재론적 균형 내지 통일성(=세 신적 위격의 공통 본질)을 이야기하는 것처럼, 초기 공의회들의 그리스도론적이고 삼위일체 신학적인 형식들은 그리스 철학의 그리스도화 과정 내지 그리스도교의 헬레니즘화로 지칭될 수 있다.

그리스도교의 본질은 구체적인 것과 보편적인 것이 동일하다는 것, 세 위격이 모두 신적 본질과 동일하다는 것, 인간 예수의 인격성이 신적 로고스의 인격성과 동일하다는 것이다. 예수의 인간 실존은 원래부터 실존했던 것이 아니라, 오직 내재적 삼위일체의 성자와의 본질적

191 이와 관련해서는 D. Kaes, Theologie im Anspruch von Geschichte und Wahrheit. Zur Hermeneutik Joseph Ratzingers (Diss.T 75) (St. Ottilien 1997), 특히, pp.64~120에서 잘 다루고 있다. 이외에 J. Kreiml, Christlicher Glaube in der Moderne. Zu einigen Grundthesen bei Hansjürgen Verweyen, Walter Kasper, Joseph Kardinal Ratzinger und Rudolf Bultmann (Regensburg 2000)과 M. Schulz, Die Quadratur des Zirkels der Theologie – Papst Benedikt in Auseinandersetzung mit der Pluralistischen Religionstheologie, in: Joseph Ratzinger: ein theologisches Profil, hg. v. Peter Hofmann (Paderborn 2008), pp.71~98, 그리고 H. C. Schmidbaur, Der Dreifaltige Gott als "Communio" in der Trinitätslehre Joseph Ratzingers, in: Der Glaube ist einfach. Aspekte der Theologie Papst Benedikts XVI., hg. v. *G. L. Müller* (Regensburg 2007), pp.101~117, 그리고 M. Schneider, Die theologischen Grundanliegen Papst Benedikts XVI., in: http://ratzinger-papst-benedikt-stiftung.de/theol_einfuehrung.html 등에서 다루고 있다.

192 J. Ratzinger, 『그리스도 신앙 어제와 오늘』, 장익 역, 분도출판사, 2000, 180~186쪽.

결합 안에서만 실존한다. 따라서 30여 년 간 팔레스타인 지방에서 실존했던 인간 예수의 구체적인 실존은 성부를 향한 성자의 관계에서 비롯된 계시이다. 라칭거는 요한복음에서 "영원한 이성성에 대한 그리스 철학적 개념"을 넘어서는 혁명적인 가치를 발견하는데, 이는 요한 복음사가가 인간이 되신 하느님을 로고스 개념으로 지칭했다는 점이다. 이는 그리스 철학에서 모든 근거들의 근거, 혹은 존재하는 것들의 의미라고 지칭한 것과 인간 예수의 삶을 동일시한다는 것이다.

> "'로고스' 개념이 나자렛 예수에 적용됨으로써 이 개념은 하나의 새로운 차원을 얻게 된다. 모든 존재가 의의를 지녔다는 것을 로고스가 뜻할 뿐 아니라 이제는 로고스가 바로 이 인간을 특징짓는다. 여기 있는 이가 바로 '말씀'이라는 것이다. 그리스인에게는 의의(意義, Sinn, ratio)를 뜻하던 '로고스' 개념이 여기서 참으로 '말씀'(verbum)으로 변하는 것이다. 여기 있는 이는 말씀인 것이다. 따라서 발언이며, 말씀하는 분으로부터 비롯하여 말씀을 듣는 이들을 향한 순전한 관계인 것이다."[193]

라칭거에게는 육화된 로고스의 유일성이 무엇보다도 중요한 내용이다. 그래서 대표적 저서인 『그리스도 신앙 어제와 오늘』에서 다음과 같이 이야기하고 있다.

> "예수는 참으로 하느님을 풀이해 주고(aus-gelegt = 펴놓다, 해설하다), 신을 그 자신에서 이끌어 내었다(herausgeführt aus sich selbst). 또한 요한의 첫째 서간이 더 노골적으로 말하듯이 우리가 하느님을 보고 만질 수 있게 해주어 일찍이 아무도 보지 못한 자가 우리의 역사적 감촉의 대

193 J. Ratzinger, 앞의 책, 191쪽.

상이 되게 하였다. 언뜻 보기에는 이것이야말로 계시의 극치, 신의 발로의 극치인 듯하다."[194]

1968년에 쓰인 이 책의 내용은 여러 책들에서 자주 반복되고, 2007년에 출간된 책 『나자렛 예수』에도 다음과 같은 문장으로 시작하고 있다.

"'(말씀이) 사람이 되셨다'(Et incarnatus est)라고 말할 때 우리는 하느님이 실제 역사 안으로 들어오셨다는 사실을 우리 신앙으로 고백하는 것이다."[195]

한 인간을 하느님의 자기 계시와 동일시한다는 이유로 그리스도교를 경멸하는 사람들의 주장과 관련해서, 라칭거는 스콜라 철학의 주체적 존재론 대신에 관계적 존재론을 통한 신적 본질 이해가 필요하다고 판단한다. 하느님은 인간의 투사영역이나 가설, 사유대상이 아니라, 본질적으로 관계, 사건, 행위이다. 세 위격의 삼위일체 중 하나가 그저 한 인간으로 바뀐 것이 아니다. 그러한 가정은 사실상 모순으로 여겨진다. 하느님이 피조물 중의 하나로 바뀔 수는 없다. 하느님이 하느님이기 위해서는 유한한 존재가 돼서는 안 된다. 하느님이 그리스도 사건 안에서 전달하고자 하는 바는 바로 '관계'인데, 이 관계는 하느님은 언제나 그리고 영원히 삼위일체 하느님으로 존재하신다는 것이다. 더 정확히 말해서, 성자를 향한 성부의 관계와 성부를 향한 성자의 관계는 예수 그

194 J. Ratzinger, 앞의 책, 57쪽.

195 J. Ratzinger/교황 베네딕토 16세, 『나자렛 예수』 1권, 박상래 역, 바오로딸, 2010, 13쪽.

리스도라는 시공간 안에서 드러난다는 것이다. 성부를 향한 예수의 관계는 내재적 삼위일체 안에서 성자가 성부를 향한 관계와 동일하다는 것이다. 『그리스도 신앙 어제와 오늘』에서 라칭거는 다음과 같이 말하고 있다.

> "그리스도의 존재(강생신학)가 곧 그의 실현(actualitas)이며 자아 초월이고, 자신으로부터의 탈출이기 때문이다. 그리스도의 존재는 자재(自在)하는 존재가 아니라 사명(파견)의 실행, 아들됨의 실행, 봉사의 실현이다."[196]

라칭거는 그리스도 신비의 깊이를 '아빠'라고 부르는 하느님에 대한 관계에서 발견하고 있다. 이러한 수직적 관계를 가장 잘 표현하기 위해서, 라칭거는 인격주의적 사고를 통해서 신스콜라철학의 존재론적 방식을 대체한다. 수직적 하느님 이해에서 인격주의적 사고를 표방하는 대표적 신학자로 라칭거는 테오도르 슈타인뷕헬(Theodor Steinbüchel), 페르디난트 에브너(Ferdinand Ebner), 마르틴 부버(Martin Buber) 등을 제시하고 있다.[197] 그의 대표적 저서인 『그리스도 신앙 어제와 오늘』에서 라칭거는 인격주의적 사고의 특징을 다음과 같이 정리한다.

---

196 J. Ratzinger, 『그리스도 신앙 어제와 오늘』, 장익 역, 분도출판사, 2000, 233쪽.

197 "슈타인뷕헬의 저서인 『사고의 변혁』은 내게 중요했다 … 헤겔과 사회주의 연구로 자신의 학문적 길을 시작한 슈타인뷕헬은 무엇보다 이 책에서 페르디난트 에브너를 통해서 인격주의를 묘사하고 있다. 이 인격주의는 그의 정신적 관심의 변환을 이룬 것이었다. 위대한 유다인 사상가인 마르틴 부버에게서 새로운 설득력을 발견하게 된 인격주의와의 만남은 나에게 본질적으로 각인된 영적 체험이었고, 나에게 이 인격주의는 아우구스티누스의 사상과 연결되었다"(J. Ratzinger, *Aus meinem Leben. Erinnerungen* (1927~1977) (Stuttgart/München1998), p.49).

"인격은 관련된 것과의 순수한 관계이다."[198]

"본체 사상의 전제(專制)는 이제 무너지고, 관계와 그와 동등한 현실의 근본 양식으로 발견되었다."[199]

"요한 복음에는 그리스도가 자신에 대해 '아들은 아무 것도 스스로 할 수 없다'(요한5,19.30)고 하였다. … 아들은 아무 것도 자기의 것이 없고, 아들이기 때문에 자신이 당초에 유래하여 '존재'하는 그분에게 의존해서만 무엇이든 실행할 수 있다는 것이다. 여기서 우선 '아들'이라는 개념이 하나의 관계개념임이 밝혀진다. 요한은 주님을 '아들'이라고 일컬음으로써 아들 자신 밖으로 나가 그를 초월하는 방향을 가리키게 한다. 즉, 근본적으로 연관성을 뜻하는 말을 사용하고 있는 것이다. 이렇게 요한은 그의 그리스도론 전체를 관계개념의 테두리 안으로 넣는다."[200]

"이렇게 그리스도로서의 예수의 존재가 전적으로 개방된 존재, '…로부터 비롯되고' 또 '…을 향한' 존재임이 밝혀지고 전혀 자신을 고집하지 않고 자립하지 않음이 뚜렷해진다면 동시에 이 존재가 (본체성이 아닌) 순수한 관계이며 순수한 관계로서 또한 순수한 일치임도 밝혀진다."[201]

"'로고스' 개념이 나자렛 예수에 적용됨으로써 이 개념은 하나의 새로운 차원을 얻게 된다 … 그리하여 로고스-그리스도론은 말씀 신학으로 다시 한 번 관계개념을 향한 존재의 개방이 된다. 그것은 여기서도 말씀이 본질적으로 '다른 이로부터 비롯하여' '다른 이를 향한' 것이며, 온통 길이고 개방인 실존이기 때문이다."[202]

---

198 J. Ratzinger, 『그리스도 신앙 어제와 오늘』, 장익 역, 분도출판사, 2000, 185쪽.
199 J. Ratzinger, 앞의 책, 186쪽.
200 J. Ratzinger, 앞의 책, 187쪽.
201 J. Ratzinger, 앞의 책, 189쪽.
202 J. Ratzinger, 앞의 책, 191쪽 이하.

이를 통해 알 수 있는 사실은 다음과 같다. 라칭거는 그의 신학 안에서 참된 인간으로서 예수가 시공간 안에서 성부를 향한 내재적 삼위일체인 성자의 순수한 관계를 살 수 있고, 드러낼 수 있다는 것, 그리고 육화 사건의 유일무이함이 명백하다는 것으로 전제하고 있다. 이 유일무이함의 근거는 예수 그리스도가 수많은 이데아(Idea) 중 하나의 표출 혹은 초월적 진리의 단순한 해석이 아니라는 점이다. 예수 그리스도 사건은 신적인 것에 기초를 둔 인류의 수많은 종교사적 노력 중의 하나가 아니고, 성령의 작용에 근거하여 동정녀 마리아를 통해 이루어진 것이다.

> "그리스도는 신적인 것의 현현이 아니라, 그가 바로 하느님이다. 그 안에서 하느님은 자신의 얼굴을 드러낸다. 그를 본 사람은 아버지를 본 것이다(요한 14,9 참조). 여기서 중요한 것은 현재형 단어인 '이다'(Ist)라는 단어이다. 이것이 바로 종교사의 근본적 차이점이고, 종교사를 통합하는 힘이다. 따라서, 그리스 철학의 존재론과의 만남, 즉 '이다'에 대한 물음과의 만남은 철학을 통한 그리스도교 신앙의 소외가 아니라, 필수불가결한 표현이 된 것이다."[203]

실재 전체의 의미에 대한 그리스 철학의 결론과 예수 그리스도의 실제 삶, 고통, 죽음 등이 동일하다는 것이 라칭거의 주장이다. 성경 진술처럼 예수가 성부로부터, 성부를 향해 존재한 곳에서 예수는 동시에 진적으로 인간에게 있어서 '선존재'(Praeexistenz)이자 '이타존재'

---

203 J. Ratzinger의 『신앙 · 진리 · 관용』 독일어판인 『Glaube-Wahrheit-Toleranz』(Freiburg, 2003) p.87 이하. 본 논문에서 인용한 본문 부분은 한글 번역본을 따르지 않고 본 저자가 독일어 원서를 직접 번역하였음.

(Proexistenz)이다. 따라서 십자가는 인간 죄에 대해서 절대적인 거룩함이 작용한 결과일 뿐만 아니라, 예수 그리스도가 관계적 존재라는 것을 보여주는 최고의 계시이기도 하다. 역사적 예수의 관계적 존재는 삼위일체적으로 성부를 향한 성자의 관계와 동일한 것이다.

> "십자가는 참으로 계시의 중심이고 그 계시는 이제까지 알려지지 않았던 어떤 말들을 밝혀주는 것이라기보다는 우리를 하느님 앞에 그리고 하느님을 우리 가운데 계시함으로써 우리 자신을 드러내준다."[204]

이러한 배경 하에서 근대의 역사비평 성경 연구에서 이루어진 '예수 혹은 그리스도'라는 양자택일을 라칭거가 왜 잘못된 것으로 여기는지가 분명해진다. 이미 1968년에 간행된 『그리스도 신앙 어제와 오늘』에서 언급하고 있다.

> "그리스도는 칭호이면서도 나자렛 출신의 인물을 가리키는 일회적 이름의 일부이다. 이름과 칭호와의 융합, 칭호의 이름으로의 변화라는 이러한 과정에서 이루어지는 것은 역사에서 흔히 볼 수 있는 망각의 한 예와는 전혀 다른 무엇이다. 이 과정에서 나타나는 것은 오히려 나자렛 예수라는 존재에 대해 신앙이 성취한 이해의 핵심이다."[205]

부활 이전의 예수와 부활 이후의 그리스도를 대비시키려는 시도되는 곳에서는 언제나 그리스도교의 가장 큰 위험이 발생할 수 있다고 라칭거는 경계하고 있다.

---

204 J. Ratzinger, 『그리스도 신앙 어제와 오늘』, 장익 역, 분도출판사, 2000, 296쪽.
205 J. Ratzinger, 앞의 책, 207쪽.

"예수 그리스도는 … 불가능한 것으로 향하는 길, 하느님과 인간의 사이의 친교로 향하는 길을 열어주는데, 육화된 말씀이신 예수가 바로 이 친교이기 때문이다."[206]

라칭거는 수많은 그의 기초신학적 저서들을 통해서 그리스도사건(Christusereignis), 성경, 전승 그리고 교회 간의 긴밀한 상관관계를 지속적으로 주장하였다. 이 관계는 상호 간의 통교(Communio)를 통하여 인격으로서의 진리인 그리스도가 경험되고 증언된다는 것이다. 그러므로 부활하신 예수 그리스도와 통교하는 교회의 형성이 바로 성경의 형성을 전제하고 있다. 따라서 교회의 사도계승은 사도들의 증언들이 성경으로 정리되고, 정경화(政經化)되기 이전에 이미 존재하였다.

요셉 라칭거/교황 베네딕토 16세는 2007년 이래 『나자렛 예수』라는 제목의 세 권짜리 책을 출간했다. 이 책은 그리스도교 신앙의 가장 내적인 중심과 관련해서 지난 세기에 제기되었던 다양한 신학적 물음과 논쟁에 대한 라칭거의 답변이다. 그는 특히 역사의 예수와 신앙의 그리스도를 분리하려는 모든 시도들에 대해 분명하게 반대의 입장을 밝히고 있다. 그리스도교 신앙은 인간이 되신 하느님, 역사 안에서 활동하시는 바로 그 하느님이신 역사적 인물 나자렛 예수에서 출발하기 때문이다. 라칭거의 그리스도론 안에서 그리고 그의 전체 신학 안에서 그리스도교의 본질로서, 불변하는 특징으로서 규정되는 것은 언제나 구체적이고 역사적인 나자렛 예수의 인격 자체이다. 성경이 증언하고, 교회가 신앙인들에게 가르치는 분명한 사실은 역사적 예수가 결

206 J. Ratzinger, *Weggemeinschaft des Glaubens. Kirche als Communio*, hg. v. Schülerkreis, Redaktion Stephan Otto Horn und Vinzenz Pfnür (Augsburg 2002), p.70.

코 하느님의 여러 계시 중의 한 형태가 아니고, 그가 바로 내재적 삼위일체 안에서 성자이시고, 육화되신 하느님의 말씀이라는 것이다. 따라서 라칭거는 그리스도교의 근본구조가 언제나 역사적 예수 자체 안에서 발견되고 시작되어야 하며, 결국 우리 신앙의 목적과 방향은 이 예수의 인격 자체와 하느님의 계시 자체를 동일시하는 것이라고 확신하고 있다. 역사적 예수에 대한 신앙 고백은 진리에 대한 물음과 연결되는데, 이는 그리스도교가 제시하는 진리 자체를 구체적인 예수 그리스도의 삶과 죽음 안에서 구체적으로 찾을 수 있다는 것이다. 요한복음 1장의 진술처럼 그리스도교는 하느님의 진리에서 출발하고 있고, 예수 그리스도 안에서 육화된 하느님의 로고스가 모든 존재자들의 근본 의미이자 세상 모든 근거들의 근거라고 믿기 때문이다. 그리스도교는 모든 진리들이 하느님 말씀인 로고스에 일치하는 것에 자신의 기초를 근거하고 있다.

제8장

초기 그리스도교 이단들

1. 이단 개념

초기 그리스도교는 이단과의 논쟁과 투쟁을 거쳐서 그리스도교의 정통 신학, 특히 그리스도론을 정립해 나갔고, 자신의 정체성을 확립해 나갔다. 초세기, 그리고 오늘날 역시 수많은 이단 중에 거의 대부분은 예수의 신성 혹은 인성을 거부하는 이단들이었다.

> "이단(異端)이란 세례 받은 후 거룩한 가톨릭 신앙으로 믿어야 할 어떤 진리를 완강히 부정하거나 완고히 의심하는 것이고, 배교(背敎)란 그리스도교 신앙을 전부 포기하는 것이며, 이교(離敎)란 교황에게 순종하거나 그에게 속하는 교회 구성원들과 친교 맺기를 거부하는 것이다"(교회법 751조).

그리고 교회법에서 이단이 성립되기 위해서는 세 가지 요건이 요구되어야 하는데, 첫째 그가 세례 받은 신자여야 하고, 둘째 계시진리 즉 교의에 관하여 오류나 의심이 있어야 하며, 셋째 오류나 의심을 지속하자고자 하는 의지가 외부적으로, 언어 기타의 표시로 표현되어야(1364조 참조) 한다. 따라서 교회법에 의하면 이단이란 세례 받은 신자가 신앙으로 받아들여야 할 진리를 완강히 거부하거나 의심하는 것이다(751 참조).

교회에서 이단(haeresis)이라고 규정할 때 사용하는 단어인 그리스어 '하이레시스'(αἵρεσις, hairesis)는 특정 이론을 지지하는 행위, 또는 지지하는 자들의 집단을 의미하는 경우에 해당한다. 신약성경에서 이런 의미로 사용된 예는 바리사이'파'(사도 15,5), 나자렛 '분파'(사도 24,5) 등의 경우이다. 한편 이 단어는 때로는 이교(離教, 혹은 열교 裂教, schisma)를 뜻하기도 하는데(1고린 11,19 참조), 육정이 빚어내는 일의 하나로(갈라 5:20), 또는 해로운 교설을 도입하여 주님을 부정하는 거짓 교사들의 행위를 가리키는 말로(2베드 2:1) 사용되었다.[207] 따라서 이단이란 공동체가 고백하는 가르침과 공동체가 살아가는 방식에서 벗어나 있거나 일탈된 것을 의미한다.

물론 교회의 가르침에서 '이단'(haeresis)과 '이교'(schisma)는 구별된다. 이교는 교회 공동체로부터 고의적으로 이탈한 상태로서 '갈라진 금'을 뜻하는 그리스어 'σχίσμα'에서 유래한 말을 사도 바오로가 교회의 일치와 평화를 위협하는 견해의 차이라는 의미로 사용하였다(1코린

207 V. Grossi, "Heresy – Heretic", *Encyclopedia of the Early Church, vol. 1*, Cambridge, 1992, p.376.

1,10; 11,18; 12,25).[208] 이교란 초기 교회에서 주교의 합법적인 권위에 순종하기를 거부함으로써 교회의 친교에서 이탈하는 것을 가리킨다. 이교는 이단에 의해 나쁜 영향을 받은 것처럼 또는 이단으로 인도될 수 있는 것처럼 간주되었다.[209] 따라서 이교란 보통 신앙적인 차원 보다는 공동체의 단절과 분열에 주로 영향을 주었다.

교부들은 그리스도교의 진리에서 벗어난 이단의 위험을 경고하였다. 이단자는 진리의 적(암브로시우스, Ambrosius)이며, 하느님의 말씀을 왜곡하는 자로서 하느님의 말씀보다 자신의 견해를 앞세우는 자이므로 그리스도인의 진리에 머무르기 위해서 사도의 교리와 교회의 가르침을 따라야 하며(리옹의 이레네오, Irenaeus), 교회와 일치하여 살아가야 한다(치프리아누스, Cyprianus). 초대 교회 때 교회의 신앙적 일치에서 떨어져 나간 이단은 중죄에 이단에 빠진 자는 오랜 기간의 참회과정을 거쳐 안수를 받고 나서 교회의 일원으로 복귀할 수 있었다. 다만 이단자의 가정에서 태어나 그리스도교 교회에 입교하려는 자에게는 이단의 책임을 물을 수 없으므로 참회과정을 생략하고 안수하였다. 그러므로 이단이란 예수 그리스도의 교회가 가르치는 교의를 고의로 거부하여 교회 형벌의 대상이 되는 자를 의미한다고 볼 수 있다.[210]

그리스도교의 정통 신앙도 교회 안에서 나온 것이고, 이단 역시 교회 안에서 나온 것이다. 이는 이단에 대한 평가는 정통 신앙과의 관계

208 배승록, 『교부와 교회』, 대전가톨릭대학교출판부, 2005, 300쪽.

209 A. Augustinus, 『신국론』(De Civitate Dei), 18.51.

210 "이단", 『가톨릭대사전』 제9권, 한국가톨릭대사전편찬위원회(편), 한국교회사연구소, 1994, 6946쪽.

안에서만 가늠할 수 있다는 것이다. 특히 교회 초기에는 다양한 이론들이 존재했고, 정통 신앙과 이단을 가르기 쉽지 않았을 것이다. 교회가 이단과 정통을 구분하기 위한 기준을 차츰 갖추게 되었고, 교회의 선택 기준은 복음 선포와 상응하는지, 신앙 유산(depositum fidei)과 부합하는지, 합리적인 이치를 따르는지, 성경의 증언과 일치하는지, 성령의 영감에 따른 것인지, 신앙 감각(sensus fidei)과 맞는 것인지, 사도적 권위(auctoritas apostolica)에 복종하는지 등이었다.[211]

2. 유대교 전통의 율법주의 이단

초기 그리스도교의 형성 과정에서는 구약성경과 유대교의 영향이 강할 수밖에 없었다. 유대교에서 그리스도교로 개종한 사람들은 여전히 유대교의 유일신 사상에 근거하여 오직 한 분 하느님에 대한 신앙을 강조하였다. 이는 성부 하느님에 대한 강조로서, 대표적으로 '에비온주의'(ebionites, 가난한 사람들 = 히브리 사람들)가 있다.

에비온파는 사도시대의 이단으로서 유대교에서 개종한 그리스도인들이 그리스도교를 유대교적으로 해석하는 것이다. 그들은 율법을 강조하고, 그리스도교에 유대교 요소를 주입하고자 노력하였으며, 그리스도교의 유대교화를 지향했다. 따라서 그들은 사도 바오로를 배신자로 생각하면서, 그의 사도성이나 서간 등을 인정하기를 거부하였다.

211 한국가톨릭대사전편찬위원회(편), 앞의 책, 6946~6947쪽.

그리고 성부중심적 사상으로 인해 예수의 신성을 부인하였고, 예수의 동정녀 탄생 역시 부인하였다. 그들에게 예수 그리스도는 제2의 하느님이었다.

에비온파는 토라(Torah)를 강조하였는데, 그들에게 토라는 하느님의 말씀이고 계약의 내용이며 진리이기 때문이다. 하지만, 그들은 예수 그리스도가 참된 하느님의 말씀이시고 하느님의 아들이기에, 그분이 바로 토라를 주신 분이고, 토라의 내용이며 완성이라는 점을 간과하고 있었다.

3. 그리스 철학과 동방 이원론으로 혼합된 이단

3.1. 가현설(Docetismus, dokein -처럼 보이다, 가짜로 나타남 假現)

가현설을 주장하는 이들은 하느님이 그저 잠시 인간인 척했을 뿐이라고 주장했다. 그래서 그들은 예수 그리스도는 하느님이 인간인 척을 한 것뿐이라고 강조한다. 이 주장은 영지주의의 영향이 다분했다. 하지만 그리스도교에서는 요한복음 1,14 내용처럼 Logos incarnatus est!, 즉 하느님의 말씀이신 예수 그리스도가 실제로 인간의 몸을 취하셨다는 사실이 계시의 핵심이다.

3.2. 마르키온주의(Marcionismus)

마르키온주의의 창시자인 마르키온(Marcion)에 대해서 구체적으로 알려진 바는 별로 없고, 단지 그에 대한 비판을 했던 몇몇 교부들의 작품들을 통해 그의 존재를 알 수 있다. 마르키온은 2세기 로마교회의 가장 위험한 이단이었다. 교부들은 그를 영지주의자로 여겼다. 실제로 마르키온의 많은 이론들은 두 하느님의 분리, 세상에 대한 배척, 구원과 관련해 지식을 선포한 그리스도의 모습 강조 등의 내용이 그러하다. 그러나 그가 영지주의 영향을 받은 것은 분명하지만, 그의 다른 학설들은 영지주의와는 다른 면도 많았다.[212]

그가 구약성경을 배격한 이유는 구약의 하느님이 자비와 사랑의 하느님과는 다르다고 느꼈기 때문이다. 그래서 그는 오직 신약성경의 선하신 하느님만을 절대화하였고, 그리스도 역시 인간을 통해 태어났다면 완전한 영적인 존재가 될 수 없다고 생각했기에, 육신을 통한 강생을 부인하고, 그리스도의 가현설을 주장하기에 이르렀다.[213] 그는 그리스도의 가상적 육신의 실제적인 수난은 부인하지만, 사도 바오로의 신학에 따라 그리스도의 수난이 인간 구원을 위해 매우 중요하다는 점은 인정했다.[214]

마르키온주의자들은 가현설과 영지주의의 영향으로 물질주의를 거부하고, 철저한 금욕주의를 살았으며, 구약을 믿는 유대교를 혐오하

212 H. R. Drobner, 『교부학』, 하성수 역, 분도출판사, 2001, 194쪽.

213 Tertullien, 『그리스도의 육신론』, 교부문헌총서 8권, 이형우 역, 분도출판사, 1994, 48~50쪽.

214 이형우, 「영지주의와 마르키온 이단」, 『들숨날숨』, 분도출판사, 2001, 67쪽.

였다. 그들에게 구약성경은 물질세계가 창조된 곳이고, 그 책은 단지 유대인의 역사서일 뿐이고, 그 안에는 분노와 복수의 하느님 상이 가득하다고 주장했다. 그들에겐 오직 신약성경만이 유효했는데, 신약은 예수의 '아빠'(Abba)로서 하느님 상이 있고, 영적 세계로 창조되었으며, 사랑의 하느님 상이 가득하다는 이유였다. 이들은 극단적인 사도 바오로 추종자들이며, 가현설의 영향으로 그리스도의 육체성을 부인하였다. 마르키온주의는 빠른 성장세를 보이기도 했지만, 190년경부터 축소되기 시작했고, 부분적으로 마니교에 흡수되기도 했다.[215]

마르키온주의의 영향으로 초기교회는 정경화(政經化) 작업에 가속도를 내게 되었고, 결국 393년 북아프리카의 히포에서 회의를 열었고, 이후 397년 카르타고 공의회를 거쳐서 신약성경 27권을 정경 확인하고 공표하였다. 악화(惡貨)가 양화(良貨)를 구축한 경우에 해당된다고 볼 수 있다.

4. 신비주의적 경향의 이단 - 몬타누스주의(Montanismus)

초기 그리스도교회는 예수 그리스도의 조기 재림을 예상했지만 일어나지 않았다. 초기 교회의 종말론적 긴장에 변화가 초래되었고, 이는 신앙의 악화와 혼란을 불러 일으켰다. 이때 몬타누스는 성령이 자신에게 강림했다고 주장하고, 성령의 시대를 주장하였다. 성령이 바로 재림

215 배승록, 『교부와 교회』, 대전가톨릭대학교출판부, 2005, 311쪽.

예수라는 주장이었다.

몬타누스주의는 2세기 중엽 소아시아 프리기아(Phrygia)에서 시작되어 3세기에 북아프리카의 카르타고에서 발전한 종말론적 이단 운동으로 창시자가 몬타누스(Montanus)이다. 몬타누스는 본래 이교도 출신이었으나, 그리스도교로 개종한 다음 자신을 예언자로 자처하면서, 자신이 성령의 대변자이고 요한복음에서 언급한 '파라클레토스'(παράκλητος, paráklētos)(요한 14,26; 16,7)가 자신 안에 육화되었다고 주장하였다.[216] 그는 성령의 특별한 계시를 강조하였고, 종말에 대한 확신을 가졌으며 결국 이단으로 바뀌었다.

그는 사람들의 '두려움', 특히 종말이나 죽음에 대해 두려워하는 심리를 이용했다. 종말론을 강조하여 곧 세상이 멸망할 거라 예언하면서 결혼을 반대하고, 금욕과 순교를 장려하였으며, 수많은 사람들을 단죄하였다. 그는 기존 교회를 무시하고 거부하였고 오로지 선택된 사람들만 구원된다고 주장하였으며 새 예루살렘이 건설된다고 주장하였다.

몬타누스와 그의 추종자들이 지닌 문제는 성령을 강조한 것 자체가 문제가 아니라, 자신들이 원하는 대로 성령의 역할과 의미를 각색한 것이다. 그들은 광신적 행동을 통해 성령의 대변자로 자처했고, 성경과 교계 제도를 무시하기도 하였다.

216 "몬타누스주의", 『가톨릭대사전』 제4권, 한국가톨릭대사전편찬위원회(편), 한국교회사연구소, 1994, 2732~2733쪽.

5. 그리스 철학 영향 이단

그리스도교의 초기 형성 과정에서 그리스 철학은 지대한 영향을 주었다. 고대의 종교가 보편적인 종교가 되는데 큰 기여를 하였으나, 철학적인 차원에서 신앙의 신비를 이해하면서 이단적 경향에 빠지기도 하였다. 예를 들어, 알렉산드리아 학파 신학자들은 호교교부들 안에서 나타났던 철학적인 경향을 강조하였고, 여기에 신비적인 요소가 더해져서 이단이 발생했다. 대표적인 형태는 단원론(單元論, Monarchianismus)과 일원론(一元論, Monismus)이다. 이 이론들은 유일신론에 근거해서 오직 성부 하느님만이 유일한 근거이자 참된 하느님이라는 전제에서 출발한다. 사실 이 이론들은 그 당시 유행했던 다신론과 영지주의의 폐해를 극복하고자 하는 의도도 있었는데, 결국엔 성부 하느님만을 강조하다 보니, 성자의 종속성이 부각되어서, 성자는 제2의 신 혹은 성부의 아류라고 주장하게 되었다.

5.1. 양자설(養子說 Adoptianismus)

예수 그리스도가 신성으로는 하느님의 아들이지만, 인성으로는 하느님의 양자라는 그리스도론적 이단이다. 이 이단은 3세기 중엽 사모사타의 바오로가 주장한 '단원론'으로 그 기원이 올라가는데, 사실 '양자설'이라는 명칭으로 주장된 것은 8세기 스페인 톨레도의 대주교였던 엘리판두스(Elipandus)에 의해서였다.

양자설은 그리스도의 신성을 부정하고 있고, 양태론과는 달리 그리스도의 신성을 부정하고, 그리스도는 단지 하느님에 의해 양자로 입양되었다는 것이다. 예수가 처음에 순수한 사람 일 뿐이었으나, 요르단 강에서 세례와 부활 사건 등을 통해서 하느님이 아들로 입양해서 신적인 권능을 주었다는 주장이다.

그리스도 양자설을 주장하는 대표적 인물은 사모사타(Samosata)인데, 그는 '로고스'에 대해서 알렉산드리아 학파와 논쟁을 하였고, 그는 그리스도의 신성을 부인하였다. 예수 안에는 평범한 인성만이 있을 뿐이고, 단지 하느님이 예수 안에서 더 완벽하게 통교하셨을 뿐이라고 주장했다. 그는 성자는 물론 성령 역시 의미를 퇴색시켰고, 그의 그리스도 종속론적 관점은 후에 네스토리우스주의에 영향을 주었다.[217]

5.2. 성부수난설(聖父受難設 Patrpassionismus) 혹은 양태설(樣態設 Modalismus)

삼위일체론에 관한 이단으로서 극단적인 단원론의 한 형태이다. 단원론은 양자설과 양태설로 발전했는데, 양태설은 다시 '성부수난설' 또는 '사벨리우스주의'(Sabellianismus)의 형태로 나타났다. 이 이론은 성부와 성자는 원래 한 분이신 하느님이신데, 상황에 따라서 단지 다른 방식(modus)으로 인간에게 나타날 뿐이라는 것이다. 그리스도가 하느님이라면 그는 마땅히 성부와 똑같은 분이므로, 성자의 수난은 성부 자신이 성자의 모습으로 수난(passio)하셨다는 주장이다. 여기서

217 배승록, 『교부와 교회』, 대전가톨릭대학교출판부, 2005, 324~326쪽.

는 성부와 성자와 성령의 명칭은 인정하되 성삼위 하느님은 위격으로 구별되는 것이 아니라, 같은 한 하느님이 상황과 관점에 따라서 나타나는 '양태'(modus)가 다른 것에 불과하다는 것이다. 하느님의 단일성(monarchius)을 강조한 나머지 삼위일체 하느님의 개별적 특성에 대해 무관심해졌다.

소아시아의 스미르나 출신의 노에투스(Noetus)가 180년경 이 주장을 처음 하였는데, 그에 따르면 하늘에서 성부로 계시던 분이 지상에 성자로 나타나셨으며, 사람들 눈에는 성자 그리스도가 수난한 것으로 보이지만 궁극적으로는 성부가 수난하였다는 것이다. 그래서 '성부수난설'이라고 불렀다. 이 주장이 유대교의 유일신 사상과 그리스 철학의 일자 개념을 보존하기에 처음엔 따르는 사람도 많았다고 한다.[218] 이후 노에투스의 제자인 사벨리우스에 의해서 체계화된 이 이론은 동방교회에 널리 퍼졌고, '사벨리우스주의'라고 불리웠다. 양태설은 아리우스 이단 이전에 삼위일체론 이단 중에 가장 강력하였다. 이를 논박하기 위해서 교부들은 꾸준히 노력하였고, 특히 테르툴리아누스는 '본성'(substantia), '위격'(persona), '성삼위'(trinitas) 등의 개념 정립에 노력하였다.

218 "모달리즘", 『가톨릭대사전』, 제4권, 한국가톨릭대사전편찬위원회(편), 한국교회사연구소, 1994, 2660~2661쪽.

6. 이단의 특징과 경향

이단들은 근본적으로 교회의 정통 교리의 핵심을 부정하고 포기하거나 거부한다. 그리스도교의 믿을 교리, 즉 천주존재, 삼위일체, 강생구속, 상선벌악 등의 신앙의 핵심 요소들을 자의적으로 해석하거나 변형하여 정통 교리를 혼란스럽게 한다. 이단이 발생하는 이유는 다양하지만 공통적인 요소가 있는데, 바로 성령을 빗맞아서(?) 이다! 거의 대부분의 이단들은 이론적으로는 예수 그리스도의 신성을 부정하는 경우가 많고, 내용적으로는 성령의 현존이나 뜻을 지나치게 강조하거나, 아무도 모르는 종말의 시기나 내용을 강조하는 경향을 보인다. 이단들은 그리스도교 신앙의 진리 중에 일부분만, 혹은 선택적으로 무분별하게 해석하려는 경향이 강하다. 오늘날 대부분의 이단들은 새로운 형태라기보다는 초기 교회부터 존재해 왔던 기존의 이단들을 재해석하거나 재포장한 형태가 대부분이다. 이들 이단들의 특징은 정통신학을 2/3 정도, 그리고 사람들의 호기심과 욕망 자극하는 내용을 1/3 정도로 혼합해서 사람들이 듣고 싶어하는 내용과 자극적인 내용들을 통해 사람들을 현혹한다(예를 들어, 구원, 종말, 기복, 금욕, 선민사상 등등).

이단들은 종말의 시간과 상황 등에 대해서 자신 있게 주장하지만, 사실 종말에 관련된 내용은 아무도 알 수 없고 오직 하느님만이 아신다. 재림의 때에 대해서는 아무도 알지 못한다. "그러나 그날과 그 시간은 아무도 모른다. 하늘의 천사들도 아들도 모르고 오로지 아버지만 아신다"(마태 24,36). 따라서 종말에 관한 그리스도교의 입장은 '이미'와 '아직' 사이에서 긴장을 유지하고 준비하면서, 동시에 종말을 지나치게 현세화하거나 혹은 지나치게 내세화하는 경향 모두를 경계한다.

모든 이단들은 자신들의 이론 안에 그 자체로 논리적 모순을 함축하고 있기에, 이단의 가르침에 대응하기 위해서는 정통 신앙을 잘 알고 이해해야 한다. 이단들 대부분은 예수의 신성 혹은 인성을 부정하거나 왜곡하고, 예수 그리스도의 구원 업적을 폄하하거나 불완전한 것으로 평가한다. 그렇게 함으로써 자기 교단의 정당성을 보장받고자 한다. 하지만, 이단의 어두움은 정통 신앙을 통해 얼마든지 극복 가능하다. 그리스도교의 교회는 초세기부터 오늘날까지 이단과의 투쟁, 논쟁을 거쳐 정통 신앙을 유지하고, 정화하고, 정립하고, 발전시키고, 계승해 왔다.

제9장

근대 이후의 무신론

1. 무신론 개념

2013년 9월 당시 새로운 교황으로 선출된 지 얼마 안 되어 많은 관심을 끌던 현 교황 프란치스코가 한 무신론자와 주고받은 편지의 내용이 공개된 뉴스가 화제가 되었다. 교황은 이탈리아의 일간지 '라 레푸블리카'(La Repubblica)의 공동 창립자이자 무신론자인 에우게니오 스칼파리와 주고받은 편지에서, '하느님께서는 당신을 믿지 않고 신앙을 찾지도 않는 이들을 용서하시는가'라는 질문에 대해 다음과 같이 답하였다. "기본적으로, 누구든지 회개하고 진정으로 하느님께로 돌아서는 사람에게는 하느님의 자비가 한계가 없다. 하느님을 믿지 않는 이들의 문제는 그들이 자신의 양심을 따르는가에 달려있다. 하느님을 믿지 않는 이들에게도 죄는 결국 스스로의 양심을 거스르는 것에서 생겨난다."[219] '하느님께서는 무신론자도 용서하신다'는 것과 '무신론자는 양심을 따라야 한다'는 내용을 담고 있는 이 편지의 내용은 뉴스로 보도되자마자 큰 반향을 일으켰다. 이 뉴스와 함께 이전에 바티칸 내의 성녀 마르타의 집 경당에서 한 강론에서 "하느님께서는 그리스도 피로써 모든 이들, 심지어 무신론자들까지도 구속(救贖)하셨습니다. … 우리 모두는 선한 일을 해야 합니다. 무신론자이더라도 선한 일을 하십시오"라고 말했다는 내용도 전해졌다.[220]

무신론자를 배척하지 않고 오히려 그 구원 가능성을 인정하고 있는 교황의 발언들은 신앙인들과 비 신앙인들 모두에게 여러 가지 의문을 품게 한다. 사실 무신론에 관한 교황의 발언이 새로운 것은 아니다. 이미 가톨릭교회는 제2차 바티칸 공의회에서 무신론자들에 대해, 또 비 신앙인들의 구원 가능성에 대해 선언했다. 하지만, 무신론을 포용하는 교회의 발언들은 절충주의로 오해 받을 수 있다. 그리스도교 신앙이 구원을 위해서 있으면 좋지만, 반드시 필요한 것은 아니라고 이해될 수도 있다. 교회는 무신론자들을 무조건 단죄하지 않으며 그들에게도 구원의 가능성이 있음을 인정한다. 그러나 이것은 교회가 무신론을 용인하는 것은 아니다. 오히려 가톨릭교회의 입장은 단호하다. 과거로부터 지금까지 무신론은 오류이며 교회의 신앙에 위배된다는 견해를 일관되게 표명해 왔다. 타종교에도 진리의 요소, 구원의 요소가 있지만, 가톨

219 "Pope Francis' Letter to the Founder of 'La Repubblica', Italian Newspaper", Zenit, translated by Zenit, 2013.09.11, http://www.zenit.org/en/articles/pope-francis-letter-to-thefounder-of-la-repubblica-italian-newspaper

220 "Pope Francis says atheists can do good and go to heaven too!", Catholic Online, 2013.05.30. http://www.catholic.org/hf/faith/story.php?id=51077

릭교회 안에는 진리 자체, 구원 자체가 있다는 것이 가톨릭교회의 입장이다. 또한 교회는 구원이 오직 그리스도를 통하여 하느님께로부터 온다는 믿음이 구원을 위한 필연적인 요소라고 가르치고 있다.

오늘날 무신론은 더 빠르고 광범위하게 확산되고 있다. 철학적 무신론, 인간학적 무신론, 유물론적 무신론, 실증주의 무신론 등을 비롯하여 직접적으로 무신론을 표방하지는 않지만, 무신론을 내포하고 있는 범신론, 범재신론 그리고 불가지론 등이 있고, 이론적으로 신의 존재를 부정하지는 않지만 실제로는 하느님 없이 살게 되는 실천적 무신론에 이르기까지 다양한 형태의 무신론들이 존재하고 있다. 오늘날 무신론은 무신론이 자연과학적 학문으로 내려진 결론이고, 종교는 시대착오적인 인식이라고 주장하기도 한다.

무신론(無神論, Atheismus)이란 신 혹은 절대자의 존재 자체나 개입을 인정하지 않는 태도를 총칭한다. 사실 무신론을 규정하고 범위를 정하는 것이 쉽지는 않다. 본 논문에서는 그리스도교 신앙을 기준으로 규정하고자 하는데, 이에 따르면 자연주의, 범신론, 불가지론, 실증주의, 실용주의 등 그리스도교의 계시와 신비를 거부하는 모든 주의와 사상은 물론 불교나 유교 등 그리스도교와 상이한 동양 종교들까지도 무신론의 범주에 들 수 있다. 하지만 그리스도교의 신관 이외에도 다른 형태의 신이나 어떤 포괄적인 의미의 신을 믿는 종교들이 존재하고 있다. 그리고 구체적인 무신론의 학설이나 체계들 역시 그리스도교의 신관만을 대상으로 하지 않고 종교에서 말하는 신이나 신성 전체를 부정하는 경우가 많기에 단순히 전통적 그리스도교적 신관에 대한 부정이

나 거부만을 무신론의 기준으로 삼기에 어려움이 없지는 않다.[221]

1) 소극적 무신론 – 신의 존재 자체를 부정하지 않으나, 신의 완전성이나 적극적 개입 등은 부정하는 경향이다. 보통 종교나 신앙에 대해서 무시하거나 무관심한 경우가 많다. 한때 독일에서 유행했던 표현, '하느님과 함께 하는 것도 나쁘지 않다. 하지만 없는 것이 더 낫다'(Es geht mit Gott, aber ohne besser)와 같은 태도가 소극적 무신론이다.

2) 적극적 무신론 – 적극적 무신론은 신의 존재 자체를 부정하고 때로 이를 논증하려는 태도이다. 세속화 경향과 연관되어 근대 이후에 주로 형성되었으며, 적극적 무신론을 주장하는 이들은 하느님의 침묵이나 무능, 인간 삶의 공허함을 자주 강조하기도 한다. 특히 제1, 2차 세계 대전을 겪으며, 하느님의 침묵과 무능에 대해서 많은 질문이 쏟아졌다. '하느님이 계시다면 세상이 어찌 이런 모습일 수 있겠는가?', '그리스도교의 하느님이 아니라 다른 신이 더 힘이 센 것 아닌가?', '하느님을 믿지 않아도 살아가는데 아무 상관없지 않은가?'

적극적 무신론 중에는 특히 자연과학의 입장에 근거한 다양한 무신론들이 확산되고 있다. 하느님의 자리를 자연과학적 원리로 대체 가능하다는 자연과학자들의 주장, 이를테면 진화론, 빅뱅이론, 물리학이나 생물학 환원주의 등이 바로 적극적 무신론의 예라고 할 수 있다. 과학은 경험적 세계 안에서 검증가능성에 기반한 확률적 지식이다. 과학

221 "무신론", 『가톨릭대사전』 제5권, 한국가톨릭대사전편찬위원회(편), 한국교회사연구소, 1994, 2808~2809쪽.

을 통해 편리하고 윤택한 삶이 가능하다는 것은 분명한 장점이지만, 과학적 지식이 종교와 신앙의 영역을 대신할 수 없다는 한계는 분명하다. 종교와 신앙의 영역, 즉 인간의 근본문제에 대한 물음과 대답, 예를 들어 사람은 왜 사는지, 죽으면 어떻게 되는지, 사는 것이 의미가 있는지 등등 인간이 지닌 가장 근본적인 질문에 대한 물음과 답은 자연과학의 영역이 아니다. 확률적 지식과 기술은 비행기를 더 빠르게 날아가게 할 수 있지만, 빠르게 날아가는 것이 인간 삶을 정말 행복하게 해 주는가의 문제에 대해 답해주지는 못할 것이다. 물론 신앙은 이성과 과학의 영역을 존중하고 있고, 학문의 언어로 신앙과 신학을 설명하려 계속 노력할 것이고, 다양한 과학의 분야와 대화하는 것이 오늘날 우리에게 주어진 과제임을 잊지 않고 있다.

2. 근대의 무신론

신들로 충만한 세계관을 지닌 고대인들은 무신론을 상상할 수 없었다. 고대에도 '무신론자'라고 불리던 사람들은 있었으나, 그들이 과연 현대적인 의미에서의 무신론자였는지는 확실하지 않다. 그러나 근대 이후의 유물론과 기계론, 상대주의 등 무신론과 관련이 있는 사상들은 고대 그리스 철학에서부터 그 뿌리를 찾을 수 있다. 가령 데모크리토스(Democritos, BC 460~371)와 그 제자들의 원자론(原子論, Atomism)에서는 근대 유물론과 기계론의 기초를 찾아볼 수 있다. 또한 소피스트(Sophist)들은 상대주의의 시초로 꼽힌다. 특히 최초의 소피스트라 불리는 프로타고라스(Protagoras, BC 481?~411?)는 보편타당하고 객관적인 진리는 존재하지 않는다고 주장하였다. 한편 에피쿠로스(Epicuros, BC 341~270)와 그 학파는 쾌락주의에 근거한 윤리철학을 통해 윤리를 신과 분리시킴으로써 '윤리의 근거'로서의 신의 역할을 위태롭게 만드는데 일조하였다. 이러한 고대 그리스 철학의 태도들은 소크라테스 이후로 플라톤(Plato, BC 427~347)과 아리스토텔레스(Aristotle, BC 384~322) 등을 거치며 많은 비판을 받았고, 중세에 들어서 그리스도교 철학과 신학이 정립된 이후에는 많은 부분에서 한동안 자취를 감추었다.[222]

사실 본격적인 의미의 무신론이 시작된 것은 근대 이후이다. 물론 고대와 중세의 철학과 사상 중에서도 근대 이후 무신론 형성에 영향을 준 것은 분명하지만, 여기서는 근대 이후의 경향에 집중하고자 한다. 근대의 계몽주의는 17세기 이후, 프랑스에서 시작되었고 독일에서 꽃피웠다. 계몽주의(啓蒙主義, Enlightment)는 자연의 빛, 즉 이성의 빛으로 세상을 바라는 것으로, 인간 이성을 통해 자연법칙이 존재하는 이 세상을 바라보는 것을 의미한다. 계몽주의는 '인간이 그 이성(理性)의 힘으로 확실하고 명백한 진리를 토대로 하여 자기 자신의 삶의 방식을 스스로 결정해 나가도록 교육하는'[223] 것이다. 독일어로는 'Aufklärung'이라고 하는데, auf(-위에) + klar(명확한)이라는 단어에서 드러나듯이, 계몽주의는 경험적 판단과 인식이 가능한 것, 명확하게 학문적 판단이

222 "무신론", 『가톨릭대사전』 제5권, 한국가톨릭대사전편찬위원회(편), 한국교회사연구소, 1994, 2808~2809쪽.

223 "계몽주의", 『가톨릭대사전』 제1권, 한국가톨릭대사전편찬위원회(편), 한국교회사연구소, 1994, 362쪽.

가능한 것을 주요 주제로 삼는다. 자연 과학적 사고는 계몽주의가 발달해 가며 드러낸 가장 큰 특징이다.

계몽주의는 무신론의 출현과 발전에 큰 영향을 끼쳤다. 어떤 철학자를 계몽주의자로 분류할 것인가에는 이견의 여지가 있긴 하지만, 일반적으로 홉스(Thomas Hobbes, 1588~1679)부터 영국의 로크(John Locke, 1632~1704), 흄(David Hume, 1711~1776)과 프랑스의 볼테르(Voltaire, 1694~1778), 루소(Jean Jacques Rousseau, 1712~1778), 독일의 라이마루스(Hermann Samuel Reimarus, 1694~1768) 등이 대표적인 계몽주의 철학자로 꼽히며 칸트(Immanuel Kant, 1724~1804)를 마지막 계몽주의자로 분류하는 경우도 있다.[224] 계몽주의자들의 사상을 획일적으로 정의하기는 어렵지만, 대부분의 계몽주의자들은 당시의 그리스도교, 즉 계시 종교에 대해 부정적인 입장을 가지고 있었다. 이들에게 그리스도교는 이성을 억압하고 통제함으로써 인간의 타율(他律)을 조장하며 미성숙을 강요하는 것이었고, 이성의 적이거나, 혹은 이성의 전단계로서 이성의 발달과 함께 대체되어야 할 대상이었다.

하지만, 인간의 이성과 학문을 통해 세상을 이해하려는 시도들은 결국 인간중심적인 현상을 낳았다. 인간이 세상의 중심이 된다는 것은 기존 세상의 중심이었던 신과의 결별을 의미한다. 중세적 관점에서 진리 인식의 기준이 '객관'에 있었다고 하면, 근대에는 차츰 '인간 주체' 자체가 진리 인식의 중심 원리가 된다.[225]

224 정의채, "계몽주의", 『한국가톨릭대사전』 제1권, 한국가톨릭대사전편찬위원회 엮음, 한국교회사연구소, 2004, 362쪽.

225 '진리'라는 개념 자체는 우선적으로 인간의 고유한 인식에서 기인한다. 논리적인 의미의 진리는 현실에 근거한 인간의 판단과 일치할 때 합당하다. 그럼에도 불

구하고 인식하는 혹은 판단하는 주체와 객관적인 실재 사이에서는 둘 사이의 완전한 일치가 중요한 것이 아니라, “진리는 사태를 향한 지성의 동화”(veritas est adaequatio intellectus ad rem), 즉 인식 가능한 대상에 대한 인식자의 추구 혹은 지향 자체가 중요하다는 점이 그리스도교 신학에서는 우선적 중요성을 갖는다. 이는 각각의 인식주체보다는 모든 인식주체가 가지는 객체적 진리에 대한 인식과 판단의 동일함이 더욱 중요하다는 의미이다. 성 토마스에게서 인식은 본질을 파악하는 것으로 완성되지 않고, 판단으로서 완성된다. 이는 '사고와 존재의 일치'(veritas est adaequatio rei et intellectus)를 의미한다. 토마스에 의하면 하느님의 존재는 이와 같이 그 자체로 규정 하는 것이지, 누군가에 의해서 규정되는 것이 아니다. 그러나 실재적인 사물들은 규정을 하는 것 혹은 규정되는 것 모두 가능하다. 그리고 존재에 근거하고 있는 우리 인간 정신은 존재에 의해 규정되는 것이지, 인간이 규정 하는 것이 아니다. 토마스에 의하면 먼저 실체가 존재하는 것이고, 우리는 그 실체를 알 수 있다. 즉 세계와 사물들은 감각적 그리고 정신적으로 통찰할 수 있도록 개방되어 있다.

진리는 인간에 의해 완전히 파악될 수 있는 것이 아님에도 불구하고, 보편적으로 타당한 것이어야 한다. 진리는 이성을 가진 모든 인간에게 적용될 수 있어야 한다. 즉 한 인간에게 진리인 것은 결국 다른 누구에게나 진리일 수 있다. 이러한 의미에서 진리는 언제나 절대적인 것이야 한다. 상대적인 진리라는 것은 있을 수 없고, 인식하는 주체에 따라 진리가 달라지는 경우는 상대주의일 뿐이다. 인간에게 진리에 대한 참된 인식을 가능하게 해주는 것이 신앙의 역할이자 도움이다. 그리스도교 신앙은 본질적으로 그리고 원천적으로 진리와 함께 작용한다. 그리스도교 신앙에 있어서 신앙이 참된 인식에 접근하고자 한다는 점은 본질적인 것이다. 신앙의 주된 관심 사항은 단순히 공동체에 익숙한 것들이 아니라, 이 공동체가 받아들여야만 하고, 또한 유일하고 탁월하게 주어진 진리를 향한 의도된 관심이어야 한다. 따라서 그리스도교의 신앙은 언제나 계시하시는 하느님께 '신앙의 순종'(로마 16,26; 1,5; 2코린 10,5-6)을 드러내야 한다. 인간은 “계시하시는 하느님께 지성과 의지의 완전한 순종을 드러내고 하느님께서 주신 계시에 자발적으로 동의함으로써 자기를 온전히 그분께 자유로이 맡기는 것이다”(「계시헌장」 5항) M. Eller, Veritas creatrix incarnata. *Über das Wahrheitsverständnis im theologischen Werk Joseph Ratzingers (Pontes 53)* (Münster, 2011), 특히, pp.36~39 참조. 이 책에 따르면 토마스 아퀴나스는 진리를 세 가지 관점에서 규정하고 있다. 1. 객관적 사실들과의 합치로부터 주어진 진리(존재론적 진리), 2. “진리는 사태를 향한 지성의 동화”라는 정식으로 표현된 것으로 인식 주체로부터의 진리(논리적 진리), 3. “진리는 지성을 향한 사태의 동화”(veritas est adaequatio rei ad intellectum)라는 정식 안에 표현된 것으로 인식된 객체로부터의 진리(존재적 진리) 등으로 구분한다; 조한규, 「보편적이고 구체적인 진리로서 역사적 예수: 교황 베네딕토 16세의 신학 안에서 그리스도교 본질 연구」, 『신학전망』(194), 광주가톨릭대학교출판부, 2016, 33~69쪽.

2.1. 데카르트 – 'Cogito, ergo sum'

근대 철학의 아버지라고 불리는 데카르트(Rene Descartes, 1595~1650)는 '생각하는 나'라는 개념을 통해서 주체가 중심이 된 근대적 주관성의 시작을 의미한다. 근대는 데카르트를 시작으로 하여 발전하고 전개된다. 중세 말이라는 사상적 전환기에 살았던 그는 진리의 확실성에 대한 근거를 찾고자 노력했고, 어떠한 경우에도 흔들리지 않는 의심의 여지없는 진리의 근거를 추구했다. 모든 의심과 회의(懷疑) 끝에 그가 내린 결론이 바로 그 유명한 명제, '나는 생각한다, 그러므로 나는 존재한다'(cogito, ergo sum)이다. 모든 것을 의심하여도, 누군가가 의심하고 사유(思惟)한다는 사실과 그 사유의 주체가 다른 누군가가 아니라 바로 나 자신이라는 사실만큼은 의심할 수 없다는 것이다. 의심을 하고 있는 한 의심하고 있다는 사실 자체는 결코 의심할 수 없고, 내가 하고 있는 의심의 주체가 다른 누군가일 수도 없기 때문이다.[226] 데카르트에게서 근대의 문을 열리는 거대한 전환이 일어났다. 진리의 확실성을 더 이상 신이라는 객체에 의존하지 않고, 인간 주체에게 근거하게 된다. 신의 확실성에 근거해서 주체의 확실성으로 건너가던 중세적 진리 인식 방법이 자아의 확실성으로부터 시작하여 신의 확실성으로 나아가는 근대적인 방법으로 교체된 것이다.[227] 데카르트 이후로, 객체(客體)에 대한 주체(主體)의 우위, 외적인 것에 대한 내적인 것의 우위, 존재에 대한 의식의 우위, 초월에 대해 내재의 우위를 인정하는 주관주의

226 J. Hirschberger, 『서양철학사』 하권, 강성위 역, 이문출판사, 1991, 126쪽.
227 H. Küng, 『신은 존재하는가 I』, 성염 역, 분도출판사, 1994, 35쪽.

(主觀主義, Subjektivismus)적 경향이 분명해 진다. 데카르트는 'Cogito'를 통해 외부의 객관적 세계에 의존하지 않고 인간의 내재적 사유로부터 진리의 근거를 확립할 수 있는 길을 열었고, 이는 진리의 근거를 외부가 아닌 인간의 내부, 즉 자명성과 사고하는 주체의 사유에서 찾음으로써 이후 무신론적으로 발전하는 다른 많은 철학 사조들에 사상적 기반을 마련하는 결과를 낳았다고 평가된다.[228]

2.2. 칸트 – 실천이성의 요청(Das Postulat der praktischen Vernunft)

근대 철학에 칸트(Immanuel Kant, 1724~1804)는 매우 크고 직접적인 영향을 미쳤다. 칸트 이후 거의 대부분의 근대 철학의 형태들은 그의 영향을 받았고, 무신론 역시 이 영향 하에 발전하였다.

칸트는 인간의 이성에 대해서 관심을 갖는다. 그는 경험론에서 주장하는 것처럼 인간 이성이 전적으로 감각 경험에만 의존하는가에 대

228 하지만 이는 어디까지나 후대의 무신론자들에게 사상적 기반과 영감을 제공하였다는 것이며 데카르트 본인이 무신론자였다거나 데카르트의 철학자체가 무신론적 함의(含意)를 지닌 것이었고 볼 수는 없다. 오히려 데카르트는 유신론자였으며 자신의 저서 성찰 (Meditationes de prima philosophia, 1641)을 통해 신 존재 증명을 제시하기까지 한다. 또한 그의 철학 체계 내에서도 신이 차지하는 위치는 특별한데, '무한한 실체'인 신은 '생각하는 것(res cogitans)', '연장하는 것(res extensa)'과 더불어 '타고난 관념(ideae innate)'이며, 무엇보다도 '정신'의 존재론적 기원으로 '자명성'의 항구적 타당성을 정당화해주는 중요한 근거이다. 그러나 후대의 무신론자들은 데카르트 철학 내에서 신이 차지하는 위치는 배제하고 그 원리와 방법론만 취함으로써 데카르트를 '무신론적으로' 계승하여 발전시킨다(하상현, 「무신론의 발전과 가톨릭 교회의 가르침: 교도권의 가르침을 중심으로」, 석사학위논문, 가톨릭대학교, 2014, 16~17쪽 참고).

해서 논증하고자 했다. 즉 인간이 지닌 이성이 그 자체로서 감각적 경험으로부터 자유로울 수 있는지, 그리고 인간 이성이 순수하게 도달할 수 있는 영역은 어디까지인지 묻고자 했다. 칸트는 인간의 모든 인식이 경험과 함께 시작된다는 것은 인정했지만, 인간의 인식 모두가 경험으로부터 생겨나는 것은 아니라고 주장했다.[229] 즉 인간 인식은 경험을 통해 얻는 정보를 가지고 종합적인 인식을 하면서도, 동시에 경험에 근거하지 않는 선험적(先驗的, a priori) 인식, 곧 선험적 종합 판단이 존재한다는 것이다.

칸트는 선험적 종합 판단이 가능하다고 전제하는데, 우선 종합적 판단은 대상에 관한 지식이 감각 경험으로부터 주어진다는 것은 인정한다. 하지만 이 종합적 판단을 가져오는 규범이나 틀은 감각 경험으로부터 오는 것이 아니라고 했다. 칸트에 따르면 이 규범은 인간 인식이 이미 가지고 있는, 즉 '선험적인' 것이라고 한다. 선험적인 원리들은 인식을 가능하게 하는 근거이면서 동시에 인식된 사물, 즉 인간에 대해 존재하는 것들을 존재 가능하게 하는 원리이기도 하다는 것이 칸트의 생각이다.[230]

칸트는 선험적 종합 판단의 근거를 외부의 대상에서 찾지 않고 인식 주체인 인간 자체에서 찾았다. 이제 인간은 인식의 주체로서 자신의 방식에 따라 인식하고 이해한다. 인식 대상으로서의 세계는 인간 주체에 따라 이해되고 해석된다.

---

229 I. Kant, 『순수이성비판 I』, 백종현 역, 아카넷, 2008, 214~215쪽.

230 백종현, 「칸트의 철학 개념, 방법, 그리고 주제」, 『철학과 현실』 (8), 철학문화연구소, 1991, 138쪽.

철학에서의 '코페르니쿠스적 전환', 즉 칸트 이전에는 인식이 대상을 따랐지만, 이제는 대상이 인식을 따른다. 지금까지 대상은 신, 혹은 객관적 우주 법칙에 자신의 존재를 근거하였다. 하지만 칸트 이후로 인간의 의식도 실재하는 사물의 존재 원리가 되고, 인간이 인식하는 대상은 인식 주체와 분리된 객관적 실재로서의 '물 자체'(物 自體 ,Ding an sich)가 아니라 주관적 형식에 의해 규정된 존재, 즉 '현상'(現想)이 된다. 인간은 오직 인간 자신의 직관과 사유 형식에 의해서 규정된 현상만을 인식한다. 칸트의 인식론에 근거해서 '물 자체'와 '현상'은 분리된다. 칸트에 따르면 인간은 현상만을 인식할 뿐이다. 물 자체는 이제 인간 인식의 절대 조건이 아니다. 이제 '영혼'이나 '신'은 인간 인식의 범위가 아니다. 인간은 영혼이나 신을 인식하거나 규정할 수 없다고 한다.[231] 칸트 철학에서 신은 더 이상 인식의 대상이 아니다. 인간이 신을 생각할 수는 있지만, 신은 인간에게 경험적이나 감각적으로 인식될 수 없다. 칸트에게 신은 인식과 증명의 영역이 아니다.

칸트에게 신은 인식이 대상이 아닐 뿐, 신은 여전히 중요한 존재인데, 신이 없으면 인간은 도덕적일 수 없기 때문이다. 그래서 칸트는 신에 대한 '도덕적 증명'을 시도한다. 인간은 절대적 도덕의 근거와 그 도덕을 실현했을 때 얻게 될 행복에 대한 보장을 필요로 하고, 또한 모든 도덕적 행위는 최고선이라는 궁극적 목적을 가지는데, 이 최고선 역시 그 실현의 근거를 필요로 한다. 또한 인간은 자신의 힘만으로 온전하고 궁극적인 선을 이루어낼 수 없기에, 인도자로서의 신을 필요로 한다.[232]

231 백종현, 앞의 글, 143~144쪽.

232 임혁재, 「칸트의 도덕적 신 존재 증명」, 『철학(哲學)』 (50), 한국철학회, 1997,

인간이 도덕과 행복에 관해 성찰할 때, 인간의 모든 도덕적 희망은 신의 존재를 요청할 수밖에 없다.

칸트 이후의 근대 철학은 칸트 철학에 대한 재해석, 혹은 비판으로 이루어지며, 철학사는 칸트 전후로 분명하게 구분된다고 할 수 있다. 그는 오성과 이성에 의한 합리성이 학문의 근간이라 규정하고, 감각적 경험, 오성, 이성이라는 인간의 인식 도식을 마련하였다. 형이상학적 주제들은 범주 밖이고, 실천이성의 영역으로 규정하였다. 그는 인식 대상을 경험 세계에 한정하였고, 따라서 신학은 도덕화하고 비학문화하였다. 신은 형이상학적 주제이기에, 범주 밖의 영역에 속하므로 학문의 대상이 될 수 없다고 하였다.

칸트에게 신 존재는 순수이성을 통해 인식할 수 있는 신이 아니라, 실천이성의 요청(Postulat der praktischen Vernunft)에 따른 신 개념이다. 그에게 신에 대한 개념은 어떤 도덕적 차원의 요청이고, 비록 신은 증명될 수 없지만, 도덕적 요청에 의해 충분히 그 확실성이 입증되기에, 굳이 증명될 필요도 없었다.[233] 하지만 칸트의 도덕적 확신에도 불구하고, 그의 철학은 후대의 무신론자들에게 충분한 철학적 토대를 제공하였다. 무신론자들은 더 이상 사물에 대한 인식과 사물들의 존재의 근거를 신에게 두지 않아도 될 근거를 칸트 철학에서 발견하였다.

140~158쪽.

233 J. Hirschberger, 『서양철학사』 하권, 강성위 역, 이문출판사, 1991, 422쪽.

2.3. 헤겔 – 세계정신(Weltgeist)

헤겔(Georg Wilhelm Friedrich Hegel, 1770~1831)은 그리스도교를 비판하거나 신의 존재를 부정하는 무신론자가 아니라, 오히려 그리스도교의 가치를 존중하였다.[234] 하지만 근대 이후 이론적 무신론이 표면화된 것은 헤겔 제자들 중 흔히 '헤겔 좌파'라고 불리던 이들을 통해 전개되었고,[235] 이후 수많은 무신론자들이 헤겔의 철학에 근거해서 무신론을 주장하게 되었다. 헤겔에게서 근대적 의미의 철학이 종합되었다고 할 수 있다.

헤겔은 '실재'에 대한 물음에 자신의 중요한 철학적 관심을 두었다. 그는 신을 다시금 철학의 일차적 관심사로 두는 것, 즉 '신을 다시 한 번 절대적으로 첫 자리에 모셔다 놓는 일'[236]에 몰두하였다. 이를 위해서 그는 근대 이후 철학 전체를 관통하던 대립들, 곧 신앙과 계몽, 합리주의와 낭만주의, 외면과 내면, 객체와 주체, 존재와 사유, 무엇보다도 유한자와 무한자 사이의 대립을 해결해야 했다. 이를 위해서 헤겔은 무한자, 즉 '신' 개념을 심화시키고 근대적으로 재정립하고자 했다. 그는

234 H. Küng, 『신은 존재하는가 I』, 성염 역, 분도출판사, 1994, 218쪽; 박영지, 『헤겔의 신 개념』, 서광사, 1996, 150~168쪽.

235 정의채, 「현대 무신론의 배경과 현황」, 『사목』 (38), 한국천주교중앙협의회, 1975, 5쪽.

236 "(나의 관심사는) 현시점에서 철학의 일차적인 관심사, 말하자면 신을 다시 한 번 절대적으로 첫 자리에 모셔다 놓는 일이다. 너무나 오랫동안 신은 유한성과 '나란히' 놓여 있었거나 아니면 절대적 유한성에서 출발하는 어떤 요청으로서 맨 끝에 놓여 있었는데, 이제야말로 신을 만유의 유일한 근거로서, 존재와 인식의 유일한 원리로서, 철학의 정점에 모셔다 놓는 일이다"(F. Hegel, *Wie der gemeine Menschenver-stand die Philosophie nehme*, p.149. 재인용 – H. Küng, 앞의 책, 190쪽).

철학 안에 신의 자리를 마련하고자 했다.[237]

헤겔에게 있어서 유한자와 무한자를 화해시킨다는 것은 곧 철학과 종교의 화해를 의미했다. 신앙이란 무한자를 향하는 유한자의 의식 상태이기에, 헤겔의 철학 작업은 종교적 신을 대상으로 하는 것인 동시에 세계의 본질인 '절대정신'(혹은 세계정신, Weltgeist)을 대상으로 하는 것이었다. 헤겔에 따르면 종교는 대상을 표상(表象, Vorstellung)으로 파악하는 반면 철학은 대상을 개념(概念, Begriff)으로 파악한다는 형식에 따른 차이가 있을 뿐이다.[238]

이 '정신'(Geist)은 곧 사고(思考)이고 존재이자 진리를 의미하는데, 진리와 존재가 마주치는 인간의 사고는 절대정신의 사고이기도 하다. 절대정신은 사물을 생각함으로써 사물들을 만들어내고, 바로 이 절대정신이 세계의 본질이고, 사고와 진리와 존재는 절대정신 안에서 일치하게 된다는 것이다.[239] 헤겔은 세계의 역사를 이 '절대정신'의 실현 과정으로 파악한다. 세계의 본질로서의 '절대정신'은 곧 신인데, 이 '신'은 발전과 역사 가운데에서 세계에로 자기 자신을 드러낸다. 헤겔에 따르면 역사는 신의 발출(發出)이고 동시에 자기 자신에게로 되돌아가는 신의 회귀(回歸)이다. 헤겔은 '세계로서의 신'과 '세계를 초월하여 있는 신'을 통합하고, 이때 세계는 신의 외부 형태이므로 신은 세계이다. 그러나 세계는 어디까지나 '자기 발전 중에 있는 신'이므로 신은 단순히

237 H. Küng, 앞의 책, 213~214쪽.

238 최신한, 「종교적 진리와 철학적 진리」, 『헤겔연구 5』, 한국헤겔학회 엮음, 청아출판사, 1994, 22~26쪽.

239 J. Hirschberger, 『서양철학사』 하권, 강성위 역, 이문출판사, 1991, 550쪽.

세계이기만 하지는 않다.[240] 헤겔은 역사가 유한자인 인간과 무한자인 신의 변증법적 관계에 의해 발전되어 나간다고 한다. 무한자는 세계 안으로, 역사 안으로, 유한자의 정신 안으로 외화하고 거기에 참여함으로써 유한자와 만난다. 유한자는 역사 안에서 그 정신을 절대 정신으로 고양(高揚)함으로써 무한자에게로 나아간다. 이렇게 유한자와 무한자가 서로를 통해 서로를 만나는 변증법적 과정을 통해 이 세계 전체가 절대 정신으로, 무한자에게로, 곧 신에게로 회귀한다.

사실 헤겔의 철학은 무신론을 주장하지 않으며, 오히려 헤겔은 당대의 범신론과 무신론적 흐름을 철학을 통해 극복하고자 하였다. 비록 그의 철학적 신 개념이 그리스도교의 전통적 신과는 상이하지만 그의 철학 안에서 신은 존재한다. 하지만, 그의 철학은 후대에 의해 무신론을 주장하는 계기가 되었다.[241]

독일 철학을 대표하는 관념론의 완성을 이룬 헤겔은 피히테의 영향을 받아 인간의 주체성과 자유의지를 강화시켰다. 하지만, 인간 내면의 '세계정신'(Weltgeist)만 강조하고 오히려 무신론이 강화되었다. 칼 바르트는 헤겔을 '개신교의 토마스 아퀴나스'라고 일컬을 만큼 헤겔은 여러 방면에 거쳐 많은 업적을 남겼다. 칸트에서 헤겔에 이르기까지 근대 사상의 주제이자 핵심은 '인간 자율성'(Autonomie)에 점점 더 집중하게 되었다.

240 H. Küng, 『신은 존재하는가 I』, 성염 역, 분도출판사, 1994, 214~215쪽.

241 정의채, 「현대 무신론의 배경과 현황」, 『사목』 (38), 한국천주교중앙협의회, 1975, 5쪽.

3. 근대사상의 무신론적 흐름

근대는 과학중심적 사고, 그리고 인간중심적 사고라고 특징지을 수 있다.

데카르트로부터 시작된 근대 철학은 계몽주의를 거치면서 발전하여 유물론을 낳았고, 한편으로는 경험론이 발전하여 흄에 이르러서는 회의주의로 발전했다. 스피노자는 모든 것을 통합하려는 의도에서 범신론을 창안했고, 칸트는 이러한 흐름에 저항하는 과정에서 신을 현상의 저 너머로, 인식할 수 없는 곳으로 보내버리고 말았다. 헤겔은 이 모든 관점을 거부했다. 그는 칸트가 인식의 저 너머로 보내버린 신에게로 인간을 끌어올림으로써 인간과 신을 다시금 화해시키려 하였다.[242] 본격적이고 완전한 의미에서의 무신론이 등장한 것은 18세기 중반의 프랑스의 유물론자들에서이다. 감각, 사고, 의지를 모든 물질의 작용으로 환원한 라 메트리(Julien Offroy de La Mettrie, 1709~1751)와 돌바흐(Paul Henri Thyry D, Holbach, 1723~1789), 도덕의 기준을 감각적인 쾌락과 고뇌로 구성하고, 도덕에 신이 들어갈 여지가 없다는 엘베티우스(Claude-Adrien Helvétius, 1715~1771)가 이에 해당한다. 디드로(Denis Diderot, 1713~1784)는 종교비판보다 기계론적 유물론을 유기적이고 역동적인 유물론을 고양시키고자 노력했다. 19세기에 무신론은 인간주의적 무신론이라는 새로운 단계에 이르렀는데, 헤겔 좌파의 종

242 W. Kern, 『무신론-마르크스주의-그리스도교』, 김진태 역, 가톨릭대학교출판부, 2009; 정의채, 앞의 책, 4~22쪽; H. Küng, 앞의 책; "무신론", 『종교학대사전』, 종교학사전편찬위원회, 1998, 379~400쪽.

교비판이 무신론적 입장에 이르게 된 것이다. 루드비히 포이어바흐, 칼 마르크스 등이 대표자들이다.

무신론은 여러 가지 철학적 요소들의 영향 아래에서 근대 이후에 본격적으로 등장하였으며 오늘날까지 여러 가지 형태로 발전해왔다. 이러한 흐름들 중 일부는 오늘날에까지 이르지 못하고 도태되거나 퇴색되었지만, 다른 일부는 오늘날에까지 이어져 많은 이들에게 영향을 미치고 있다. 그 과정에서 주된 무신론의 양상이 변화하기도 하고, 새로운 형태의 무신론이 등장하기도 하였다. 이론적 측면에서는 이른바 과학주의(科學主義, Scientism)에 입각한 무신론이 몇몇 자연과학자들을 중심으로 발전하여 무신론의 주류를 이루고 있다. 그보다 더 큰 변화는 실천적 무신론의 대두이다. 실천적 무신론은 이론적으로 하느님을 명백하게 거부하지 않고 심지어 하느님에 대한 신앙을 겉으로 고백하기도 하지만 실제 삶에서는 하느님을 완전히 간과하는 태도를 일컫는다.[243] 이러한 태도 자체는 이미 과거에도 있어왔으나, 오늘날에는 세속주의(世俗主義, Säkularismus)와 상대주의(相對主義, Relativismus)의 팽배로 인해 무신론의 주된 형태로까지 발전하였다.

근대사상은 인간 주관성과 자유에 대한 새로운 해석과 함께 출발했다. 인간의 자유와 주체성 문제가 근대주의의 핵심 주제라고 할 수 있다. 칸트를 통해서 근대주의적 사고 안에서 하느님은 '그 자체로' 의미 없고, '인간을 위해서' 필요하고, 요청되는 존재로 규정되었다. 하느님은 인간의 행복을 위해 필요하다. 그러나 하느님은 인식할 수 없으므

243 "무신론", 『한국가톨릭대사전』 제5권, 2808쪽.

로, 순수이성의 영역이 아니라 윤리, 도덕과 같은 실천이성의 영역에서 '요청'(Postulat)되어야 한다.

칸트 이후의 철학자들인 셸링(Friedrich Wilhelm Joseph von Schelling, 1775~1854)이나 피히테(Johann Gottlieb Fichte, 1762~1814) 역시 인간의 자유와 하느님 존재는 양립이 불가하다고 주장하기에 이른다. 하느님은 경험적 인식이 불가하고, 그저 윤리적 영역에 필요할 뿐이다. 특히 피히테는 칸트 철학의 계승자이면서도, 동시에 칸트가 선험적으로 주어져 있는 인간 자의식에 대해서 간과했다고 지적하면서, 칸트 철학이 지닌 한계를 새롭게 재해석하려는 시도를 하였다. 이 주제는 하느님의 은총과 인간의 자유의지 문제로 발전되었으며, 피히테는 인간의 자유와 하느님의 존재는 양립할 수 없다는 결과에 도달한다. 그리스도교에서는 하느님의 말씀인 '진리'가 인간 본질인 '자유'를 얻게 해 준다고 하지만, 근대정신에 의하면, 인간 자율성과 인간 주체가 진리를 규정하기에 이른다. 저명한 그리스도교 철학자인 토마스 프뢰퍼 역시 그리스도교 신앙의 입장에서 이 문제에 대해 다루었고, 비교적 최근에는 요셉 라칭거의 초창기 제자였던 독일의 가톨릭 신학자인 한스위르겐 페어봐이엔(H. Verweyen)에 의해 심도 있게 다루어졌다.[244]

근대주의는 인간 이성을 통한 과학과 기술의 눈부신 발전으로 인간 삶을 편리하게 해 주었다는 장점을 지닌다. 반면, 수많은 기술과 과

244 김승욱, 「자유의 원리와 신의 이념: 헤르만 크링스와 토마스 프뢰퍼의 초월적 자유분석론에 관한 연구」, 『가톨릭신학과사상』 (65), 가톨릭대학교출판부, 2010, 120~157쪽.

학의 발전들이 과연 인간에게 진정한 행복을 주었는지, 주고 있는지에 대해서는 깊은 성찰이 필요하다.

4. 대표적 인물과 사상

4.1. 루드비히 포이어바흐

게오르크 빌헬름 프리드리히 헤겔이 1831년에 타계한 뒤, 그의 추종자들은 청년 헤겔파로 불리는 좌파와, 헤겔 관념주의자로 불리는 우파, 헤겔 중앙파로 나뉘었는데, 루드비히 포이어바흐는 청년 헤겔파에 속하였다. 포이어바흐(Ludwig Andreas Feuerbach, 1804~1872)는 현대의 적극적이고 유물론적인 무신론의 투철한 창시자이다. 포이어바흐는 과학적 무신론을 시도함으로써 모든 것을 물질로 해석하였다.

포이어바흐와 같은 헤겔 좌파들은 헤겔의 철학을 통해 종교가 철학으로 대체 가능하다고 주장했다. 포이어바흐는 헤겔의 철학에서 무신론으로 나아가기 위한 두 가지 토대를 발견하였다. 우선 그는 헤겔이 종교와 종교의 진리가 철학에 비해 낮은 단계로 귀속시켰다고 보았고, 또한 헤겔의 철학 안에서는 자연과 역사 속에 이미 신의 내재가 이루어진다고도 보았다. 신은 세계에 있는 모든 자연과 역사 안에 존재하고 내재한다는 것이다. 이에 근거해서 포이어바흐는 신은 자연과 역사 안에 내재할 때만 신이 되는 것이고, 이는 스피노자를 넘어서는 범신론이 내재된 철학이 되는 것이다.[245] 포이어바흐는 모든 실존들이 개념적인 것이 아니라, 감각적인 것으로 이해된다는 것이다. 현실적으로 실존하는 것은 신도 아니고, 존재나 개념도 아니며, 오직 감각에만 주어진다는 것이다.[246]

포이어바흐는 헤겔의 철학적 기초와 방법론을 수용하되, 거기서 관념론적 요소들을 완전히 제거하여 헤겔 철학의 모든 결론은 뒤집히게 된다. 인간 정신이 절대 정신으로 승화되는 것이 아니라 오히려 무한의식이 유한의식으로, 절대 정신이 인간 정신으로 '해소'되어 버린다. 인간의 의식은 신적인 무한 의식으로 나아가는 것이 아니라, 단지 의식의 무한성에 대한 인간 자신의 의식으로 전환된다.[247]

이제 인간은 독립적인 존재가 되어 신격화하고 인간이 신이 된다. 신은 인간의 투사물이 되고, 이제 '인간은 인간에게 신이다'(Homo homini Deus est).[248] 이제는 신이 인간의 자기 투사로 전락됨에 따라서, 종교의 의미 역시 인간의 자기 숭배 정도로 격하된다. 포이어바흐는 이처럼 신학을 인간학으로 축소해서 인간 중심적으로 바라봤다. 사실 그의 주장은 무신론이라기보다는 지나친 인간중심주의이다. 신의 자리를 인간이 대신 하는 것이다. 그의 저서 『그리스도교의 본질』(Das Wesen des Christentums, 1841)에서 신학의 신비는 곧 인간학이고, 종교는 인간이 자신의 고유한 본질을 구체화하는 것이라고 주장했다. 그리스도

245 정의채, 「현대 무신론의 배경과 현황」, 『사목』(38), 한국천주교중앙협의회, 1975, 5쪽.

246 J. Hirschberger, 『서양철학사』 하권, 강성위 역, 이문출판사, 1991, 632~633쪽.

247 H. Küng, 『신은 존재하는가 I』, 성염 역, 분도출판사, 1994, 283~284쪽.

248 H.-M. Saß, 『포이에르바하』, 정문길 역, 문학과지성사, 1986, 81쪽.

교를 비판하고 비난한다. 투사이론을 통해 인간의 열망이 하느님에게 투사된 것이라 주장하였다.

4.2. 지그문트 프로이트

지그문트 프로이트(Sigmund Freud, 1856~1939)는 심리학적, 정신분석학적 인간학을 추구한 무신론자였다. 그는 인간을 본능적인 존재로 규정하고, 현실과 문명이 인간의 본능을 억압한다고 주장했다. 인간을 디오니소스적인 존재로 설명하며, 인간과 짐승이 지닌 가장 큰 차이를 '공감능력'에 두었다.

프로이트의 이론은 포이어바흐의 투사 이론에 토대를 두고 있는데, 프로이트는 포이어바흐의 이론을 정신분석학적으로 해석했다.[249] 프로이트의 주요 관심사는 신의 존재가 아니라 종교의 기원과 본질이었다. 프로이트가 이해하기에 종교는 자연의 거대한 힘으로부터 스스로를 방어하고 고통스럽게 느껴지는 사회 부조리를 바로잡기 위한 필요성에서 발생, 유지된다고 주장하였다.[250] 공포는 대상이 있는 것으로부터 느껴지는 감정이라면, 불안은 대상이 없는 감정에서 느껴지는 것이다. 프로이트는 이러한 감정으로부터 종교가 시작되는 것으로 간주하며, 종교의 의미를 매우 축소시키고 약화시킨다. 이러한 해석 또한 인간중심적 사고에서 비롯된 것으로 볼 수 있다. 종교 의지 심리를 '유아적 욕구충족', '소아병'과 동일시하였다.

249 H. Kung, 앞의 책, 415~416쪽.

250 J. Jones, 『현대 정신분석학과 종교』, 유영권 역, 한국심리치료연구소, 1999, 9쪽.

프로이트에게도 신은 투사의 산물일 뿐, 인간치한 기원의 산물이라고 주장하였다.[251] 프로이트에게 종교란 그저 어린 시절에 겪었던 경험의 반복이고, 단순한 '전이(轉移)'이기에 한편으로 자연스러운 과정이기는 하지만, 결국엔 이성에 의해 극복되어야 할 환상이라고 규정하였다. 종교를 믿는다는 것은 유아적이며 미성숙한 삶을 사는 인간이라고 정의했다.[252]

종교에 대한 보다 긍정적인 정신분석학도 있는데, 대표적으로 융(C. G. Jung), 프롬(E. Fromm), 프랭클(V. E. Frankl) 등이다. 특히 정신분석 심리학자인 융은 인간 행동을 무의식과 결부시키며, 꿈, 무의식 등에 대한 연구를 진행하였다. 융의 심리학적 연구 결과를 그리스도교에서 활용하기도 한다. 프로이트가 인간중심적, 무신론적으로 정신분석학을 전개했다면, 융은 그것을 존재론적으로 해석하였다. 프롬은 미국 신프로이트학파의 정신분석학자이자 사회 심리학자로써, 주요 저서로는 『자유로부터의 도피』, 『소유냐 존재냐』, 『사랑의 기술』이 있다. 『사랑의 기술』에서 그는 사랑의 본질을 책임, 존경, 보호, 지식(=이해)로 설명하였다. 오스트리아 출신 유대인인 프랭클은 인간을 '의미를 추구하는 존재'로 정의내리며, 실존주의 치료의 하나인 '의미치료'(logotherapy)를 창시하였다. 나치 강제수용소에서도 삶의 의미를 잃지 않고 인간 존엄성을 살아낸 자서전적인 체험 수기 『죽음의 수용소에서』에는 그의 사상적 핵심이 잘 반영되어 있다.

251 H. Küng, 앞의 책, 393~394쪽.

252 이은봉, 「종교 심리와 소외-프로이트와 융의 종교론을 중심으로」, 『현상과 인식』(22), 한국인문사회과학회, 1982, 65쪽.

4.3. 칼 마르크스

마르크스(Karl Heinrich Marx, 1818~1883)는 독일 중서부 도시인 트리어(Trier) 출생으로서, 독일 본(Bonn)대학에서 수학하였으며, 주로 런던에서 활동하고 사망했다. 그는 포이어바흐의 종교 비판을 심화시켜서 현실적 휴머니즘(=인본주의)에 기초한 사회과학적 무신론을 주창했다.[253] 단지 그는 포이어바흐와 달리 헤겔과 철학을 넘어 현실 정치에 대한 비판을 근거로 사회적, 경제적 상황들을 비판적으로 분석한다. 마르크스는 포이어바흐의 이론이 아직 인간중심적인 차원이 강하다고 판단하고, 자신의 무신론을 보다 합리적이고 체계적이며 이론적으로 정리하였다.

그의 대표적 저서인 『자본론』(Das Kapital: Kritik der politischen Ökonomie)은 경제 분석을 통한 역사적 유물론이 주요 내용이다. 이 책은 마르크스가 집필하고, 엥겔스(F. Engels)가 편집한 정치경제학 논문으로, 본인에 의해 제1권이 출간되었고, 사후에 제2-4권이 출간되었다. 당시 사회경제 형태를 분석하고 비판한 것으로 자본주의에 대한 비판과 사회주의적 대안 제시를 목표로 하였다. 그의 사상은 변증법과 진화론에 근거해서 인간 본위의 능력과 노력에 의한 역사 발전과 완성을 지향하였다.

마르크스는 인간의 역사를 경제에 따라 발전 단계를 구분하였다. 그는 『자본론』에서 인간 역사는 경제 활동에 따라 원시 공동체 → 농경사회 → 자본주의 사회 → 공산주의 사회로 발전된다고 밝혔다. 공산주

253 H. Küng, 앞의 책, 324쪽.

의 사회의 공동 소유는 초기 그리스도교 공동체가 지향하던 경제형태와 유사하다. 그리스도교 공동체와 마르크스는 현재 자본주의의 가장 큰 폐단인 인간 소외를 예견했을지도 모른다. 그러나 소외를 극복하는 방법과 과정은 매우 상이했다. 마르크스의 견해에 따르면, 소외를 극복하는 것은 '혁명을 통한 사회주의 건설'이다. 마르크스는 물질과 환경과 같은 하부구조가 상부구조에 해당하는 인간 정신과 의지를 좌우한다고 보았다.

그러나 그리스도교에서는 상부구조가 하부구조를 지배한다는 사상이 근본적이다. 환경이 인간을 지배할 수 있다는 마르크스의 해석은 인간이 지닌 본질을 간파한 것이라 볼 수 있지만, 여기에는 인간의 더 깊은 본질이 간과되어 있다. 예를 들어, 정신적으로는 그리스도교를 근간으로 하지만, 실제적으로는 마르크스의 관점을 지향하는 해방신학은 마르크스적 그리스도교라고 할 수 있겠다. 인간의 참된 해방을 지향하는 해방신학의 정신은 가치 있고 당연히 숙고할 만한 것이다. 하지만, 그리스도교가 지향하는 구원은 스스로의 힘으로 구원에 이르는 것이 아니라, 구속(救贖, redemption), 즉 외부의 절대 존재에 의해 주어진다는 점에서, 해방을 위해 인간적인 노력들, 예를 들어 다양한 수단과 방법, 심지어 무장을 통한 혁명까지도 감행하는 해방신학은 전통적인 의미의 그리스도교 구원론과 온전히 합치되기 어렵다. 그리고 교황 요한 바오로 2세가 제시한 '몸의 신학'은 윤리 신학적 입장에서 신학을 재조명한 것으로서, 특히 여기서 강조하는 '몸'은 인간 전체를 아우르는 '전인'(全人)적인 표현이기에, 마르크스가 하부 구조를 의미하는 질료적 의미의 몸과는 다른 의미를 지닌다.

역사와 경제에 대한 분석을 통해 이뤄진 역사적 유물론은 자본주의와 인간 본성에 대해서 과학적인 비판으로 접근했다는 장점이 있다. 그러나 인간 자체에게서 역사 발전과 완성을 기대하는 것은 그리스도교 신앙과는 상반된다.

마르크스는 사회현실 비판에 근거해, 종교는 인간 내면의 외적인 '투사'(Projektion)일 뿐이라 주장했다. 부당한 사회 현실에서 인간은 '소외'(Verfremdung)를 경험하게 되고, 인간은 자기 자신으로부터의 소외를 극복하기 위해 자기 외부의 대상, 곧 신에게 자기 자신의 참된 본질을 투사한다. 마르크스는 바로 여기에서 종교가 생겨난다고 보았다. 마르크스는 종교를 있게 하는 것이 인간이지, 인간을 있게 하는 것이 종교는 아니라고 주장했다.

"종교는 위안과 합리화의 보편적 토대이다 …
종교는 인민의 아편이다(das Opium des Volks)"
『헤겔 법철학 비판』, 서문(Zur Kritik der Hegelschen Rechtsphilosophie, 1843)

종교는 그저 소외되고 불합리한 사회 조건으로 인해 고통 받는 인민이 위안을 찾고자 하는 갈망의 표현이라는 것이다. 따라서 종교는 없애야 하는 것이 아니라, 근본적인 결핍이 해소된다면 자연히 사라질 것이라 이해했다.[254] 마르크스의 견해에 따르면 종교는 투쟁을 해서 없애야 하는 대상이 아니라 더 이상 필요치 않게 되면 자연히 사라질 대상일 뿐이다.

254 W. Kern, 『무신론-마르크스주의-그리스도교』, 김진태 역, 가톨릭대학교출판부, 2009, 109쪽.

마르크스의 사상을 보다 인간지향적이고 휴머니즘적 유물론으로 해석한 학자들도 있는데, 대표적으로 그람시(A. Gramsci), 블로흐(E. Bloch), 사르트르(J. P. Sartre), 메를로-퐁티(M. Merleuau-Ponty) 등이 있는데, 이들을 수정론(修正論, Revisionismus)자라고 부르기도 한다. 마르크스주의는 인간의 이기심을 가장 잘 반영하고 있는 자본주의의 붕괴를 주장하였다. 그러나 자본주의는 붕괴되지 않았기에, 수정론자들은 과학적이고 합리적인 사고를 통해 인간을 유물론적으로 변화시켜야 한다고 주장한다. 예를 들어, 독일의 철학자 에른스트 블로흐는 자신의 저서『희망의 원리』(Das Prinzip Hoffnung)를 통해, 희망은 언제나 환멸을 동반하지만, 삶에 있어서 희망이 얼마나 중요한지를 논한다. 블로흐의 철학은 그리스도교에도 많은 영향을 주었다. 블로흐에게 가장 큰 영향을 받은 가톨릭 신학자는 '희망의 신학자'로 불리는 위르겐 몰트만(J. Moltmann)이다. 몰트만은 십자가 신학에 대한 연구로도 잘 알려져 있다.

4.4. 프랑크푸르트 학파(Frankfurter Schule)[255]

20세기 초에 벌어진 제1, 2차 세계대전은 인간이 중심이 된 시대 속에서 가장 비극적인 사건 중 하나이다. 이 사건 이후 인간 존재에 대한 물음, 특히 '인간 이성이 과연 옳은가?'에 대한 성찰이 본격적으로 시작되었다.

255 "프랑크푸르트학파",『가톨릭대사전』 제12권, 한국가톨릭대사전편찬위원회(편), 한국교회사연구소, 1994, 9109~9112쪽.

1930년대 이후 프랑크푸르트 대학교 사회연구소를 중심으로 한 신마르크스주의(Neo Maxismus) 계열의 사회이론 연구 집단이 생겨났고, 여기서는 1930년대 이후 형성된 유물론과 사회과학을 연구했다. 20세기의 마르크시즘, 헤겔주의로 알려져 있다. 이들은 칸트의 비판철학, 독일 관념론, 실증주의, 유물론 등을 통해서 '비판이론'을 전개하였다. 특히 마르크스주의와 계몽주의를 통해 실천적 경향, 역사철학의 성격을 강조하였다. 프랑크푸르트 학파의 대표적 학자는 호르크하이머(M. Horkheimer), 아도르노(T. Adorno), 벤야민(W. Benjamin), 하버마스(J. Habermas) 등이다.

이들의 가장 큰 공로는 기존의 마르크시즘을 보다 이론적이고 철학적이며 인간적으로 해석해서 결국 유럽에서 일어났던 '68혁명'의 사상적, 이론적 배경을 제공한 것이다.

'68혁명'은 1968년 5월 프랑스에서 학생과 근로자들이 일으킨 사회변혁운동으로 '5월 혁명'으로도 잘 알려져 있다. 이 운동은 제1, 2차 세계대전을 통한 환멸에서 시작되어 자본주의의 힘, 공산주의 체제의 붕괴를 외치며 기존의 사회질서에 강력하게 항거하는 운동이었다. 헤겔의 변증법적인 시각에 따르면, 사회는 점점 더 나은 방향으로 나아가야 한다. 하지만 2차 세계대전의 충격으로 인해 사회가 항상 진보하지만은 않는다는 비판이론의 시각이 확대되었다. 68운동 역시 당시 사회가 보수에 정체되었다고 여겨, 구(舊)체제를 비판적으로 바라보기 위해 프랑크푸르트 학파의 시각을 수용하였다. 하지만 68운동이 점차 변질되면서, 이들은 프랑크푸르트 학파와 다른 독자적인 행보를 보인다. 이 학파의 대표적인 철학가인 아도르노도 처음에는 68운동을 지지했으나 과격한 68운동의 움직임을 보자 반대하게 되었다. 뿐만 아니라, '비판이론'으로 유명한 독일의 철학자 위르겐 하버마스 또한 "학생들의 폭력적인 시위는 마조히즘이며, 학생운동은 좌파 파시즘에 불과하다"고 말했다가 학생운동권으로부터 거센 비난을 받았다.[256] 1960년대부터 프랑크푸르트 학파의 비판이론은 위르겐 하버마스의 의사소통적 합리성과 언어적 상호주관성, 하버마스가 현대성에 대한 철학적 담론이라 칭한 것들에 대한 연구를 지표로 삼아 발전하기 시작했다.

68혁명 이후에는 사회변혁운동의 주제가 남녀평등과 여성해방, 미국의 반전, 히피운동 등 사회전반의 문제로 확산되었다. 당시 지식층의 주도로 진행되었던 이 혁명은 일본 동경대를 중심으로 일어난 '동경대 투쟁'을 포함한 전 세계적 민주화 운동의 배경이 되었고, 80년대 한국의 민주화혁명도 이와 같은 성격을 지닌다. 이후 서구 세계에 68혁명과 같은 규모의 정치 무력 항쟁은 없었지만, 오늘날 여성 운동, 환경 운동, 탈원전 운동과 같은 소규모 사회 운동이 그 정신을 대신하고 있다. 이 학파는 종교 비판과 무신론적 성향이 뚜렷하였다. 오늘날 이 세상에 하느님은 없어야 하고, 없어도 된다고 주장하기도 했고, 또한 종교는 세상과 인간을 적극적으로 바꾸려 하지 않는다고 비판한다.

마르크스주의는 공동의 정의와 평화를 추구한다고 주장하는데, 이는 그리스도교에서 가르치는 복음과 공통된 사항이다. 그러나 둘 다 인간이 살기 좋은 사회를 건설하겠다는 동일한 지향과 목적을 지니지만, 구체적인 실행 방법, 실천 사항은 매우 상이하다. 그리고 20세기에 마

256 https://de.wikipedia.org/wiki/Linksfaschismus#Bezeichnung_f.C3.BCr_Gewalttendenzen_bei68ern_.28J.C3.BCrgen_Habermas.29

르크스주의는 그리스도교 신학과 신앙에도 적잖은 영향을 주는데, 이는 그리스도교내에서 정치신학, 해방신학, 민중신학 등의 형태로 나타났다. 교황 비오12세와 요한23세는 마르크스주의와 연관되면 파문을 주겠다는 경고와 공산주의 정치활동 금지 교령을 반포하기도 하였다. 이런 강경한 교도권의 입장과는 달리 약간 다른 뉘앙스가 느껴지는 내용도 있었는데, 교황 비오 11세의 회칙「40주년」(1931)에서는 마르크스적 분석과 비판에 신중한 공감을 표명하기도 했다. 사회문제에 관한 가톨릭 교회의 가르침인 '사회교리'(Doctrina socialis)와 관련된 교회의 공식 문헌들에서도 마르크스주의와 관련한 내용들을 일부 다루고 있다.[257]

4.5. 프리드리히 니체

"신은 죽었다"(Gott ist tot)라는 니체(Friedrich Wilhelm Nietzsche, 1844-1900)의 말은 신의 부재(不在)를 선포하는 말이지만, 그보다 더 근본적으로는 인간을 외부에서 규정하는 시대는 끝이 났으며, 인간 스스로 깨달아야 한다는 근대정신이 내포되어 있다.[258]

니체는 독일의 문헌학자이자 철학자이다. 그의 사상이 잘 드러나는 표현들, 예컨대 '디오니소스', '허무주의', '영원회귀', '초인', '광기' 등의 개념은 근대의 이성, 합리성을 깨부수고자 하는 니체 사상의 중심 키워드이다. 디오니소스는 술의 신인 '바쿠스'를 의미하는데, 공격적으

257 박영봉,「가톨릭 교회의 사회교리 원리에 관한 연구: 교회의 사회적 가르침을 중심으로」, 석사학위논문, 대전가톨릭대학교, 2000.

258 정의채,「현대 무신론의 배경과 현황」,『사목』(38), 한국천주교중앙협의회, 1975, 9쪽; H. Küng,『신은 존재하는가 I』, 성염 역, 분도출판사, 1994, 555쪽.

로 무질서, 카오스를 뜻하는 동시에 생명력, 활동력, 생성과 변화, 예술 발달의 근원적이고 원초적인 힘을 의미하기도 한다. 니체는 이러한 원천적인 힘이 인간을 지배해야 한다고 주장한다. 니체의 디오니소스적인 인간은 이성적이고 논리적이며 사고 중심적인 아폴론적 인간과 대비된다.

허무주의를 극복하는 것이 니체에게는 가장 중요한 주제였다. 니체는 삶의 의미의 부재를 허무주의라고 하였다. 그는 기존의 학문이 그리스도교의 실체를 파악해야하고, 인간 스스로 '초인'(Übermensch)으로 위대해짐으로써 허무주의를 극복하라고 제안한다.[259] 인간의 자유의지와 영원회귀사상은 니체 사상의 핵심이다.

니체의 영향을 받은 많은 사상가들이 있는데, 문학에서는 토마스 만(Thomas Mann, 1875~1955), 슈테판 츠바이크(Stefan Zweig, 1881~1942), 니코스 카잔차키스(Nikos Kazantzakis, 1883~1957), 앙드레 지드(Andre Gide, 1869~1951) 등이 있고, 철학에서는 칼 야스퍼스(Karl Jaspers, 1883~1969), 마르틴 하이데거(Martin Heidegger, 1889~1976) 등이 있다. 이 중에서 야스퍼스는 실존주의의 출발점은 삶의 의미에 대한 깨달음이라고 했다. 내가 무언가를 알게 되면 타자와 통교를 한다는 것이고, 깨달음의 목적은 타인과의 만남, 즉 관계라고 했다. 하이데거는 자신의 저서 『존재와 시간』에서 형이상학의 가장 깊은 주제인 '존재'를 통해 시간–역사와 현실–을 다루겠다는 의도를 담았다. 하이데거의 존재론적 형이상학은 마레샬 학파를 통해 지속된다. 하이데거는 독실

259 강학순, 「니체의 탈현대적 <인간> 이해」, 『철학』(43), 한국철학회, 1995, 259~261쪽.

한 가톨릭 집안에서 태어나, 예수회에 들어가서 신학을 배우다 철학으로 전향하여, 독자적인 사상을 펼쳤으나 나치 활동에 협력하기도 하였다.

니체는 철저하게 관념론적 형이상학, 대표적으로 그리스도교, 플라톤철학 등에 반대하였고, 이와 상반된 개념인 현실, 인간, 삶 등이 주요 주제였다. 니체의 사상은 실제 존재하는 인간 삶에 주목한 실존주의자들에게 지대한 영향을 미쳤다. 니체는 마치 '모두까기!'처럼, 기존의 모든 것을 비판하였지만, 특히 인간을 미몽적인 상태로 만드는 종교들, 그 중에서도 특별히 그리스도교를 강도 높게 비판하였다. 그리스도교로 대표되는 종교와 관념주의로 대표되는 기존의 철학, 이 두 가지 토대의 붕괴는 모든 것이 무너져버림을 의미한다.

니체는 그리스도교 윤리와 합리주의의 기원을 연구했다. 당시 세계의 중심은 유럽이었고, 그리스도 윤리 사상이 유럽 윤리 사상의 근간이 되었다. 유럽의 종교 문화와 철학을 비판하려는 시도는 인간 세상 전체를 재구성하려는 시도와 같았다. 니체의 사상은 자본주의를 토대로 인간 이기심을 합리화하는 근대주의와, 그리스도교를 극복하기 위한 포스트모더니즘의 효시라고 할 수 있다.

니체는 현존하는 이성, 도덕, 이상에 대한 근대인들의 신념을 재구성하려고 노력했는데, 그는 '망치를 들고' 모든 우상의 파괴를 시도한 것이었다. 기존의 것을 파괴해야 새로운 발전이 있고, 기존 사상과 체제에 얽매이지 말아야 하며, 고정관념에서 벗어나라고 했다. 그리스도교 관점에서 하느님 아닌 것이 하느님으로 여겨지는 것이 '우상'이라면, 철학의 관점에서 본질이 아닌데 본질처럼 여겨지는 것이 '우상'이다. 그래서 니체는 그리스도교와 플라톤 사상을 거부했다. 니체는 종교와 철학이 세상을 무너뜨렸다고 진단했기 때문에 그리스도교와 플라톤 사상을 강력히 거부하였다.

"그리스도교는 대중을 위한 플라톤 사상에 불과하다."
(『선악의 저편』, 1886, 서문)

"신은 죽었다"(Gott ist tot)
(『즐거운 학문』, 1882, 125장)

"신은 죽었다"라는 니체의 선언은 종교와 형이상학의 종말을 선언하는 것이었고, 인간의 문명과 이성에 의해 형성되고 왜곡된 세계관을 거부하는 것이었다. 니체가 말한 "신은 죽었다"라는 말은 기복적이고 관성적인 그리스도인들을 향한 경고이기도 했다.[260] '만들어진 신'(Deus ex machina, 복잡한 연극의 상황에 갑자기 신이 등장하여 모든 것을 없애서 정리해 주는 황당한 결말을 이르는 연극용어)과 같이 인간의 절망적인 상황에 나타나 모든 것을 해결해 주는 신, 인간이 원하는 대로 움직여주는 하느님은 더 이상 없다는 것을 의미한다. 마치 하느님을 조종할 수 있기라도 한 듯 인간이 주인이 되어버린 그리스도교 신관에 대한 비판이 담겨 있다.

니체에게 그리스도교는 허무주의의 대표였다. 니체에 의하면 그리스도교는 지나치게 내세적이며, 천국의 보상만을 가르친다. 현실의 개혁 의지가 없을 뿐 아니라 현실 세계를 부정한다. 인간을 원죄에 물든 존재로 여기며 인간의 무한한 능력에 제한을 가한다. 따라서 그들의 사

260 W. Kern, 『무신론-마르크스주의-그리스도교』, 김진태 역, 가톨릭대학교출판부, 2009, 118~119쪽.

상은 허무주의로 귀결될 수밖에 없다. 그러나 니체의 주장은 그리스도교의 한 면만 바라보았다는 한계를 지닌다. 그리스도교의 종말사상은 현재와 동떨어진 것이 아니기에 그리스도교는 현실을 적극적으로 긍정한다.

니체는 진리란 이론이 아니라 삶 자체이고, 이는 내가 발견, 결정, 도전, 극복해 가는 것, 즉, 내 삶을 내 뜻대로 이끌어 가는 것이라고 했다. 그래서 망치로 문명, 종교, 합리성 등의 우상을 파괴하였고, 신이 없다면 인간이 신이 되어야 한다고 주장했다.

니체는 가장 경계해야 하는 인간은 '잠자는 어른'이라고 하였다. '잠을 잔다'는 것은 나태함과 게으름을 뜻하고, '어른'은 기존 관습에서 벗어나지 못함을 뜻한다. 니체에게 있어 기존 관습이란 그리스도교, 그리스 철학, 이성주의이다. 니체는 매우 이성적으로 사상을 전개하면서도 이성에 대해 매우 비판적이었다. 이에 반하여, 니체는 '깨어있는 인간' 즉, '어린아이'와 같은 인간상을 추구하였다. 니체는 또한 세상을 사막으로 비유하며, 사막의 기존 질서에 순응하며 살아가는 '낙타'와 같은 인간을 매우 부정적으로 여겼다. 반면, 사막을 지배하는 생명력 넘치는 '사자'와 같은 인간을 올바른 인간상으로 여겼다. 사자와 같은 인간이란, 곧 생에 대한 활력에 넘치고, 그 힘이 이끄는 대로 살아가는 어린이와 같은 인간이다. 이는 기존 관습에 얽매이지 않으며, 생명력과 변화 가능성을 지닌 인간을 의미하다. 니체는 이러한 인간상의 구체적인 모델로 차라투스트라, 초인을 제시하였다. 초인은 자기를 극복하는 인간을 의미한다. 니체는 인간의 능력을 통해 자신을 극복하라고 제안하였지만, 그리스도인은 하느님의 은총을 통해 자신을 비우고 완성되어 가는 존재이다.

제10장
무신론에 대한 그리스도교의 응답

1. 제1차 바티칸 공의회

1789년 일어났던 프랑스 혁명은 비록 혁명 자체는 실패로 끝났으나, 혁명이 불러일으킨 계몽주의와 자유주의의 이념은 유럽 국가들에 널리 전파되었다. 그리고 이탈리아 통일 국가 운동이 시작되어 1861년에 로마를 수도로 하는 통일 이탈리아 왕국이 선포되었다. 이제 대부분의 교황령은 영토를 잃고 붕괴될 위기에 놓였다. 교회는 교황권의 약화와 자유주의의 도전이라는 큰 위협을 안팎으로 받게 되었다. 그 당시 교회는 또한 무신론의 위협에 직면하였다. 17세기 후반부터 시작된 계몽주의는 무신론의 초석을 닦았고, 계몽주의자들은 그리스도교 신앙의 하느님을 거부하고, 오직 이성 자체가 하느님의 자리를 대신하게 되었다. 다른 한편으로는 개신교 종교개혁의 여파가 남아 있었고, 이들은 여전히 '오직 신앙만으로'(Sola Fide), '오직 성경만으로'(Sola Scriptura), '오직 은총만으로'(sola gratia)라는 신앙주의를 내세우고 있었다. 가톨릭 교회는 이성주의와 신앙주의 양쪽의 도전을 받고 응답을 필요로 하게 되었다.

제1차 바티칸 공의회는 교황 비오 9세(Pius IX, 재위 1846~1878)에 의하여 1869년에 개막되었으며, 신앙, 교리 신조, 교회 규율, 교회법, 수도원 문제, 동방 교회, 외방 선교, 교회와 국가 관계 등 방대한 문제들을 주제로 다루고자 하였다. 하지만, 1870년 프랑스와 프로이센의 전쟁이 발발하여 이탈리아군으로부터 교황령을 보호하던 프랑스군이 철수하자, 이탈리아군이 교황령을 점령하면서 공의회는 중단되었고, 논의가 이어지지 못했다. 따라서 다양한 논의가 결론 맺지 못하고, 가톨릭 신앙에 관한 교의헌장인 「하느님의 아들」(Dei Filius, 1870)과 교회에 관한 교의헌장인 「영원한 목자」(Pastor Aeternus, 1870) 등 2개의 교의헌장만이 발표될 수 있었다.[261]

비오 9세와 공의회 교부들은 19세기의 세계가, 특히 과학이 교회의 가르침에 반한다고 보았다. 이에 따라 공의회는 무신론이라는 주제 역시 오류들 중 하나로서 다루어졌다. 무신론을 포함한 근대의 오류들을 다루고 있는 신앙에 관한 결의는 총 4장으로 구성되었고 18개조의 규정으로 보완되어, 교황 비오 9세에 의해 「가톨릭 신앙에 관한 교의 헌장」으로 공포되었다.

헌장 「하느님의 아들」은 제1장에서 무신론을 다루고 있다. 헌장은

261 Klaus Schatz, 『보편공의회사』, 이종한 역, 분도출판사, 2005, 265~319쪽.

만물의 창조주이신 하느님에 대한 교회의 가장 기초적인 신앙을 고백하면서 하느님의 존재에 대한 신앙이야말로 일체의 그리스도교 신앙 이해를 위한 무조건적 전제임을 강조한다. 따라서 하느님 실재에 대한 부정은 신학과 신앙의 존재론적 전제에 대한 부정을 의미한다. 무신론은 그리스도교의 가장 중요한 전제들에 대한 부정이요 그리스도교에 대한 반명제라고 천명하였다.[262] 헌장 제1장은 또한 명시적인 무신론보다는 완화된 형태이지만 역시 그리스도교의 하느님에 대한 부정을 내포하는 범신론에 대해서도 분명하게 반대한다.

제 2장은 계시에 대하여 말하고 있는데, '계시'(Revelatio)라는 단어가 교회 공식 문헌에 처음 사용되고 있다. "인간 이성의 자연적인 빛으로 만물의 근원이요 목적인 하느님을 창조된 사물들을 통해서 분명하게 인식할 수 있다." 공의회는 이성에 의한 하느님 인식의 가능성을 긍정적으로 표현하고 있다. 이것은 당시 개신교의 신앙주의에 대한 가톨릭교회의 논박이었다. 동시에 계몽주의 철학자들에 의해서 신의 존재는 이성으로 파악될 수 없다는 이성주의에 대한 가톨릭교회의 답변이었다.[263] 하느님께서는 초자연적인 계시를 통하여 당신 자신과 당신 뜻을 드러내신다고 공의회는 천명하고 있다. "인간 이성 자체로는 접근할 수 없는 신적인 것들을 인간의 현실 조건에서 쉽게, 그리고 분명한 확신을 가지고 아무런 오류 없이 인식할 수 있는 것은 이러한 신적 계시 덕분이다."

---

262 배영호, 「로마 가톨릭의 무신론과의 대결 그리고 대화」, 『이성과 신앙』 (15), 수원가톨릭대학교출판부, 1998.

263 배영호, 앞의 글, 143쪽.

헌장의 뒷부분에는 헌장의 내용과 관련된 법규들(CANONES)이 단죄문의 형태로 명시되어 있다. 이 중 무신론과 관련되는 것들은 다음과 같다.[264]

I. 만물의 창조주이신 하느님

1. 만일 누가 한 분이시며, 참되고, 보이는 것들과 보이지 않는 것들의 창조주이시며 주님이신 하느님을 부인한다면, 그는 파문받아야 한다.
2. 만일 누가 물질 이외에는 아무것도 존재하지 않는다고 주장하는 것을 부끄러워하지 않는다면, 그는 파문받아야 한다.
3. 만일 누가 하느님의 실체 혹은 본질이 만물과 하나이며 동일하다고 주장한다면, 그는 파문받아야 한다.
4. 만일 누가 육적이면서 영적인 것이든 아니면 오직 영적인 것이든 유한한 사물들이 하느님의 실체로부터 분출된 것이라고 주장하거나 하느님의 본질이 그 자신의 출현 혹은 변천을 겪으면서 만물이 된다고 주장하거나 끝으로 하느님께서는 만유의 존재 혹은 무한한 존재로서 자신을 규정하면서 속(屬)과 종(種)과 개체(個體)로 분류되는 사물의 총체를 이룬다고 주장한다면, 그는 파문받아야 한다.

II. 계시

1. 만일 누가 한 분이시고 참되시며 우리의 창조주요 주님이신 하느님께서 창조된 사물들을 통해서 인간 이성의 자연적인 빛으로 확실히 인식될 수 없는 분이라고 주장한다면, 그는 파문받아야 한다.
2. 만일 누가 인간이 하느님에 대해서, 그리고 하느님께 바쳐야 하는 경신례

264 하상헌, 「무신론의 발전과 가톨릭교회의 가르침」, 석사학위논문, 가톨릭대학교, 2014.

에 대해서 하느님의 계시를 통해 배우는 것이 불가능하거나 불필요하다고 주장한다면, 그는 파문 받아야 한다.

여기에서는 무신론 및 무신론적 주장들이 단죄되는데, 모든 종류의 직접적 무신론과 유물론, 범신론 등이 각각 단죄된다. 특히 범신론은 하느님의 초월성을 부정하며 세계 속으로 내재화시킨다는 점, 하느님의 자유로운 창조를 부정하고 그것을 자연적인 발출과 같은 기계적인 개념으로 대체시킨다는 점에 대해 단죄하고 있다. 또한 극단적 신앙주의 역시 단죄되는데, 이성에 의한 하느님 인식 가능성을 부정하면 단죄되었다. 이신론(理神論)과 같은 이성주의 역시 단죄되는데, 이들은 하느님을 오직 이성의 탐구 대상으로 인식하기 때문이다. 이처럼 헌장은 먼저 하느님의 존재와 계시, 신앙, 그리고 신앙과 이성의 관계에 대한 교회의 가르침을 전통적 스콜라 신학에 따라 다시금 확인한 뒤, 법규로 무신론과 유물론, 범신론, 이신론, 불가지론 및 신앙주의 등을 단죄하고 있다.[265]

제1차 바티칸 공의회는 무신론자들의 주장에 대한 분명한 단죄가 이루어졌고, 동시에 신앙과 이성의 조화에 대해서도 분명하게 강조했다. 이성주의와 신앙주의에 대한 배격, 이는 가톨릭교회의 전통적인 기본 입장이며, 근대주의에 맞서 교회의 신앙을 수호하고 교회의 정체성을 굳건히 하기 위함이었다.

265 배영호, 앞의 책, 143쪽.

2. 제2차 바티칸 공의회

제2차 바티칸 공의회(Concilium Vaticanum Secundum)는 1962년부터 1965년까지 열린 로마 가톨릭교회의 제21차 보편공의회이다. 로마 가톨릭교회가 장차 앞으로 나아갈 길을 타진하면서 교회의 현대적 개혁을 목표로 하는 것이 공의회의 목적이었다. 총 4회기로 진행되었는데, 요한 23세 교황의 재위 기간 동안에 개최된 첫 번째 회기는 1962년 10월 11일부터 12월 8일까지 진행되었다. 교황 요한 23세는 "어머니인 교회가 기뻐합니다"(Gaudet mater Ecclesia)라는 말로 개막 연설을 시작하였다. 그리고 바오로 6세 교황의 재위 기간 동안에 개최된 나머지 세 개의 회기는 1963년 9월 29일부터 12월 14일까지, 1964년 9월 14일부터 11월 21일까지, 1965년 9월 14일부터 12월 8일까지 진행되었다.

이 공의회는 역대 보편공의회 가운데 가장 큰 규모였고(참가자 2,800명: 유럽 1,041명, 아메리카 956명, 아프리카 379명, 아시아 300여명), 16개의 중요한 교회 문헌이 생산된 회의였다. 공의회에서 확정된 16개의 문서 가운데 4개는 헌장(憲章, Constitutio)이고, 9개는 교회의 특정 주제들에 대한 교령(敎令, Decretum)이며, 나머지 3개는 선언(宣言, Declaratio)이다.

제2차 바티칸 공의회는 '금일화'(今日化, Aggiornamento, 개방, 시대적응, 현대화, 혁신)라는 기본 정신에 입각하여 교회와 세상의 관계에 대해서 재설정하고자 하였다. 그리하여 공의회는 교회와 세상을 더 이상 분리하고 구분하는 대신에, '안으로 향한 교회'(Ecclesia ad intra)와

'밖으로 향한 교회'(Ecclesia ad extra)라는 새로운 관점에서 교회와 세상의 상호 관계를 재고하기 시작하였다.

세상을 향해서 열린 교회를 표방했던 제2차 바티칸 공의회를 이끈 기본 논거 중 하나가 바로 '시대의 징표'에 관한 전망이다.

> "하느님의 백성은 온 누리에 충만하신 주님의 성령께 인도되고 있음을 믿는 그 신앙에 따라, 현대의 다른 사람들과 함께 참여하는 사건과 요구와 염원 안에서 하느님의 현존과 그 계획의 진정한 징표가 무엇인지 알아내려고 노력한다(「사목헌장」 11항)."

'시대의 징표'라는 용어와 개념은 그리스도께로부터 받은 사명을 다하기 위하여, 동시대 사람들과의 연대성 안에서 역사 안에 발생하는 인간 현상에 주목하고 이를 복음의 빛으로 해석해야 하는 교회의 의무를 함축하고 있다.[266] 그러나 제2차 바티칸 공의회의 '금일화'라는 시대정신 역시 교회 전통과의 단절이나 불연속성에 중점을 두는 것이 아니라, 교회 전통과의 연속성 안에서의 쇄신이어야 한다.

공의회 문헌 중 4개의 헌장은 「전례헌장」(거룩한 공의회 Sacrosanctum Concilium, 1963), 「교회헌장」(인류의 빛, Lumen Gentium, 1964), 「계시헌장」(하느님의 말씀, Dei Verbum, 1965), 「사목헌장」(기쁨과 희망 Gaudium et Spes, 1965) 등이다. 9개의 교령은 주교의 사목직, 교회일치운동, 동방 가톨릭교회, 사제의 직무와 생활, 사제 양성, 수도생활의 쇄신, 교회의 선교사 활동, 평신도의 사도직, 대중매체 등의 주제들을

266 박준양, 「제2차 바티칸 공의회 이후 교회의 가르침에 나타난 성령론적 전망」, 『사목연구』 (17), 2006, 176~179쪽.

다루고 있다. 그리고 3개의 선언은 비그리스도교와 교회의 관계에 대한 선언을 비롯한 종교의 자유, 교회의 타종교에 대한 태도, 그리스도교 교육 등을 다루고 있다.

> 2차 바티칸 공의회의에서 교회는 무신론에 대해서 비판과 이해의 입장을 함께 표명하였다. 공의회는 복음과 교회의 전통을 유지하면서도, '시대의 징표'가 제기하는 오늘날의 상황에 대해서도 관심을 가졌다. 사목적이기를 지향했던 공의회는 시대의 관심을 받아들였다. 당시에 실제로 무신론이 사회적으로 자주 드러나고 있었을 뿐만 아니라 지역에 따라서는 정치적 투쟁을 일으키기도 하여 세계의 시급한 당면 문제가 되고 있음을 교부들은 충분히 인지하고 있었다.[267]

제2차 바티칸 공의회 문헌 중에서 무신론의 문제를 직접 다루고 있는 문헌은「사목헌장」제1부 1장의 19-21항이다. 이 헌장을 통해 공의회는 무신론에 대해서 파문에서 대화까지 폭넓게 이야기하고 있다. 사실 제1부 1장은 그리스도교 인간학과 관련된 내용인데, 여기서 인간학의 주제 중에 바로 무신론에 관해 언급한다는 것은 무신론을 현대 사회의 여러 문제 중에 하나로 여기지 않고, 매우 근본적인 사회 현상으로 바라보고 있다는 반증이다. 19항은 '무신론의 형태와 근원'에 대해서, 20항은 '체계적 무신론'에 대해서, 21항은 '무신론에 대한 교회의 태도'에 대해서 다루고 있다.

우선 19항에서 공의회는 무신론에 대해서 매우 전향적인 입장을 보인다. 본 문헌에서는 무신론이 "현대의 극히 중요한 문제로 여겨야

267 K. Rahner,「무신론에 관한 가르침」,『신학전망』, 박정일 역, 광주가톨릭대학교출판부, 1973, 35쪽.

하며 더욱 더 치밀한 검토를 하여야"하고, 무신론이란 "원초적인 그 무엇이 아니라 오히려 여러 가지 원인에서 생겨나는 것이며, 그 원인들 가운데에는 종교에 대한 비판적 반동, 어떤 지역에서는 특히 그리스도교에 대한 반발이 보태지기 때문"이라고 지적하며 공의회 이전과는 달리 다소 유연한 입장을 취하고 있다. 특징적인 사항은 무신론의 원인 중 하나를 신앙인들의 책무와 관련시키고 있다는 점이다. "신앙인들이 신앙 교육을 소홀히 하거나 교리를 잘못 제시하거나 종교, 윤리, 사회생활에서 결점을 드러내어 하느님과 종교의 참모습을 보여 주는 것이 아니라 오히려 가려 버린다면, 신앙인들은 이 무신론의 발생에 적지 않은 역할을 할 수도 있다"(19항). 신앙인에 대한 이 지적은 이후 무신론자에 대한 윤리적 판단과 무신론자의 구원 가능성에 대한 문제와도 연결된다.

20항에서는 현대 무신론의 체계적 형태들에 대해 언급하면서, 두 가지 체계적 무신론을 언급한다. 우선, "인간 자율의 열망을 지나치게 펼쳐 신에 대한 어떠한 의존도 어렵게 만들어 버린" 형태에 대해 지적한다. 이 형태는 근대의 철학자들에 의해 형성된 인간 주체의 자율성을 지나치게 강조하는 인간중심적 무신론을 의미한다. 이러한 무신론은 인간이 스스로 자기 목적이 되고 고유한 자기 역사의 유일한 창조자요 형성자가 되는 데에 인간의 자유가 있다고 주장하고 있다. 둘째, "인간 해방을 특히 경제적 사회적 해방에서 기대하는 무신론"이 있는데, 이 경우는 종교가 인간 해방에 장애가 된다고 주장하면서, 종교가 인간에게 허황된 내세의 삶에 대한 희망을 일으켜, 행복한 지상 국가 건설에 방해가 된다는 것이다. 무신론적 공산주의가 여기에 해당되는데, 공의회는 '공산주의'라는 표현을 명시적으로 사용하지는 않고 있다.

그리고 21항에서는 무신론에 대한 교회의 입장을 표명하면서, 먼저 교회는 이전 공의회에서 무신론에 관한 입장을 밝혔던 것처럼 "인간 이성과 공통 경험에 반대될 뿐 아니라 인간을 그 고귀한 천품에서 추락시키는 저 위험한 이론과 운동을 과거에 배격하였던 것과 같이 단호히 배척한다"고 명확하게 천명한다. 하지만, 이전에 교회가 주로 사용했던 '단죄'라는 표현 대신 '배척'이라는 표현을 사용한 것은 주목할 만하다. 공의회는 무신론자에 대한 무조건 배제를 강조하는 것이 아니라 교회가 "무신론자들의 마음속에서 신 부정의 숨은 이유를 찾아내려고 노력하며, 무신론이 일으키는 문제들의 중요성을 깨닫고 모든 사람에 대한 사랑에 이끌려 문제들을 진지하게 또 깊이 검토하여야 한다"고 이야기한다. 교회는 비록 무신론을 완전히 배격하지만, "믿는 사람이든 믿지 않는 사람이든 모든 사람은 함께 살아가는 이 세상을 바로 건설하도록 힘을 합쳐야 한다"(21항)고 강조하고 있다.

그리고 22항에서는 무신론자의 구원 가능성에 대해서 간접적으로, 희미하게나마 선포하고 있다. 구원은 "그리스도인만이 아니라 그 마음에서 은총이 보이지 않게 움직이고 있는 선의의 모든 사람에게도 들어맞는 말이다. 사실 그리스도께서는 모든 사람을 위하여 돌아가셨고 또 인간의 궁극 소명도 참으로 하나 곧 신적인 소명이므로, 우리는 성령께서 하느님만이 아시는 방법으로 모든 사람에게 이 파스카 신비에 동참할 가능성을 주신다고 믿어야 한다." 이 구절은 「교회헌장」 16항[268]의 내

268 "복음을 아직 받아들이지 않은 사람들도 여러 가지 이유로 하느님의 백성과 관련되어 있다 … 어둠과 그림자 속에서 미지의 신을 찾고 있는 저 사람들에게서

용과도 상응하는 내용이다. 이는 무신론자의 구원 가능성까지도 인정하는 것이다. 하지만, 은총과 구원은 신앙의 선물이지, 인간의 능력과 노력의 산물이 아니라는 점은 분명하다. 그래서 「교회헌장」 16항에서도 무신론자들이 구원 받기 위해서는 "진실한 마음으로 하느님을 찾고 양심의 명령을 통하여 알게 된 하느님의 뜻을 은총의 영향 아래에서 실천하려고 노력"해야 한다고 분명히 명시하고 있다.

제2차 바티칸 공의회는 무신론에 대해 이전 시대와는 다른 전향적 자세를 보여주고 있다. 전통적 스콜라 신학은 정상적 지능을 가진 사람이 무신론에 오래 빠져 있을 수 없다고 하였다.[269] 제2차 바티칸 공의회는 무신론을 배척하면서도 무신론자들에 대한 윤리적 판단에 대해서는 신중한 태도를 보였다. 공의회는 자연과학과 인간의 자율성이 중심이 되는 근대주의 하에서 교회의 전통적 가르침과 현대의 요구에 부응하기 위해서 노력했다. '시대의 표징'은 무시할 수 없는 시대적 상황이자 요청이었기에, 교회는 그 요청에 답을 해주어야만 했다.

'진리' 곧 하느님의 말씀인 그리스도가, 그리고 그리스도의 중재로

도 하느님께서는 결코 멀리 계시지 않으신다. 하느님께서 모든 사람에게 생명과 호흡과 모든 것을 주시고(사도 17,25-28 참조), 구세주께서 모든 사람이 구원받게 되기를 바라시기 때문이다(1티모 2,4 참조). 사실, 자기 탓 없이 그리스도의 복음과 그분의 교회를 모르지만 진실한 마음으로 하느님을 찾고 양심의 명령을 통하여 알게 된 하느님의 뜻을 은총의 영향 아래에서 실천하려고 노력하는 사람은 영원한 구원을 얻을 수 있다. 또한 하느님의 섭리는 자기 탓 없이 아직 하느님을 분명하게 알지 못하지만 하느님의 은총으로 바른 생활을 하려고 노력하는 사람들에게는 구원에 필요한 도움을 거절하지 않으신다. 사실 그들이 지닌 좋은 것, 참된 것은 무엇이든지 다 교회는 복음의 준비로 여기며, 모든 사람이 마침내 생명을 얻도록 빛을 비추시는 분께서 주신 것이라고 생각한다."

269 심상태, 『익명의 그리스도인: 칼 라너 학설의 비판적 연구』, 바오로딸출판사, 2001, 185쪽.

인간은 자유롭게 해방될 수 있다. 그러나 무신론자들은 인간의 자율성이나 과학기술의 발달이 인간을 해방시킬 수 있다고 확신한다. 그리스도교는 무신론의 확신을 신뢰하지 않는다. 무신론에 대한 가톨릭교회의 가장 강력한 비판은, 무신론이 제기하고 있는 문제들은 결코 무신론으로 해결할 수 없다는 것이다. 무신론이 해결하고자 문제들은 결국 인간이 원하는 대로, 인간이 이해하는 대로 신의 위치와 역할을 설정하려는 욕심이다. 무신론이 제기하는 문제들은 인간 스스로 해결할 수 있는 문제가 아니다. 그 문제에 관해서는 초월자 혹은 절대자 혹은 창조자 하느님만이 온전한 답을 알고 계시다. 하느님을 이 문제들에 대한 답으로 받아들이는 것이 신앙이다.

3. 제2차 바티칸 공의회 이후

제2차 바티칸 공의회 이후 무신론에 대한 교회 입장은 지속적으로 달라졌는데, 가톨릭교회는 교회 밖의 세상과 꾸준히 대화와 협력을 추구하였다. 특히 1991년 구소련의 붕괴와 동구권의 탈공산화를 통해 무신론적 공산주의가 사라지면서 교회의 태도도 달라졌다. 이제는 공산주의와 같은 정치적 무신론은 약화되고, 인간 중심적 무신론, 특히 자연과학적 무신론이 심각한 현상이 되고 있다. 물질주의, 상대주의, 개인주의 경향은 사회의 비신앙화, 탈신앙화, 세속화를 가속시키고 있다.

근본적으로 가톨릭교회는 신앙과 이성의 대립이 아니라 신앙과 이성의 조화와 협력을 추구한다. 이성을 통한 올바른 신앙 이해, 신앙을 통한 이성의 올바른 사용을 강조하는 것이 가톨릭교회의 기본적인 입장이다. 그리스도교는 오늘날 우리 사회가 처한 위기를 극복하기 위한 방법이 바로 이성적 신앙, 신앙적 이성이 가치의 중심이 되기를 바란다.

교황 베네딕토 16세(Benedictus XVI, 재위 2005~2013)는 사회 회칙 「진리 안의 사랑: 사랑과 진리 안에서 이루는 온전한 인간 발전에 관한 회칙」(Caritas in Veritate, 2009)에서 오늘날 물질주의와 실천적 무신론에 대해 지적하고 있다. 이 회칙에서 교황은 현대의 물질주의로 인해 사람들이 하느님과 영적 가치를 점차 망각해가는 현실을 지적하면서, 그러한 종류의 문명 발전은 인간을 결코 구원할 수 없으며 오히려 인간을 약화시키고 소외시킨다고 지적하였다. 이 회칙에서 교황은 노동과 고용 불안, 제 3세계 빈곤, 빈부격차, 소비주의, 환경파괴, 인구감소, 생명윤리 등 21세기 국제사회가 안고 있는 제반 문제를 다루고 있다.[270] 교황은 세계적인 경제 위기 속에서 그 해법을 마련하고자 이 회칙을 선포하였다.

무신론과 관련된 내용은 제6장에서 다루고 있는데, 교황은 하느님을 배제한 기술의 발전은 진정으로 인류에게 보탬이 되지 못함을 강조하고 있다. "민족들의 발전은 개인의 발전과 밀접히 연결되어 있"지만, "인간이 자기 자신의 유일한 주인이라고 주장한다면 인간의 발전은 후퇴합니다. 마찬가지로, 인류가 기술의 '기적'을 통하여 인류 자체를 재창조할 수 있다고 생각한다면 민족들의 발전도 실패하고 말 것"(68항)이라고 강조한다. 하느님이 아닌 인간이 중심이라는 의식이 무신론의

270 박영봉, 「'진리 안의 사랑', 무슨 내용을 담았나」, 『경향잡지』 (1699), 한국천주교중앙협의회, 2009, 96~97쪽.

근저를 형성하기에, 인간 스스로, 그리고 과학 기술을 통해 인간 완성을 주장하는 것은 현대 무신론의 특성이다.

기술은 보편적 가치들을 지향하는 인간관과 공동선을 지향해야 하고, 특히 생명 윤리 분야에서는 더더욱 중요한 문제이다. 여기서 중요한 문제는 인간이 스스로 생겨난 존재가 아니라 하느님께 속한 존재라는 전제이다. "전적인 기술 의존에 사로잡힌 신앙 없는 이성은 스스로 전능하다는 착각 속에 빠지게 되어 있습니다. 이성 없는 신앙은 일상생활과 단절될 위험이 있습니다."(74항) 따라서 "발전은 물질적 성장뿐만 아니라 영적인 성장을 포함하여야"(76항)하는데, 진정한 의미의 발전을 위해서는 "인간사를 유물론적으로 보는 시각을 넘어설 수 있고, 발전에서 기술이 줄 수 없는 '초월'을 볼 수 있는 새로운 눈과 새로운 마음을 요구"(77항)한다고 회칙은 강조하고 있다. 인간이 스스로의 힘으로, 기술에만 의존하여 모든 문제를 해결할 수 있다고 믿는 것은 큰 착각이고, 위험한 결론이다. 인간은 정신적인 존재이기에, 과학과 기술만으로 인간 세상을 구원하고자 하는 것은 불가능하다. 초월적인 하느님을 향해 있을 때 정신적 존재인 인간은 스스로를 진정으로 이해할 수 있기 때문이다.

회칙은 인간의 발전과 완성이 '진리'와 '사랑'이라는 보편적이고 절대적인 가치를 통해 가능하다고 강조한다. '진리'와 '사랑'은 하느님께로부터 오는 것이기에, 인간은 하느님을 찾을 때에만 진정 발전할 수 있다고 회칙은 가르치고 있다.

프란치스코 교황은 자신의 첫 번째 회칙인 「신앙의 빛」 서론에서 근대적 의미의 이성에 의해서 신앙이 무시되거나 부정되는 현대의 상황을 지적한다(참조 2항). 하지만 교황은 오늘날 인간 이성의 한계가 드러나고, 인간 구원을 위해 이성만으로는 충분하지 않다고 확신한다. 오늘날 신앙은 주관적인 영역에 제한시키고, 이성은 자체의 한계에 봉착했기에, 진리를 추구하는 인간의 노력은 무의미하게 보이기도 한다. 하지만 진리를 추구하지 않는다면, 인간의 윤리와 가치는 상대주의와 물질주의에 의해 판단될 수밖에 없다.

교황은 특히 회칙 제 2장에서 그리스도교 신앙은 진리에 대한 신앙이라고 천명한다. 오늘날 사람들은 진리를 신앙과 분리된 것으로 인식하곤 하는데, 오직 실증적이고 과학적인 지식만이 확실하고 유일한 진리로 여기기 때문이다. 하지만, 이러한 관점에서 남는 것은 상대주의뿐이고, 상대주의는 현대세계의 거대한 망각을 보여준다고 한다. 인간은 자기 자신을 넘어 모든 인간을 결합시킬 있는 그 무엇, 즉 '모든 것의 기원'에 대해 잊어버렸는데, 이것은 오직 신앙의 빛으로만 발견할 수 있다(참조 25항)고 회칙은 강조한다. 회칙 「신앙의 빛」은 신앙을 사랑과 진리의 연관성 안에서 고찰하고 있고, '사랑의 진리'인 신앙의 풍부한 의미를 잘 드러내고 있다. 신앙의 가치를 폄하하는 현대의 무차별주의, 신앙에 대한 무관심, 그리고 무신론에 대해 회칙은 가톨릭교회 신앙의 특징, 즉 사랑과 진리를 통한 신앙 이해로 설명하고 있다.

나가는 말

가톨릭교회(Ecclesia Catholica)는 '가톨릭'이라는 단어가 의미하듯 시간과 공간을 초월하는 보편진리의 종교라고 스스로를 드러내고 있다.[271] 그런데 가톨릭교회가 자신의 정체성을 드러내는 '보편적'이라는 개념은 그저 추상적인 개념이 아니라, 2천 년 전 나자렛에서 살았던 예수를 통해 드러난 구체적이고 역사적인 진리가 세상 모든 시대의 모든 사람의 구원을 위한 보편적 진리라는 사실에 근거한 것이다.

초기 그리스도교는 하느님이 삼위일체이심을 계시를 통해 믿고 이해하였으며, 아울러 내재적 삼위일체 하느님의 제2위격인 '말씀'(logos)의 강생이 바로 하느님의 육화된 진리라고 신앙으로 받아들였다(요한 1,1-17 참조). 당시 교회는 구약성경을 통한 히브리적 이해와, 동시에 그리스의 헬레니즘 철학을 통해서 나자렛 예수가 역사적이고 보편적인

271 가톨릭교회의 보편 개념과 관련해서는 다음의 책 참조. 심상태, 『익명의 그리스도인: 칼 라너 학설의 비판적 연구』, 바오로딸출판사, 2001, 21~31쪽.

진리라는 그리스도교 신앙의 핵심을 이성적, 합리적으로도 확신할 수 있었다. 따라서 예수 그리스도가 자신을 육화된 로고스로서 '나는 길이요, 진리요, 생명이다'(요한 14,6)라고 말 할 수 있다면, 역사적 예수는 결국 그리스 철학에서 묘사되는 로고스, 즉 모든 실재하는 것들의 로고스와 동일한 것이다. 예수 그리스도를 통해서 이 세상 안에서 역사적이고 구체적이며 보편적인 진리가 절대적인 진리인 하느님과 관련을 맺게 된 것이다.

진리는 구체적인 한 인물, 즉 역사적 예수 안에서 인격화되었다. 나자렛 사람 예수를 통해서 보편적이고 구체적인(universale concretum) 진리가 절대적인 진리인 하느님과 관련을 맺게 되었다. 그리고 '하느님의 모상'인 인간의 구원과 완성은 '하느님의 본질적 모상'(Imago perfecta Dei)인 예수 그리스도를 통해서 구체화되고 실현된다. 인간의 본질과 방향에 대한 모든 답은 예수 그리스도 안에 있다. 인간에게 주어진 자유의 내적인 근거는 바로 하느님의 완전한 계시이자 진리 자체이신 하느님의 말씀, 육화된 진리, 바로 예수 그리스도이다. 인간은 예수 그리스도와의 구체적인 만남, 즉 인격적이고 성사적인 친교를 통해 온전한 자유를 누릴 수 있다.

그리스도 강생 이후 지난 2천 년 동안 수많은 이단과 신흥종교, 그리고 다양한 형태의 무신론 등이 그리스도교에 위협과 어려움을 안겨주었다. 이유와 주장은 다양하지만, 그들의 가르침이 전통적인 그리스도교의 가르침과 일치하는지, 타당한지에 대한 가장 중요한 근거와 논거는 언제나 '역사적 예수'와의 직접적인 연관성이다. 역사적 예수라는 주제는 그리스도교의 신학 그리고 신앙 안에서 언제나 출발점이고, 핵심이며, 결론이어야 한다. 그렇지 않은 모든 주장들은 결국 공허한 이론이 되거나, 그리스도교와는 전혀 다른 어떤 것을 이야기할 뿐이다.

이 책에서 다루는 삼위일체론, 그리스도교 신론, 그리고 무신론에 관한 모든 내용을 전개하는데 있어서, 하느님의 육화된 진리인 예수 그리스도, 더 정확히 말해서 역사적 예수가 가장 중요한 혹은 유일한 기준이 되었다. 아우구스티누스의 삶과 말처럼 예수 그리스도는 하느님을 만나는 인간의 길이고, 예수 그리스도를 통해서 인간은 진리와 생명에 이르게 된다. 삼위일체의 모상으로 창조된 인간의 충만함은 삼위일체 하느님을 향유하는데 있다. 인간이 하느님과 함께 할 수 있는 방법이 신앙이다. 그리고 그리스도교의 신앙은 언제나 계시하시는 하느님께 '신앙의 순종'(로마 16,26; 1,5; 2코린 10,5-6 참조)을 드러내야 한다. 마리아가 하느님의 구원 계획에 "예!"(Fiat)라고 신앙적 순종을 드러낸 것처럼, 인간은 하느님 앞에서 신앙과 순종을 드러내야 한다. 인간은 "계시하시는 하느님께 지성과 의지의 완전한 순종을 드러내고 하느님께서 주신 계시에 자발적으로 동의함으로써 자기를 온전히 그분께 자유로이 맡기는 것이다"(「계시헌장」 5항).

"이것들을 기록한 목적은 예수님께서 메시아시며
하느님의 아드님이심을 여러분이 믿고, 또 그렇게 믿어서
그분의 이름으로 생명을 얻게 하려는 것이다"(요한 20,31).

참고문헌

교회문헌

한국천주교중앙협의회, 『성경』, 한국천주교주교회의 2005.

제2차 바티칸 공의회 문헌, 교회에 관한 교의 헌장 「인류의 빛」(Lumen Gentium), 『제2차 바티칸 공의회 문헌』, 주교회의 신앙교리위원회 옮김, 한국천주교중앙협의회, 2009.

제2차 바티칸 공의회, 하느님의 계시에 관한 교회 헌장 「하느님의 말씀」(Dei Verbum), 『제2차 바티칸 공의회 문헌』, 주교회의 신앙교리위원회 옮김, 한국천주교중앙협의회, 2009.

주교회의 신앙교리 위원회(역), 『가톨릭교회교리서』, 한국천주교중앙협의회, 2012.

교황청 신앙교리성, 「주님이신 예수님(DOMINUS IESUS): 예수 그리스도와 교회의 유일성과 구원의 보편성에 관한 선언」, 한국천주교중앙협의회, 2000.

『하인리히 덴칭거 – 신경, 신앙과 도덕에 관한 규정/선언 편람』(제44판), 한국천주교주교회의, 2017.

단행본

A. Augustinus, 『신국론』, 성염 역, 분도출판사, 2004.

A. Augustinus, 『삼위일체론』, 성염 역, 분도출판사, 2015.

A. Ganoczy, 『교의와 교의신학』, 전헌호 역, 분도출판사, 1993.

A. Hamman, 『교부와 만나다』, 이연학 · 최원오 역, 성바오로출판사, 2002.

A. M. Ritter, 『고대교회』, 공성철 역, 한국신학연구소, 2006.

A. Scola, *Hans Urs von Balthasar: A Theological Style*, ed. Wm. B. Eerdmans, T&T Clark, 1995.

B. Mondin, 『하느님은 사랑이십니다–삼위일체 신비에 관한 고찰』, 김관희 역, 인천가톨릭대학교출판부, 2013.

B. Forte, 『삼위일체의 모상인 교회』, 최영철 역, 성바오로출판사, 1998.

Cho, Benedikt Hankyu, *Universale concretum die Bestimmung des unterscheidend Christlichen in den gesammelten Werken von Joseph Ratzinger*, Sankt Ottilien, EOS Verlag, 2015.

C. Nello, 『성령, 하나로 만드는 사랑: 아우구스티누스의 성령론과 영성』, 변종찬 역, 가톨릭대학교출판부, 2016.

E. Brunner, *Die christliche Lehre von Gott*. Dogmatik Ⅰ, Zürich 1960.

E. Gilson, 『아우구스티누스 사상의 이해』, 김태규 역, 성균관대학교출판부, 2010.

E. Hill, *Saint Augustine, The Trinity*, Hyde Park, New York 1991, Intro. 18.

F. Hegel, *Wie der gemeine Menschenver -stand die Philosophie nehme*, G. Olms, 1967.

G. F. O'Hanlon, *The Immutability of God in the Theology of Hans Urs von Balthasar*, Cambridge, 1990.

G. Greshake, *Der dreieine Gott*, Freiburg, 1997.

G. Greshake, 『은총 – 선사된 자유』, 심상태 역, 성바오로출판사, 1979.

H. R. Drobner, 『교부학』, 하성수 역, 분도출판사, 2001.

H. Jedin, 『세계공의회사』, 최석우 역, 분도출판사, 2005.

H. J. Verweyen, *Joseph Ratzinger -Benedikt XVI. Die Entwicklung seines Denkens,* Darmstadt 2007.

H. Küng, 『믿나이다: 현대인을 위한 사도신경 해설』, 이종한 역, 분도출판사, 1999.

———, 『신은 존재하는가 I』, 성염 역, 분도출판사, 1994.

H.–M. Sass, 『포이에르바하』, 정문길 역, 문학과지성사, 1986.

H. U. v. Balthasar, *Glaubhaftistnur Liebe, ed. Alexander Dru, Love Alone: The Way of Revelation*, Sheed and Ward, London, 1977.

———, *Mysterium Paschale,* Aidan Nichols OP(trans.), San Francisco, 2005.

———, 『신앙고백 – '사도신경' 묵상』, 장홍훈 역, 대전가톨릭대학교출판부, 2006.

I. Kant, 『순수이성비판 I』, 백종현 역, 아카넷, 2008.

I. O. de Urbina, 『니케아/콘스탄티노폴리스 공의회』, 황치헌 역, 수원가톨릭대학교출판부, 2018.

J. Habermas / J. Ratzinger, 『대화 – 하버마스 對 라칭거 추기경(현 교황 베네딕토 16세)』, 윤종석 역, 새물결, 2009.

J. Jones, 『현대 정신분석학과 종교』, 유영권 역, 한국심리치료연구소, 1999.

J. Ratzinger, *Aus meinem Leben. Erinnerungen* (1927–1977), Stuttgart, München, 1998.

———, *Die Vielfalt der Religionen und der Eine Bund*, Bad Tölz, 1998.

———, *Dogma und Verkündigung*, München, 1973.

———, *Kirche und wissenschaftliche Theologie, in: Theologische Prinzipienlehre. Bausteine zur Fundamentaltheologie*, München, 1982.

———, *Schauen auf den Durchbohrten. Versuche zu einer spirituellen Christologie*, Einsiedeln, Freiburg, 1984.

———, *Weggemeinschaft des Glaubens. Kirche als Communio*, hg. v. Schülerkreis, Redaktion Stephan Otto Horn und Vinzenz Pfnür, Augsburg, 2002.

———, 『그리스도 신앙 어제와 오늘』, 장익 역, 분도출판사, 2000.

———, 『나자렛 예수』 1권 – 예수의 세례부터 거룩한 변모까지, 박상래 역, 바오로딸, 2010.

———, 『신앙 진리 관용: 그리스도와 세계의 종교들』, 정종휴 역, 가톨릭대학교출판부, 2009.

———, 『예수그리스도를 향하여』, 정재각 역, 엠애드출판사, 2007.

J. Hirschberger, 『서양철학사』 하권, 강성위 역, 이문출판사, 1991.

J. N. D. Kelly, *Early Christian Creeds*, London, 1950.

K.–H. Menke, *Der Leitgedanke Joseph Ratzingers. Die Verschränkung von vertikaler und horizontaler Inkarnation* (Veröffentlichungen der Nordrhein–Westfälischen Akademie der Wissenschaften. Vorträge G 415), Paderborn, 2008.

K. Rudolph, Gnosis, T&T Clark, 1983.

K. Schatz, 『보편공의회사』, 이종한 역, 분도출판사, 2005.

M. Eller, *Veritas creatrix incarnata. Über das Wahrheitsverständnis im theologischen Werk Joseph Ratzingers(Pontes 53)*, Münster, 2011.

R. Viladesau, 『신학적 미학』, 손호현 역, 한국신학연구소, 2001.

Sante Raponi, "Il tema dell'immagine-somiglianza nell'antropologia dei Padri", Temi di Antropologia Teologica, Roma, 1981.

Tertullien, 『그리스도의 육신론』(De carne Christi), 교부문헌총서 8권, 이형우 역, 분도출판사, 1994.

W. Kasper, 『예수 그리스도의 하느님』, 김관희 역, 수원가톨릭대학교출판부, 2015.

W. Kern, 『무신론-마르크스주의-그리스도교』, 김진태 역, 가톨릭대학교출판부, 2009.

W. Pannenberg 『판넨베르크, 사도신경 해설』, 정용섭 역, 한들출판사, 2009.

W. Pittenger / B. E. Meland, *Process thought & Significance of Christ, in Theology, Process edited by Ewert H. Cousins*, Newman Press, New York, 1971.

김규영, 『아우구스띠누스의 생애와 사상』, 형설출판사, 1980.

김산춘, 『발타살의 신학적 미학, 감각과 초월』, 분도출판사, 2003.

박영지, 『헤겔의 신 개념』, 서광사, 1996.

박준양, 『삼위일체론, 그 사랑의 신비에 관하여』, 생활성서사, 2007.

배승록, 『교부와 교회』, 대전가톨릭대학교출판부, 2005.

한국교부학연구회, 『내가 사랑한 교부들』, 분도출판사, 2005.

송용민, 『신학, 이해를 찾는 신앙: 기초 신학의 길잡이』, 인천가톨릭대학교출판부, 2012.

심상태, 『익명의 그리스도인- 칼 라너 학설의 비판적 연구』, 바오로딸출판사, 2001.

이태하, 『근대 영국철학에서 종교의 문제, 이신론과 자연종교』, 북코리아, 2018.

이형우, 「영지주의와 마르키온 이단」, 『들숨날숨』, 분도출판사, 2001.

최신한, 『종교적 진리와 철학적 진리』, 『헤겔연구 5』, 청아출판사, 1994.

정기간행물

E. Dirochorl, 「관계본질로서의 하느님과 인간-그리스도론에 기초한 요셉 라칭거의 신학적 그리고 인간학적 사고형태」, 임재혁 역, 『신앙과 이

성』(46), 수원가톨릭대학교출판부, 2011.

H. Lietzmann, "Symbolstudien XIII", *Zeitschrift fuer die neutestamentliche Wissenschaft und die Kunde der aelteren Kirche,* 24(1925).

J. Odeonnil, 「전 존재는 사랑이다: 한스 우르스 폰 발타사르의 신학 소묘(素描)」, 장홍훈 역, 『복음과 문화』(9), 대전가톨릭대학교출판부, 2005.

J. Ratzinger, "Glaube, Geschichte und Philosophie. Zum Echo auf 「Einführungin das Christentum」", in: *Hochland*, 61(1969).

──────, "Kurzform des Glaubens: Über das Verhältnis von Formel und Auslegung", in: *Theologische Prinzipienlehre*, München, 1982.

──────, "Schlusswort", in: *Hochland*, 62(1970).

──────, "Pluralismus als Frage an Kirche und Theologie", in: *Wesen und Auftrag der Theologie. Versuche zu ihrer Ortsbestimmung im Disput der Gegenwart,* Einsiedeln, Freiburg, 1993.

K.-H. Menke, "Die älteren Brüder und Schwestern. Zur Theologie des Judentums bei Joseph Ratzinger", in: *IKaZ*, 38(2009).

K. Rahner, "Der dreifaltige Gott als transzendenter Urgrund der Heilsgeschichte", in: *Mysterium Salutis. Grundriss Heilsgeschichtlicher Dogmatik, II*, Hg. J. Feiner / M. Loehrer, Einsiedeln-Zuerich-Freiburg, 31978.

─────, "Theos im Neuen Testament", in: *Schrift zur Theologie* 1, Einsiedeln 1954.

─────, 「무신론에 관한 가르침」, 『신학전망』(20), 박정일 역, 광주가톨릭대학교출판부, 1973.

M. Hauk, 「오리게네스의 발자취를 따라서 -한스 우르스 폰 발타살의 위대함과 한계」, 이영덕 역, 『신학전망』(176), 광주가톨릭대학교출판부, 2012.

M. Schulz, "Wenn das Salz des Evangeliums "dumm" geworden ist. Zu Joseph Ratzingers/Papst Benedikts XVI. Verhältnisbestimmung von Glaube und Vernunft." in: *G. L. Müller* (hg.): Der Glaube ist einfach. Aspekte der Theologie Benedikts XVI., Regensburg, 2007.

P. Burke, 「칼 라너의 삼위일체론에 대한 비판적 이해」, 『신앙과 삶』(26), 부산가톨릭대학교출판부, 2012.

P. G. Sottopietra, "Wissen aus der Taufe. Die Aporien der neuzeitlichen Vernunft und der christliche Weg" in: *Werk von Joseph Ratzinger* (EST 51), Regensburg, 2003.

P. Hofmann, "Fides et ratio: Der Glaube und seine Vernunft. Zu Joseph Ratzingers fundamental theologischem Ansatz" in: *Joseph Ratzinger. Ein theologisches Profil*, Paderborn 2008.

U. Ruh, "Joseph Ratzinger /der Kritiker der Moderne" in: F. Meier-Hamid / F. Schumacher (hg.): *Der Theologe Joseph Ratzinger* (QD 222), Freiburg, 2007.

W. Kasper, "Das Wesen des Christlichen", in: *ThRv*, 65(1969).

―――, "Theorie und Praxis innerhalb einer theologia crucis. Antwort auf J. Ratzingers「Glaube, Geschichte und Philosophie」", in: *Hochland*, 62(1970).

강학순,「니체의 탈현대적 〈인간〉 이해」,『철학』(43), 한국철학회, 1995.

김산춘,「발타살과 신학적 미학의 구상」,『미학·예술학연구』(9), 한국미학예술학회, 1999.

노우재,「칼 라너 삼위일체론에 대한 고찰」,『가톨릭신학과사상』(70), 2012.

―――,「죽음과 구원에 대한 현대 가톨릭 신학의 몇 가지 흐름」,『신앙과 삶』(22), 부산가톨릭대학교 출판부, 2010.

박영봉,「'진리 안의 사랑', 무슨 내용을 담았나」,『경향잡지』(1699), 한국천주교중앙협의회, 2009.

박준양,「제2차 바티칸 공의회 이후 교회의 가르침에 나타난 성령론적 전망」,『사목연구』(17), 2006.

배영호,「로마 가톨릭의 무신론과의 대결 그리고 대화」,『이성과 신앙』(15), 수원가톨릭대학교출판부, 1998.

백종현,「칸트의 철학 개념, 방법, 그리고 주제」,『철학과 현실』(8), 철학문화연구소, 1991.

윤주현,「영성의 바탕으로서의 신학적 인간학」,『신학전망』(187), 광주가톨릭대학교, 2014.

이상섭,「자기인식에 대한 아우구스티누스와 토마스 아퀴나스의 이론 비교」,『범한철학』(45), 범한철학회, 2007.

이은봉,「종교 심리와 소외-프로이트와 융의 종교론을 중심으로」,『현상과 인식』(22), 한국인문사회과학회, 1982.
이찬수, 「오늘 우리에게 신이란-범재신론 이해하기」, 『갈라진 시대의 기쁜 소식』(1042), 우리신학연구소, 2013.
임혁재, 「칸트의 도덕적 신 존재 증명」, 『철학(哲學)』(50), 한국철학회, 1997.
장홍훈, 「삼위일체 하느님의 사랑: 사랑의 유비: 발타살 신학의 정점」, 『신학전망』(179), 광주가톨릭대학교출판부, 2012.
정의채, 「현대 무신론의 배경과 현황」, 『사목』(38), 한국천주교중앙협의회, 1975.
조규만, 「예수 그리스도와 '하느님 나라'」, 『가톨릭신학과사상』(18), 가톨릭대학교출판부, 1996.
조한규, 「가톨릭교회 마리아론의 성사론적 구조 연구」, 『가톨릭신학』(34), 한국가톨릭신학학회, 2019.
———, 「보편적이고 구체적인 진리로서 역사적 예수: 교황 베네딕토 16세의 신학 안에서 그리스도교 본질 연구」, 『신학전망』(194), 광주가톨릭대학교출판부, 2016.
함세웅, 「아타나시우스〈Ⅳ〉」, 『사목』, 110호(1987/3), 한국천주교중앙협의회.

학위 논문

J. Ratzinger, Volk und Haus Gottes in Augustins Lehre von der Kirche, (München 1954) (MThS. S 7),
————, Die Geschichtstheologie des heiligen Bonaventura, (München und Zürich 1959)
————, Der Gott des Glaubens und der Gott der Philosophen. Antrittsvorlesung in Bonn, 24. Juni 1959 (München/Zürich 1960).
박영봉, 「가톨릭 교회의 사회교리 원리에 관한 연구: 교회의 사회적 가르침을 중심으로」, 석사학위논문, 대전가톨릭대학교, 2000.
윤정현, 『그리스도교 신앙의 핵심-사랑: 칼 라너의 그리스도론에 대한 발타살의 물음 - H. U. v Balthasar의 신학사상을 중심으로』, 석사학위논문, 부산가톨릭대학교 대학원, 2003.
이정, 「〈Ethica〉에 나타난 스피노자의 신에 대한 고찰: 데카르트와의 비교를 중심으로」, 석사학위논문, 인천가톨릭대학교, 2009.
하상헌, 「무신론의 발전과 가톨릭교회의 가르침: 교도권의 가르침을 중심으로」, 석사학위논문, 가톨릭대학교, 2014.

사전 및 편집단행본

"계몽주의", 『가톨릭대사전』 제1권, 한국가톨릭대사전편찬위원회(편), 한국교회사연구소, 1994, 362쪽.

"교부", 『가톨릭대사전』 제1권, 한국가톨릭대사전편찬위원회(편), 한국교회사연구소, 1994, 606-611쪽.

"공의회", 『가톨릭대사전』 제1권, 한국가톨릭대사전편찬위원회(편), 한국교회사연구소, 1994, 481-486쪽.

"모달리즘", 『가톨릭대사전』 제4권, 한국가톨릭대사전편찬위원회(편), 한국교회사연구소, 1994, 2660-2661쪽.

"무신론", 『가톨릭대사전』 제5권, 한국가톨릭대사전편찬위원회(편), 한국교회사연구소, 1994, 2808-2809쪽.

"몬타누스주의", 『가톨릭대사전』 제4권, 한국가톨릭대사전편찬위원회(편), 한국교회사연구소, 1994, 2732-2733쪽.

"발타사르, 한스 우르스 폰", 『한국가톨릭대사전』 제5권, 한국가톨릭대사전편찬위원회(편), 한국교회사연구소, 2001, 3191-3193쪽.

"범신론", 『종교학대사전』, 종교학사전편찬위원회, 1998, 227쪽.

"범재신론", 『종교학대사전』, 종교학사전편찬위원회, 1998, 440쪽.

"이단", 『가톨릭대사전』 제9권, 한국가톨릭대사전편찬위원회(편), 한국교회사연구소, 1994, 6946쪽.

"이신론", 『종교학대사전』, 종교학사전편찬위원회, 1998, 1057-1058쪽.

"칼케돈공의회", 『가톨릭대사전』 제11권, 한국가톨릭대사전편찬위원회(편), 한국교회사연구소 1994, 8440-8445쪽.

"프랑크푸르트학파", 『가톨릭대사전』 제12권, 한국가톨릭대사전편찬위원회(편), 한국교회사연구소, 1994, 9109-9112쪽.

"필리오퀘", 『가톨릭대사전』 제12권, 한국가톨릭대사전편찬위원회(편), 한국교회사연구소 1994, 9198-9201쪽.

찾아보기

기타